中国轻工业联合会"十三五"规划立项教材

U0653159

创业者
财税实务（微课版）

主　编　黄道平　邓家玉

扫码申请更多资源

南京大学出版社

图书在版编目(CIP)数据

创业者财税实务 / 黄道平，邓家玉主编. -- 南京：
南京大学出版社，2021.1
ISBN 978 - 7 - 305 - 24198 - 7

Ⅰ. ①创… Ⅱ. ①黄… ②邓… Ⅲ. ①税收管理－中
国－高等学校－教材 Ⅳ. ①F812.423

中国版本图书馆 CIP 数据核字(2021)第 022356 号

出版发行　南京大学出版社
社　　　址　南京市汉口路 22 号　　　　邮　编　210093
出 版 人　金鑫荣

书　　　名　**创业者财税实务**
主　　　编　黄道平　邓家玉
责任编辑　武　坦　　　　　　　编辑热线　025 - 83592315

照　　　排　南京南琳图文制作有限公司
印　　　刷　南京京新印刷有限公司
开　　　本　787×1092　1/16　印张 15.25　字数 371 千
版　　　次　2021 年 1 月第 1 版　2021 年 1 月第 1 次印刷
ISBN 978 - 7 - 305 - 24198 - 7
定　　　价　39.00 元

网址：http://www.njupco.com
官方微博：http://weibo.com/njupco
微信服务号：njuyuexue
销售咨询热线：(025) 83594756

前　言

近几年,在国家鼓励双创的大背景下创业者越来越多,但大多数人缺少创业者必备的财税基础知识、基本技能和基本素养。即使财务、会计专业的学生对细化财税知识学得多,也掌握了一些基本技能,但对整体、融合、战略、实务性财税知识仍缺乏,面对创业时的财税处理仍感到无所适从,特别是科学、正确的财富观也未完全形成,财商仍待养育和提高。本书正是针对创业者这些问题而设计,选择的教学内容和采取的案例教学、真实项目教学,正是为了解决这些问题,并为创业者创业及今后经营持续发展奠定良好基础。

"进一步把大众创业万众创新引向深入,鼓励更多社会主体创新创业",但创业者,或者创业成功者,甚至先富者对新时代的现代科学财富观有很多误解或被社会有些不良财富观所影响。因此对创业者来说,树立新时代科学正确的财富观和掌握基本的财税知识对创新创业极为重要。编写本书是在前期大量工作和成果的基础上进行的,例如,我们立项了思政改革和创新创业教育的课题,建立了广轻大师工作室:广轻财金服务创新创业导师团队工作室,参加创业大赛并获得全国一等奖的优异成绩,和君丞财务(广州)信息科技有限公司以及广州鸿正教育发展有限公司进行工学结合,联合申报横向课题和编写工学结合教材。

本书内容具有思政特色和双创特色,为培养学生掌握创业关键财税基础知识及关键财税基础技能、树立创新创业现代科学正确的财富观。本书有以下特点:

(1)将思政改革和创新创业融入财税实务应用中。

(2)思政改革和创新创业研究课题的成果之一。

(3)创新创业导师工作室实践教学的成果之一。

(4)与企业进行工学结合的成果之一。

(5)应用现代教育技术同时建设配套微课。

(6)在选择内容及难易程度时始终对象明确。以创业者为本,组织内容以适度够用的原则,让创业者树立现代科学的财富观、理解核心的财税基础概念、重视并会安排财税工作、会选择合适的财税合伙人、高屋建瓴地把控财税资源。避免已出版的创业财税书中内容依旧是具体的业务处理技能,仍然把创业者当作财税技能工作者来对待,本书真正实现以创业者为本来组织编写内容。

本书讲义已在广东轻工职业技术学院2016～2019级会计、财管班进行了授课。学生上课非常积极,研讨特别踊跃,初步树立了他们现代科学的财富观,激发学生创新创业意识和激情,懂得如何使财税资源和财税工作最有效地助力创业发展,达到教学效果,超出教学预期。

本书由广东轻工职业技术学院黄道平、君丞财务(广州)信息科技有限公司邓家玉担任主编,广州鸿正会计师事务所有限公司肖志龙、广东轻工职业技术学院王翌担任副主编,广东鸿正会计师事务所有限公司曾晖等参与了编写。全书由黄道平老师统稿。本书编撰得到了君丞财务(广州)信息科技有限公司、广州鸿正财税代理有限公司、广州鸿正教育发展有限公司和广东轻工职业技术学院会计、财管专业学生的大力支持,特致感谢!本书的编撰参考引用了部分同仁的资料,已在书中标明,如有遗漏,请联系我们,在此特致感谢!

本书适用想创业和初次创业的大学生、农民、社会普通劳动者等,也适合对创业财税知识感兴趣的读者使用。

由于作者水平有限,书中难免会出现错误和疏漏,恳请广大读者和同仁批评指正,以便我们在今后加以完善。在此一并致谢!

编 者

2020 年 9 月

目　录

项目一 创新：应对未来的不确定性

◆**引导案例**

华为技术有限公司从2万元起家，用25年时间，从名不见经传的民营科技企业，发展成为世界500强和全球最大的通信设备制造商，创造了中国乃至世界企业发展史上的奇迹！

华为虽然和许多民营企业一样，做贸易起步，但是并没有向其他企业那样继续沿着贸易路线发展，而是踏踏实实地搞自主研发。华为把每年销售收入的10%投入研发数十年如一日，近十年投入的研发费用达1 000多亿元人民币；在华为15万元名员工中，有近一半的人在搞技术研发。为了保持技术领先优势，华为在招揽人才时提供的薪资常常比很多外资企业还高很多。

【案例思考】

对于近几年华为发展迅速，跻身世界级企业行列，你有什么看法？促使华为迅猛发展的重要因素是什么？

【案例启示】

华为成功的秘诀在于创新。创新无疑是提升企业竞争力的法宝，也是充满风险和挑战的增长路径。特别是在高科技产业领域，创新被称为企业生存的基础和品牌的价值核心。

"不创新才是华为最大的风险。"华为总裁任正非的这句话道出了华为骨子里的创新精神。回顾华为20多年的发展历程，我们体会到，没有创新，要在高科技行业中生存下去，几乎是不可能的，在这个领域没有喘气的机会。"哪怕只落后一点点，就意味着逐渐死亡。""华为离死亡，可能只有一步之遥。"正是这种强烈的紧迫感促使华为继续创新。

华为的创新体现在企业的方方面面，在各个细节之中，但是华为并不是为了创新而创新，它打造的是一种相机而动、有的放矢的创新力，是以客户需求、市场需求为导向，紧紧沿着技术市场化路线行进的创新。这是一种可以不断完善和超越自身的创新力量，以客户需求和市场趋势为导向，紧密遵循技术市场化路线。这样的创新能力才是企业可持续发展的基石。

1.1 创新的含义

十九大报告指出："创新是引领发展的第一动力,是建设现代化经济体系的战略支撑。"

创新是以新思维、新发明和新描述为特征的一种概念化过程。起源于拉丁语,它原意有三层含义:第一,更新;第二,创造新的东西;第三,改变。企业创新是企业管理的一项重要内容,是决定公司发展方向、发展规模、发展速度的关键要素。从整个公司管理,到具体业务运行,企业的创新贯穿在每一个部门、每一个细节中。企业创新涉及组织创新、技术创新、管理创新、战略创新等方面,而且不是孤立地考虑某一方面的创新,要全盘考虑整个企业的发展。

> 创新是一个民族进步的灵魂,是一个国家兴旺发达的不竭动力,也是中华民族最深沉的民族禀赋。
>
> ——习近平

华为成功的秘密就是创新。另一个著名创业成功的典范企业,不以技术著称的电商企业阿里巴巴,2017 年 10 月 11 日成立达摩院投资 1 000 亿进行基础科学研究和颠覆式技术创新研究。"达摩院"由全球实验室、高校联合研究所、全球前沿创新研究计划三大部分组成,首批公布的研究领域包括量子计算、机器学习、基础算法、网络安全、视觉计算、自然语言处理、人机自然交互、芯片技术、传感器技术、嵌入式系统等,涵盖机器智能、智联网、金融科技等多个产业领域。马云:"阿里巴巴本身就不应该只是一家电子商务公司,而是国家和社会乃至于世界创新的发动机……"

成功创业者危机意识都很强,例如,

任正非(主动放弃改革先锋称号)说:"不创新才是华为最大的风险。"

李彦宏(海归创业报国推动科技创新的优秀代表)说:"百度离破产永远只有 30 天。"

马云(数字经济的创新者)说:"我每天都睡不好,我每天晚上都在担忧我的公司没有跑得够快就会被别人所淘汰了,就会在这个竞争当中掉队了。"

马化腾("互联网＋"行动的探索者)说:"腾讯离倒闭只剩 6 个月,有危机感才会有胜算。"

正是这种强烈的紧迫感,驱使着华为、百度、阿里巴巴、腾讯等企业持续创新,创新成为科技企业发展的第一驱动力。

1.2 创新力的含义

创新是第一动力。中国如果不走创新驱动道路,新旧动能不能顺利转换,是不可能真正强大起来的,只能是大而不强。

自主创新能力是一个国家科技创新能力的重要体现,是增强企业和产业竞争力的关键环节。随着经济全球化进程的加快,国际间产业分工和转移越来越依赖于本国企业自主创新能力的高低。近百年世界产业发展的历史表明,真正起作用的技术大都来自企业。在市场经济中,企业作为最活跃的社会细胞,既是技术创新的吸纳器,又是技术创新的发动机。企业在技术创新方面具有其他各类创新机构无法替代也无可比拟的优势,只有千千万万个企业的自主创新能力得到提升,国家的整体创新能力和科技竞争力才能真正得到提高。

具有较强自主创新能力的企业必须具有如下一些特点:

(1) 具有自主知识产权的核心技术。掌握企业发展的核心技术并具有自主知识产权,整体技术水平在同行业居于领先地位。有较强的技术话语权,积极主导或参与国际、国家或行业技术标准的制定工作。

(2) 具有持续创新能力。在同类企业中,研发投入占年销售收入比例较高,有健全的研发机构或与国内外大学、科研机构建立了长期稳定的产学研合作关系。在领先的技术领域具有较强的发展潜力。重视科技人员和高技能人才的培养、吸引和使用。

(3) 具有行业带动性和自主品牌。在行业发展中具有较强的带动性或带动潜力。注重自主品牌的管理和创新,通过竞争形成了企业独特的品牌,并在市场中享有相当知名度。

(4) 具有较强的盈利能力和较高的管理水平。企业连续盈利,整体财务状况良好,销售收入和利润总额呈稳定上升势头。建立了比较完善的知识产权管理体系和质量保证体系。

通常只有符合上述一项或者多项特点的企业才有可能成为自主创新型的企业。

以科技发展催生新发展动能,实现高质量发展,必须实现依靠创新驱动的内涵型增长,更要大力提升自主创新能力,尽快突破关键核心技术。

1.3　怎么培养创新能力

◆ 引导案例

百年雀巢的创新之路

雀巢百年成功之路的开端源于创新。1867 年的一天,在瑞士日内瓦湖畔的一个乡村,有一个早产婴儿降生了,这个婴儿既不能接受母乳,也不能接受其他任何的替代品。他吃不下东西,身体极度虚弱,因而被遗弃。一位先生收留了这个孩子,并用自己发明的一种食品——牛奶麦片喂养,这个小生命获救了。他就是后来驰名全球的食品业巨头,雀巢公司的创始人——亨利·雀巢先生(Mr. Henri Nestlé)。他发明的这种食品为当时死亡率很高的欧洲婴儿带来了福音,后来传到了世界各地,发展成世界上最早的婴儿食品——FarineLactee Nestlé(婴儿营养麦片粥)。婴儿食品的出现对妈妈们来说无疑是一个好消息。越来越多的人开始认可婴儿食品,很快,亨利·雀巢先生的婴儿食品销售遍及了整个欧洲。

持续的改良创新是雀巢不断发展的生命源泉。雀巢不仅在规模和市场价值上成为世界上最大的食品集团,在食品研发领域内也是全球的领头羊。没有任何一家公司在研发领域内投入了这么大的人力与财力资源。最新披露的数据显示,2008年,雀巢在研发上的投入达到19.8亿瑞士法郎(约合120亿元人民币),相当于在华的年销售额。百年来,雀巢公司开发出了很多种独特的食品,为自己始终居于行业领先地位奠定了牢固的基础。雀巢把创新解释为创造新的产品和工艺,改良则是不断改善产品和技术。创新对于一个企业来说是最重要的,但也是最难的。创新需要有强大的研发机构来支持。雀巢经过多年的积累和发展,已建成一个覆盖全球的庞大的研发体系。

对于市场份额正在不断下降的铁罐装糖果和浓缩牛奶,雀巢公司决定采用一款新型的包装理念和包装生产线,他们将浓缩牛奶灌装到配有一个清洁、可调节阀门的可挤压塑料瓶中。尽管增加了额外的包装成本,提高了售价,但增加了15%的销售量,给雀巢带来了更多的利益。雀巢公司从此包装创新的胜利而成为行业的领先者,进一步巩固了在大众消费者心中的品牌形象。

【案例思考】

百年雀巢是怎么培养和持续保持创新能力的?

> 发展制造业,首先还是要靠创新,靠质量。创新,主要是要突破核心技术,抢占技术的制高点,并且获得技术的话语权。
>
> ——小米雷军

企业的研发创新能力决定企业核心竞争力,研发创新能力是企业可持续发展的机制,每个产品都有生命周期,每个客户的喜好都会变化,仅靠一个产品的成功、一时产品的成功,很难让这个企业在这个行业立于不败之地。唯一能够让企业持续生存的,就是企业的持续研发创新能力,持续不断满足客户、满足市场不断变化的需求应变能力。

(1)以市场需求为导向的研发创新体系。

(2)研发方案执行体系。

(3)研发人才培育。

(4)高效的研发团队和流程。

◆ **材料讨论**

三星集团发展及战略

三星集团是韩国最大的企业集团,包括26个下属公司及若干其他法人机构,在近70个国家和地区建立了近300个法人及办事处,员工总数19.6万人,业务涉及电子、金融、机械、化学等众多领域。集团旗下3家企业进入美国《财富》杂志2003年世界500强行列,其中三星电子排名第59位,三星物产第115位,三星生命第236位。2003年,三星集团营业额约965亿美元,品牌价值高达108.5亿美元,在世界百大品牌中排名第25位,连续两年成为成长最快的品牌。集团旗下的旗舰公司——三星电子在2003年《商业周刊》IT百强中排名第三,日益成为行业领跑者,其影响力已经超越了很多业内传统巨头。

三星有近20种产品世界市场占有率居全球企业之首,在国际市场上彰显出雄厚实力。以三星电子为例,该公司在美国工业设计协会年度工业设计奖(Industrial Design Excellence Awards, IDEA)的评选中获得诸多奖项,连续数年成为获奖最多的公司。这些证明三星的设计能力已经达到了世界级水平。2003 年三星在美国取得的专利高达 1 313 项,在世界所有企业中排名第九。

一、三星发展阶段

(一)创立初期

1938 年 3 月 1 日,三星前任会长李秉喆以 3 万韩元在韩国大邱市成立了"三星商会"。早期三星的主要业务是将韩国的干制鱼、蔬菜、水果等出口到中国的北京及满洲里。不久之后,三星又建厂开始了面粉和糖的生产及销售。1948 年,三星将办公地点转移到了韩国首都汉城市,并成立了"三星物产"公司。三星物产的成立标志着三星开始正式展开国际贸易业务。在企业氛围还相对保守的当时,三星让员工参与投资及利润分成,并对有功出成绩的员工进行奖励,三星与众不同的管理风格开始闻名韩国。

(二)为支持恢复韩国经济而步入生产领域

1945 年韩国摆脱了日本的统治,但是当时的韩国经济由于社会和政局的动荡不安而变得极不稳定,1950 年开始的南北朝鲜战争更是给韩国经济的发展造成了严重的影响。正在稳健发展中的三星由于战争几乎丧失了全部财产,但是三星没有因此而一蹶不振。1951 年三星将公司转移到了韩国东南部的港口城市——釜山,并成立了三星物产株式会社。在韩国物资极度紧缺、各种生活必备品严重依赖进口的当时,三星为了帮助恢复、发展韩国经济,实现其"事业报国"的理念,开始了在生产领域的发展。1953 年,三星建立了"第一制糖",结束了韩国白糖依赖进口的历史;1954 年三星成立了"第一毛织",开创了韩国自产布料的时代。这些基础消费品自给的实现为韩国经济的崛起打下了基础。值得一提的是,在 50 年代中期,大多数韩国公司还是通过学校、家庭和亲戚中的关系雇用员工。三星率先建立了公开招聘的人事制度,并努力提高劳动效率、改善员工福利。

(三)进军电子行业,追求业务拓展

20 世纪 60 年代初,韩国政局的动荡仍旧严重影响着社会和经济发展。三星也因此经历了很多困难。尽管困难重重,以兴国为己任的三星还是全力以赴,以再次重建韩国经济。1969 年,三星电子正式成立。根据当时李秉喆先生的分析,从技术、劳动力状况、附加值、出口预期等方面考虑,电子业是最适合于韩国国情的行业。从三星电子在世界半导体领域的成功来看,他当时再正确不过了。此外,三星还成立了韩国化肥生产公司,努力实现韩国化肥的自给。三星开始追求在几大主要工业领域的扩张并开始成为韩国企业的领导。从这时起,三星不仅专注于企业经营,也开始着眼于韩国社会教育和文化的发展。公司投入大量资金到大丘和成均馆大学的人才培养。为了回报社会,1964 年 1 月三星建立了三星奖学会。在 1965 年 4 月又成立了三星文化财团,并开始在韩国社会和文化发展中扮演重要角色。

(四)进入化学和重工业

1962 到 1972 年,韩国经济实现了持续的高速增长。1973 年韩国政府为了推动经济进一步发展,实现高度的经济独立,决定鼓励重化工业发展。三星响应政府号召,为韩国重工业、化学和石油等几个未来战略性工业领域奠定了基础。1973 年 8 月,三星提出了

"第二个五年管理计划",对重工业和化学产业进行了集中投资,并决定设立造船部。三星还成功实现了纺织品从原料到终端产品生产的一体化。1974年,三星重工业公司成立;1977年建立了三星造船厂和"三星精密"(三星 Techwin 的前身)。70年代初期,三星开始生产电视、录像机等家用电器并开始进入国际市场。1974年,在收购了韩国半导体公司50%的股份后,开始了三星电子在半导体领域的神话。

(五)以技术跻身国际市场和"二次创业"

1978年,三星半导体从三星电子中分离出来独立运营。1983年,三星成功开发了64K DRAM 和 VLSI 芯片,开始在国际半导体市场崭露头角,并日益成为行业领跑者。1985年,三星数据系统公司(即今天的 SDS)成立。1986年三星经济研究所和1987年三星综合技术院的成立促进了三星在电子、半导体、高聚合物化学、基因工程、光学通信和航空工业等领域的扩展,为集团日后的发展打下了坚实的技术基础。三星创始人李秉喆先生于1987年11月19日去世,李健熙先生接任他的父亲成为新任会长。在1988年三星成立50周年庆典上,李健熙宣布了集团的"二次创业",并将三星的发展方向定为做"21世纪世界超一流企业"。在"二次创业"的过程中,三星进行积极的业务结构调整,并开始向新的领域拓展业务。为进军世界五大电子企业,三星在1988年将电子、半导体及通信公司合并为三星电子。80年代后期三星开始致力于电子和重工业,建立了它在世界高科技领域的声誉。

(六)迈入世界一流企业行业,向超一流企业迈进

进入1993年,三星宣布实行"新经营"。这是一场旨在通过从员工个人到整个企业的积极变化来实现从"数量经营"到"品质经营"的转变,并由此实现世界一流的企业经营革新运动。以"新经营"为契机,三星开始进行全方位品质经营和世界顶级战略,并实施了"选择和集中"的业务发展策略,对发展不顺利或前景不看好的业务及时进行清理,对前景乐观的业务进行集中的投资,加强研发的力度。在强化品质方面,三星电子、三星电机等实行了"停线"机制,即如在生产流程中发现不合格产品,整个生产线会被停下来,直到问题被解决。为了提高三星服务的质量,三星人力开发院为所有的三星客户服务人员提供客户服务的讲座。三星旗下的新罗饭店还为三星生命、三星证券和三星信用卡等的雇员提供礼仪培训课程。"新经营"对三星的发展产生了深远的影响。在"新经营"实施过程中,三星通过业务结构、人才培养、产品设计生产、流程控制等多方面的变革,强化了企业的经营基础,从而平稳度过了亚洲经济危机,并获得了惊人的高速成长,快速步入世界一流企业行列。在"新经营"开始10年后的2003年,三星旗下3家企业进入世界500强行列,有近20种产品市场占有率居世界首位。十年间,三星的年营业额增长了3.4倍,利润增长了28倍,并在半导体、LCD、通信等技术领域确立了行业领跑者地位。三星的目标是成为世界超一流企业、全世界最受尊敬的企业,勤恳、上进、胸怀全球、永远追求第一的三星人正在步履坚实地朝着这一目标迈进。

二、品牌战略

(一)战略目标——赶超行业霸主索尼

三星电子的战略目标不仅是做最成功的企业,而且要把三星打造成全球电子行业的领导品牌。为此三星设定了一个最强有力的竞争对手,发誓努力赶上并最终超越它,目标

就是索尼。因为在全球 500 强排序中,索尼是唯一排在三星电子之上的电子类企业,毫无争议的全球霸主。

1997 年以前,三星电子还不得不从索尼购买芯片。但自从把索尼作为自己赶超的目标后,三星不惜重金建设自己强大的研发队伍,在技术上虚心地向日本人学习,派技术人员前往索尼等技术强大的日本公司学习,最终突破了技术门槛。三星在技术上已成为世界顶尖级的技术创新公司,在包括移动电话、手持计算设备、平面显示器以及超薄笔记本电脑等众多领域创造了一系列的尖端技术。为了超过索尼,三星电子除了在数码相机、显示器、音响等领域频繁出击外,还对索尼最薄弱的部分——手机展开了最猛烈的攻击。由于索尼手机因缺乏创新、经营不善导致亏损,索尼谋求与昔日全球手机霸主爱立信手机部门合并,并成立了索尼-爱立信公司,但三星还是在 2002 年以优异业绩超过了索爱。在全球手机市场上,消费者公认的最受欢迎的手机不是索尼而是三星,这完全颠覆了索尼在消费电子领域顶尖角色的图景。从 1998 年以来,三星电子共获得了 17 项工业设计大奖,连续 5 年成为获奖最多的公司,获奖总数与美国苹果公司持平。不久前,三星电子获得 2002 年度美国工业设计奖(IDEA)中的 5 项大奖,这个由美国工业设计协会颁发的年度工业设计奖是全球工业设计界最重要的奖项之一。三星与苹果公司并列第一,同为本届工业设计奖中获奖最多的公司,并领先于 IBM、NEC、佳能、索尼、日立、三菱和富士通。这一成绩证明三星电子领先的设计理念得到了全球的认可,使其向建立世界超一流企业的目标迈出了坚实的一步。

2003 年 6 月 5 日,在由会长李健熙和子公司社长等 50 多人出席的纪念"新经营 10 周年"社长团会议上,三星确定了更高层次的战略目标:力争到 2010 年发展成销售额达 270 万亿韩元和税前利润 30 万亿韩元,确保品牌价值 700 亿美元和 50 种世界一流产品的"世界最受尊敬的企业"。

(二)形象杠杆——规划高附加值产品识别

产品是品牌识别的主要载体,规划好品牌在产品层面上的识别可以迅速提升品牌价值,不断累积品牌资产。三星卓越的品牌战略管理,就是基于成功构筑了"技术领先、时尚简约、高档高价值、数码 e 化"的产品识别,无论是三星手机、数位电视、显示器还是 MP3、笔记本电脑、投影仪,无一不体现出"设计时尚简约、气质尊贵高雅、功能强大先进、操作简单方便"的特色,无一不体现出领袖群伦的卓越品质,无一不体现出业内领先、无人企及的高价值、高档次,无一不体现出年轻时尚、引领潮流、事业有成的产品使用者形象。

三星成功的产品识别,仅仅体现在追求技术领先上是远远不够的。正如三星全球市场营运部经理 Eric Kim 先生所说的"我们取得成功的最重要一点,就是从我们的竞争对手的'比你更酷'的营销策略中汲取了经验",三星在产品的工业设计、功能配置、满足消费者对时尚、品位、精神体验方面的需求上煞费苦心。全球第一个珍珠白色的手机、第一个挂在脖子上的手机、第一个增加人体生理节律的手机,全部出自三星。2001 年,三星在中国市场上推出第一台具有双屏显示功能的手机——SGH - A288,以其迷人简约的款式造型、酷得让人发疯的时尚色彩,引发了双屏手机销售"井喷",竞争对手纷纷效仿,一举打破诺基亚长期构筑的直板式手机占据领导地位的市场格局。随后,三星推出彩信照相手机 SGH - V208,在时尚简约主义下完美演绎的角外形与高雅的机身外壳,时刻绽放动人的高贵气质;独创 180 度旋转内置照相镜头,具有 2 倍数码变焦、10 级明亮度调节功能;配备 65 000 色高清晰度 LCD 彩色内屏,128×160 图元、1.8 英寸的超大荧幕,图片显示更清晰,色彩更生动艳丽;GPRS 功能配以 WAP 1.2 浏览器,让用户疾速驰骋网络,图片、动画和铃音的下载轻松实现。2003 年,三星电子精心打造的 CDMA 高端手机精品 SCH-A599 绚亮登场,再开通信产品时尚化、潮流化的先河。设计上着重突出了时尚、简约的现代风格,并融合了尖端的通信科技,恰如其分地诠释出年轻贵族们追求时尚、讲究品位、奋发工作的生活观念,成为新一代年轻领袖们的掌上新贵;借助 SCH-A599 携带的 WAP 浏览器,用户不仅可以查询网上资讯,还能下载图片和音乐,让原本单调的工作洋溢起个性化的色彩;63.9 克的超轻身躯,配以酒红、珍珠白、金属银、香槟金和海洋蓝等五种亮丽色彩,使 A599 异常彰显个性风采;16 和弦铃声音乐另外特别加入了多首中国流行音乐和民谣,还允许用户通过 PC 连线或 WAP 网络下载自己喜爱的曲目。正如香港著名时装设计师张天爱从专业设计师的角度给予的评价:"三星 A599 的设计思路充分表达出了实用性与装饰性的完美结合,无论是色彩的搭配运用,还是各个配件的布局组织,都给人以别具匠心的感觉,在时尚性和艺术性上表现相当出色。"

作为三星数码战略的统帅,三星笔记本电脑产品的品牌建设自然受到了格外的重视,不仅将笔记本电脑产品定位为数码产品的统帅,使得消费者难以将它与知名的三星数码产品区分开来;而且三星笔记本电脑的每一款产品都做到了形式新颖、风格时尚,淋漓尽致地体现了三星新的品牌识别。在三星笔记本电脑进入中国之前,IBM、康柏、东芝、联想等厂商的产品线覆盖了从高到低的各个层面,牢牢占据了大部分的市场份额。三星放弃了走了十年的"传统"笔记本电脑路线,选择了"集中优势力量、避实就虚"的侧翼攻击战略,面对大部分追求时尚、个性化、不愿受传统束缚的主流消费群体,2001 年以一款轻薄、时尚的 NV5000 作为"先遣部队",上演了一幕令无数人瞩目的"抢滩登陆战"。三星 NV5000 以当时世界上最轻、最薄的笔记本电脑的形象出现,重量只有 1.35 公斤,厚度仅为 21 毫米;它独特的"可移动网站系统",配备了印表机、UBS 等各种接口,并且装有一个 DVD ROM 及两个音箱,更堪称 PC 史上的一次革命;NV5000 具有个性化的香槟金色和银蓝色外壳更是得到了时尚一族的青睐。三星 NV5000 笔记本电脑的优异设计和性能,获得了 INTEL 颁发的 INTEL 创新电脑奖和"IF 设计奖"。继而,三星又辅以功能与时尚并重的 GT9000 和 GT9000 Pro,三剑齐发,分别在超轻薄、光软互换和全内置三大领域中取得了显著优势。而后,三星电子又分别在 2002 年 3 月份推出了全世界最轻薄的 Q10;在 5 月底 Intel 发布 P4-M 后的第一时间发布了最轻薄的全尺寸笔记本 P10 和功能强大的 T10 三款产品,三星电子在高端零售笔记本市场抢占了相当大的市场份额。

(三)助推火箭——不惧风险推行 TOP 赞助计划

1996 年,三星电子会长李健熙强调品牌价值在竞争中所起的巨大作用,立志把三星品牌价值迅速提高到世界顶级水平。他力排众议,坚持认为要把三星打造成世界顶级品牌,做奥林匹克顶级赞助商(TOP 计划)是唯一的一条道路。从此,三星电子开始大胆地开展全球性的品牌资产管理规划,每年拿出 20 亿美元(体育营销约占 20%)的市场营销费用,并将奥林匹克 TOP 赞助计划作为其体育营销的最高策略。

TOP 计划源于 1985 年,又称奥林匹克合作伙伴计划,4 年一期。加入该计划的企业获得"奥林匹克全球合作伙伴"的称谓,享有在全球范围内使用奥林匹克知识产权、开展市场营销等权利及相关的一整套权益回报,并且是奥运会、国际奥委会和奥运会组委会以及200多个国家和地区奥会和奥运会代表团的官方赞助商。另外,TOP伙伴还享有在全球范围内产品、技术、服务类别的排他权利。TOP计划只授予那些国际型企业的顶级赞助商:除了企业及其产品具有居于世界领先地位的高尚品质和良好形象,拥有充足的全球性资源的跨国公司外,还要求企业能协助推行国际奥委会的营销计划。同时规定在同一行业中只能挑选一家企业。而每期只有10~12家国际一流企业可以作为世界范围的奥运会赞助商。

从1997年进入第四期TOP计划以来,三星TOP赞助计划一发而不可收:1998年赞助长野冬季奥运会,2000年赞助悉尼奥运会,2002年赞助盐湖城冬季奥运会,2004年雅典奥运会,2006年第二十届都灵冬季奥运会,三星又将以无线通信设备全球官方合作伙伴的身份,与可口可乐、美国通用电气、松下电器等8家巨型企业集团一起,参与2008年第二十九届北京奥运会全球赞助商计划。三星再度赞助TOP计划,使其有机会在未来的日子,凭其顶级赞助商的头衔,再次与可口可乐、柯达这样的世界顶级品牌一起同台表演。这使三星显然跻身于世界一流品牌的行列中。

(四)营销策略——高层次的营销手段

为了树立产品的高档形象,三星无论在广告宣传,还是销售渠道上都给人以高档的印象。无论是移动电话、DVD播放器,还是MP3,三星都力图将产品定位于高端市场,而不是廉价货。与同类产品相比,一般三星电子产品更具特色,功能更多,这使得其产品价格要高出30个百分点。由于美国在全球市场的领导地位,决定三星极为重视这个市场。但是在美国,除非生活在时代广场旁边的三星广告牌附近,三星品牌完全被东芝、富士通、松下电器等亚洲品牌淹没了。对美国人来说,索尼可以说在这些品牌中一枝独秀,许多人对三星的质量依然心存怀疑。于是,三星一直投入大量的资金要让美国人熟悉三星商标,从而扭转过去人们把它看作是廉价品牌的看法。比如,在盐湖城冬奥会上,三星花费1500万美元的巨额赞助费赞助冬奥会,为其产品促销。另外,三星还用一家广告商取代了几十家广告商,以使三星广告的外观和给人的感受更一致。在一则广告上,一对父子球迷高速奔跑,不是去赛场,而是去广场上通过三星电视看足球赛。除此,还在美国推出了一系列超现实主义的广告,突出一个被三星公司称为"雪女"(Snow Woman)的绝世美女的形象。整个活动看上去花费甚巨,高雅不凡。

三星电子另一个提升其产品公众形象的举措是将其产品撤出一些大型连锁商店(如沃尔玛和Kmart),因为来这些连锁超市的用户更看重产品的价格,而不是产品的质量。为此,三星将撤出的产品(如DVD、电视以及电脑)转移至BestBuy、Sears、CircuitCity以及其他一些高级专业商店进行销售,因为这些商店看重的是产品的质量和品牌。为了让用户体验到数位家庭的舒适和便利,三星电子推出了以TCP/IP为基础的数位家庭网络解决方案——Home Vita,该工程在韩国拥有100个实验室,并在首尔、香港设立多个体验中心,通过一个无线的Webpad(网络遥控器)或WAP移动电话或任何联网的电脑,就可以对整个家居实现智慧化、综合性的控制,把家庭自动化的理想提高到了一个更高的层次。我们仅看到三星电子推出来这种实用的系统。

近些年三星不仅对重大体育赛事的赞助活动热衷异常,自2000年开始推行全新的品牌宣传——"SAMSUNG DIGITall:everyones invited TM"(三星数位世界欢迎您)。三星针对各个目标地区开展的以普及数码应用为核心的各种各样的全民数码活动也在十分频繁地进行:北京数码体验馆的设立、连续两届三星Digital Man选拔赛、2002年上海Cebit Asia资讯技术展览会、2003年4月正式开赛的三星杯美丽新视界2003DV/数码知识电视大赛等。就是希望通过上述市场营销方式使得三星电子崭新的高品质的形象和消费者需求的生活化的产品深入人心。

三、产品战略

三星公司自创立至今,其产品开发战略演变大致经历了"拷版战略""模仿战略""紧跟技术领先者战略"和"技术领先战略"四个阶段。

(一)拷版战略——在较短的时间内,以较低的成本打入市场

拷版战略是指一个企业所生产的产品技术、设计和零部件完全依赖外界的供给,该企业就像另一家企业的一个生产车间,只是依样画葫芦地进行组装而已。

三星公司于1969年进入家电和电子产业,是因为家电和电子产品市场在当时已显露了巨大的发展前景和潜力,以电视机为代表的家用电器电子产品处在迅速普及阶段;新产品层出不穷,特别是彩色电视机已进入市场成为热销产品,利润丰厚。然而,三星电子选定的第一项产品却是已经进入产品生命周期衰退阶段、利润率不高的12英寸黑白电视机这一特定产品。这是因为:

三星电子在成立之初并不拥有和掌握最起码的电子技术;掌握彩色电视机技术的外国公司不愿向三星电子转让有关技术,只愿意提供黑白电视机成套散件和组装技术。

虽然黑白电视机当时在收入水平高的发达国家市场已进入生命周期的衰退阶段,但在收入水平低的发展中国家(包括韩国)还存在对这种低档产品有需求的细分市场。尽管许多外国公司因黑白电视机利润率低而对它不再有兴趣,但对当时的三星公司来说,从黑白电视机市场中能获取的利润还是令其满意的。

黑白电视机的组装技术在当时基本上已成为公开技术;韩国员工的素质比较好,善于学习,可望在较短时间内把黑白电视机的组装技术学到手并以低成本进行生产。

综合考虑上述条件,三星电子当时制定的产品开发战略是:从外国公司(日本索尼)进口黑白电视机成套散件和基本的组装技术,在外国技术人员的指导下进行组装,生产处在衰退阶段的低档产品(贴上"三洋"品牌)销往海外低端市场(三星电子的第一批12英寸黑白电视机销往巴拿马)。这一战略体现了当时条件下的市场、产品和技术的合适匹配。

20世纪80年代早期,三星电子进军DRAM(动态存储器)市场之初,因不掌握关键技术,奉行的产品开发战略也是拷版战略,即从外国公司进口64K DRAM芯片进行封装,封装技术依赖外国公司,生产低档产品供给低端市场。

(二)模仿战略——消化吸收外来技术,努力提升自身产品、市场和技术匹配的档次

模仿战略是指一个企业所开发产品的关键技术虽然不是企业自己创造发明,但企业通过种种途径已经掌握了这种产品的关键技术,能够在模仿产品的行业主导设计的基础上对产品的设计和零部件设计做出改进或一定程度的创新,使自己的产品与其他企业的同类产品有所不同,更适合某些特定市场的需要。

　　三星电子的低档12英寸黑白电视机和低档DRAM在它所选择的市场上取得的业绩很不错。但根据当时与外国公司签订的技术支持协议,三星电子很难获得基本的组装技术之外的关键技术。三星电子当然不甘心停留在这种目标产品关键技术控制在外国公司手中的市场、产品和技术的低水平静态匹配。为此,三星电子一方面仍积极地通过各种渠道获取外国技术;另一方面在公司内部大力开展对关键技术的消化吸收和掌握。

　　在黑白电视机产品上,三星电子避开外国公司的耳目,对关键技术秘密地学习。他们做了广泛的调研、讨论和探索,最终克服了似乎难以克服的困难,掌握了黑白电视机的必要技术。在这基础上,三星电子根据当时韩国国民收入较低、对电视机需求大的特点,利用已掌握的技术,在1975年开发了符合韩国国民特殊需要的修改版经济型12英寸黑白电视机,投放市场后,大受欢迎。虽然从技术角度看,产品的零部件仍主要依赖进口,但是,这时的市场、产品和技术的匹配已发生实质变化——三星电子已掌握黑白电视机的必要技术并能对产品设计进行改进。继开发经济型黑白电视机之后,三星电子又陆续开发了14英寸彩色电视机(1976年)、微波炉(1979年)、家用录像机(1984年)、1M DRAM(1986年)、便携式摄录一体机(1989年)等产品。与生产第一批黑白电视机和64K DRAM之时几乎不掌握关键技术的情况不同,三星电子在开发上述产品之前通过"反解工程"已经破解和基本掌握了有关产品的关键技术;其投放市场的产品是参考行业主导设计的基础上由三星公司自行开发的,有一定程度的创新。三星彩电进入市场时间距彩电首次在市场问世虽然有20多年,但这种产品在世界市场仍处在成熟阶段,三星电子为其第一批彩电选择的特定市场仍然是巴拿马,后来又销往日本;而三星微波炉、家用录像机、1M DRAM上市时,这些产品在世界市场上均处在成长阶段,市场潜力巨大,即使在发达国家也有需求,三星电子把加拿大、美国和日本市场中的低端市场定为产品的主要目标市场。这时,三星电子的市场、产品和技术的匹配上升了一个台阶:掌握了关键技术,开发处在生命周期成熟或成长阶段的产品,占领发达国家的低端市场。

　　在这一阶段,除了广泛利用反解工程方法外,三星电子还采用了另外一些方法来获得关键技术,如在其他国家小公司中寻找技术来源;聘请在海外受过训练的、掌握最先进科学技术知识的韩裔科学家和工程师;在美国硅谷和日本东京建立研究与开发中心;让设在韩国的研究与开发中心和设在外国的研究与开发中心并行地开发同一新产品,开展内部良性竞争;等等。这些做法所产生的协同作用,对于三星电子打破外国公司的技术封锁,促进外国公司向三星电子转让先进技术,加速三星电子破解和吸收先进技术,提高三星电子技术起步水平和总体技术能力,提升三星电子的市场、产品和技术匹配的档次,起到了很大的作用。但此时三星的自主技术开发能力还不强,产品的自主创新程度还不高;它开发、生产和销售的产品在世界市场上还属于低档产品,面向低端市场,利润率不是很高。另外,它还需向外国公司支付巨额的技术使用费。尽管如此,三星电子的市场、产品和技术的合适匹配还是在市场上取得了巨大成功,获得了可观的经济收益。它把经济收益中的很大一部分投入研发活动,建立了韩国最大的研发机构,在加快消化吸收外国先进技术的同时,进一步加强了自身技术开发和产品创新的能力。

　　(三)紧跟技术领先者战略——用先进技术开发处在生命周期导入阶段的新产品,占取中高端市场经过多年积极进取的技术学习、技术吸收和技术能力培育,在20世纪80年代末和90年代中,三星电子的技术开发能力和所开发产品的技术水平与世界先进公司的差距已大幅度缩小,在某些领域已接近或赶上世界先进公司。

三星电子越想进入高端电子市场,它需要的技术就越尖端,而且在这方面也还存在着欠缺,还不能独立于外国公司。为此,三星电子除了进一步加强公司内部研发和与其他公司签订技术转让协议外,还采取了两项新的战略举措:一是在发达国家收购高技术企业(如1994年收购日本LUX公司,1995年收购美国ASTResearch的主要股份);二是与拥有尖端技术的竞争企业结成战略联盟,共享技术。这时,一些处于技术领导地位的外国公司(如东芝、NEC、摩托罗拉、Digital、SGS-Thompson、西门子等)也愿意在比较平等的基础上与三星电子建立战略联盟共享技术,因为三星电子通过自身努力,其技术开发能力已有大幅度提升,已摆脱了技术"小伙伴"的形象。

(四)技术领先战略——引领尖端技术,占据高端市场

20世纪90年代后期,三星电子的自主技术开发和自主产品创新的能力进一步提升,它的产品开发战略除了强调"技术领先,用最先进技术开发处在导入阶段的新产品,满足高端市场需求"的匹配原则外,同时也强调"技术领先,用最先进技术开发全新产品,创造新的需求和新的高端市场"的匹配原则。在这一时期中,三星电子开发的多项产品在高技术电子产品市场已占世界领先地位,赢得多项世界第一,其中包括:世界第一台硬盘数码摄像机ITCAM—9W,世界第一款具有光学变焦功能的300万像素照相手机、GSM/CDMA双模手机、UniJa手机、T丌彩屏手机,世界第一台高清电视用DVD,世界第一面高清电视机用57英寸TFT-LCD显示屏等。

【讨论问题】

(1)从三星的发展及不同发展阶段采取不同的战略中你学到了什么?

(2)如果你创业,准备采用什么品牌、营销、产品和技术战略,为什么?

1.4 创业

◆ **引导案例**

口述:徐井宏 中关村龙门投资公司董事长原清华控股董事长

采访:施星辉 江涛 《视觉中国》

企业家这个群体,近几年才逐步形成——之前的经济发展形态还不够成熟。只有形成按市场规律推动的体制和机制,才会产生企业家,否则叫工作人员。

2006年年初,我在启迪控股做工作报告时,提出了企业家的三大素质:学者智慧、商业思维、江湖行动。

学者智慧是解决判断力的问题,在一个科技如此发达的社会,没有对知识的深刻认知,对趋势的清晰判断,一定做不出好企业。这不像40年前,40年前卖大碗茶都可以。

商业思维是企业家和其他职业的本质差异,军事家是军事思维,教育家是教育思维。

中国特别要命的是,很多没有商业思维的人来领导商业,就容易出问题。例如,用干

部的思维、行政的思维做企业,怎么可能做好?你要懂市场,它解决的是什么?什么是决策力?你要按商业规律和你对商业的判断来决策。

什么是江湖?就是有信誉、懂规则,在中国,得懂规则还得懂潜规则,当然咱们不要做违背良知的事儿。但是,很多规则不是写在纸上的,所以,江湖行动是解决执行力的问题。当一个企业能够判断力准确、决策力坚定、执行力完美,这个企业不就做好了吗?

商人就是赚一笔钱,做一个好生意,或者赢得了很多财富,但他不是企业家——只有那些有强烈的使命感,能通过带领企业不断创造,能够让社会更加美好,人类更加幸福的人才叫企业家。

所以,企业家和一般企业领导人的差异,或者和商人的差异,最核心的就是要有家国情怀,要有使命,这解决的是号召力或者感召力的问题。此时,你已经不是一家企业,你的客户、你的合作伙伴、你的上下游,都愿意和你一起来推动一个事业。

我认为没有家国情怀的企业领导人称不上为企业家,这是企业家精神所必备的要素。当然,其他三项也很重要。

【案例思考】

对于创业者,当然不能完全以企业家的标准来要求,但可以借鉴这些标准,如果你作为创业者,哪些要求是最重要的?

当今时代,有创新才能更好地创业。创业是创业者对自己拥有的资源或通过努力对能够拥有的资源进行优化整合,从而创造出更大经济或社会价值的过程。创业是一种劳动方式,是一种需要创业者运营、组织,以及运用服务、技术、器物作业的思考、推理和判断的行为。根据杰夫里·提蒙斯(Jeffry A. Timmons)所著的创业教育领域的经典教科书《创业创造》(*New Venture Creation*)的定义:创业是一种思考、推理结合运气的行为方式,它为运气带来的机会所驱动,需要在方法上全盘考虑并拥有和谐的领导能力。

创业要遵循商业的本质。那么,什么是商业的本质呢?有人总结为四条:第一,产品和服务是好的;第二,成本是低的;第三,效率是高的;第四,传播是快的、广的。

◆ **讨论材料**

马云——阿里巴巴创业案例

1994年三十而立的马云开始创业,创立杭州第一家专业翻译社——海博翻译社。

1995年,"杭州英语最棒"的31岁的马云受浙江省交通厅委托到美国催讨一笔债务。结果是钱没要到一分,却发现了一个"宝库"——在西雅图,对计算机一窍不通的马云第一次上了互联网。刚刚学会上网,他竟然就想到了为他的翻译社做网上广告。上午10点他把广告发送到网上,中午12点前他就收到了6个E-mail,分别来自美国、德国和日本,说这是他们看到的有关中国的第一个网页。马云当时就意识到互联网是一座金矿。开始设想回国建立一个公司,专门做互联网。马云萌生了这样一个想法:把国内的企业资料收集起来放到网上向全世界发布。他立即决定和西雅图的朋友合作,一个全球首创的B2B电子商务模式,就这样开始有了创意,并起名中国黄页(Chinapage)。

回国当晚,马云约了24个做外贸的朋友也是他在夜校名义上的学生,给他们介绍,结果23人反对,只有一个人说可以试试。马云想了一个晚上,第二天早上还是决定干,哪怕24人都反对,他也要干。

"其实最大的决心并不是我对互联网有很大的信心,而是我觉得做一件事,经历就是成功,你去闯一闯,不行你还可以调头,但是如果你不做,就像你晚上想想千条路,早上起来走原路,一样的道理。"马云提起当初,赞赏的是自己的勇气而不是眼光。

1995年4月,31岁的马云投入7 000元,又联合妹妹、妹夫、父母等亲戚凑了两万元,创建了"海博网络","海博网络"从此成为中国最早的互联网公司之一,产品就是"中国黄页"。

1996年,32岁的马云艰难地推广自己的中国黄页,在很多没有互联网的城市,马云一律被称为"骗子",但马云仍然像疯子一样不屈不挠,他天天都这样提醒自己:"互联网是影响人类未来生活30年的3 000米长跑,你必须跑得像兔子一样快,又要像乌龟一样耐跑。"然后出门跟人侃互联网,说服客户。业务就这样艰难地开展了起来。1996年营业额不可思议地做到了700万!也就是这一年,互联网渐渐普及了。

1996年3月因为杭州电信的实力悬殊的竞争,最后马云不得已和杭州电信合作,马云的中国黄页资产折成60万人民币,占30%股份,杭州电信投入140万人民币,占70%股份。后因经营观念不同,马云和杭州电信分道扬镳,放弃了自己的中国黄页,并将自己拥有的21%的中国黄页股份,全数送给了一起创业的员工。

这年是1997年,这是马云创业生涯第一次的失败,这年马云33岁。

1997年,马云离开中国黄页后,受外经贸部邀请,加盟外经贸部新成立的公司,中国国际电子商务中心(EDI),由马云组建、管理,马云占30%股份,参与开发了外经贸部的官方站点以及后来的网上中国商品交易市场。在这个过程中,马云的BtoB思路渐渐成熟——"用电子商务为中小企业服务"。连网站的域名他都想好了——阿里巴巴。互联网像一个无穷的宝藏,等待人们前去发掘,就像阿里巴巴用咒语打开的那个山洞。

1999年,35岁的马云受够了在政府企业做事条条框框的束缚、磕绊与畏首畏尾,不甘心受制于人的马云推辞了新浪和雅虎的邀请,决心南归杭州创业,团队成员全部放弃其他机会,决心跟随。这年是马云遭逢的人生的第二次创业失败。

1999年1月15日,马云和他的团队悄然南归。

1999年2月,在杭州湖畔家园马云的家中召开第一次全体会议,18位创业成员或坐或站,神情肃穆地围绕着慷慨激昂的马云,马云快速而疯狂地发表激情洋溢的演讲:"黑暗中一起摸索,一起喊,我喊叫着往前冲的时候,你们都不会慌。你们拿着大刀,一直往前冲,十几个人往前冲,有什么好慌的?"在这次"起事"的会议上,马云和伙伴共筹了50万元本钱,并按照惯例进行了全程录像,马云坚信这将有极大的历史价值。在这次会议上,马云说:"我们要办的是一家电子商务公司,我们的目标有三个:第一,我们要建立一家生存102年的公司;第二,我们要建立一家为中国中小企业服务的电子商务公司;第三,我们要建立世界上最大的电子商务公司,要进入全球网站排名前十位。"从这天开始,马云开始铁下心来做电子商务。

尽管只有50万创业资金,但马云首先花了1万美元从一个加拿大人手里购买了阿里巴巴的域名,并细心注册了alimama.com和alibaby.com。他们没有租写字楼,就在马云家里办公,最多的时候一个房间里坐了35个人。他们每天16~18个小时野兽一般在马云家里疯狂工作,日夜不停地设计网页,讨论网页和构思,困了就席地而卧。马云不断地鼓动员工,"发令枪一响,你可不能有时间去看对手是怎么跑的,你只有一路狂奔",又告诫员工"最大的失败是放弃,最大的敌人是自己,最大的对手是时间",阿拉巴巴就这样孕育、诞生在马云家中。1999年3月,阿里巴巴正式推出,直至逐渐为媒体、风险投资者关注,并在拒绝了38家不符合自己要求的投资商之后于1999年8月接受了以高盛基金为主的500万美元投资,于2000年第一季度接受了软银的2 000万美元的投入,从而由横空出世、锋芒初露,到气贯长虹、势不可挡,直至成为全球最大网上贸易市场、全球电子商务第一品牌,并逐步发展壮大为阿里巴巴集团,成就了阿里巴巴帝国。

【讨论问题】

(1) 对于创业者,哪些要求最重要,创业需要注重哪些方面,会遇到哪些挑战?

分析:首先树立创业决心,坚定创业信念,做好面临创业失败的心理准备。

创业要积累多方面经验,如知识经验、行业技术管理经验。

积累足够人脉资源和资金资源。

自身要积极奋斗,有胆识、有敏锐地觉察到创业的时机和善于利用自身资源的能力。

遇到良好机遇,"先谋于事,借势造势"主动出击。

创业前先制定策略,学习财务知识很重要。

眼光要长远,积极创新,跟上时代潮流。

有正确的财富观,收获成功的同时也要回报社会。

(2) 马云创业成功具备条件在哪些方面可以体现出来?

分析:马云不甘落后、永不放弃,三次高考,两次失败,只是更加激励了他坚持不懈、必须成功的信念。

马云反应敏锐、思路清晰,善于发现和把握网络发展规律。从中国黄页到阿里巴巴到淘宝到支付宝到阿里妈妈都验证了这一点。

胆大心细、一往无前。先是作为杭州十佳教师辞职下海,然后离开和杭州电信合作的中国黄页,离开和外经贸部合作的中国国际电子商务中心(EDI),一是大胆,一往无前、不留退路,二是心细,虽然离开,其实心中已经酝酿了一盘更大的棋局。

激情四射、魅力服人。马云先后离开与杭州电信和外经贸部合作的公司,手下员工都愿意放弃更好的条件,甘愿吃苦受累追随马云重新创业,当年创业的18个人至今仍然追随马云发展。更能通过个人魅力和激情吸引某国际风险投资公司的亚洲代表蔡崇信放弃工作追随,六分钟搞定软银孙正义投入2 000千万美元的风投。

相信自己,理智分析。马云对自己有超级的自信,在阿里巴巴创业的第一次会议上马云就预告了未来,要求全程摄影,以此作为历史见证。很多人说马云狂妄,但马云说过自己创立海博网络的时候靠的是勇气而非眼光。阿里巴巴创业初期马云要求合作伙伴"用闲钱投资,不允许借钱,因为失败的可能性极大"。马云很狂很自信,但相信这是他基于理智分析的结果。一个人成功一次是偶然,但马云自阿里巴巴创业成功至今的不断发展,我们不能说马云只有大胆和自信,这里面肯定还包含了智慧和理智。

【案例启示】

马云的成功绝非单单因为他比我们早创业10年! 也许你认为马云恰逢时运,你生不逢时;也许你认为马云资金雄厚,你身无分文;也许你认为马云运气高照,你霉字当头,但你不要忘了马云两次高考落榜,做过搬运、蹬过三轮、当过小贩;你不要忘了阿里巴巴创业之始35个人挤在一个房间,大家要集资才能创业,马云要靠借贷才能发工资;你不要忘了马云身高1米62,体重仅100斤出头,中国黄页推出之初很多人说他是骗子。马云的创业成功绝非偶然,那是智慧和勇气的结晶,那是信心与实干的结果,那是领袖与团队无间结合的结果。

马云说过:"如果马云能够成功,我相信中国80%的人都能成功!"如果你能像马云一样敢思、敢想、敢说、敢做、敢为天下先,那你也可以实现自己的阿里巴巴帝国。

项目二　财富观

2.1　财富观概述

◆ **引导案例**

庄世平先生——第一个在香港升起五星红旗的人,把2000亿财富全部捐给国家。

有的人死了,他却还活着。

这句话用在庄世平先生身上再合适不过了。

他一生与钱打交道,与富商巨贾打交道,自己的千亿资产全部无私奉献给国家;去世时,没有留下任何一点产业,家人都过着普通人的生活。

李嘉诚作为多年华人首富,妇孺皆知。作为和李嘉诚同时代经济大佬,庄老一生无私奉献却鲜为人知。

白手起家,创办银行

庄世平先生出生在广东普宁的一个书香世家,从小便对学习感兴趣,长大后便四处求学。后来在北平中国大学求学时看见祖国被侵略,于是义无反顾投身于救国的事业中。

由于学的是经济学,于是庄老开始奔走于东南亚和祖国边陲地区,与海外华侨建立联系。将爱国人士支援的抗战物资源源不断地输入国内抗日根据地,为抗战胜利立下不可磨灭的功勋。

1949年在香港活动期间,庄老看到大量的国有资产都被外国人掌控在手中,于是打算在香港开一家银行,保护境外国有资产,发展金融事业。

在新中国成立之后,祖国领导人交给了庄世平一个艰苦而重要的项目——在香港创立一家银行。当时的香港还在英国人的控制之中,鱼龙混杂,各方势力割据,在这样的大环境下要成立银行,而且只有上级给的1万美元,其难度可想而知。可就是这样,庄世平还是做到了——1949年,南洋商业银行正式成立。

银行虽然开业了,但是银行根本没有黄金储备。缺少了黄金储备的银行根本不能称之为银行,这把庄老急坏了。在分析国内外的形式之后,庄老决定从侨汇业务入手,这在当时是特例。于是,南洋银行的业务宗旨为"便利侨汇,服务侨胞"。把银行的服务对象锁定为港澳及海外侨胞,侨汇业务是重点。可是南洋银行的名号太小,客户的数量规模一直上不去,一年过去银行还是创办时的只有18个员工、唯一的一家店。为此庄老首创华侨服务部,凡是华侨委办的事,必须派专人跟进,很贴心地服务。一次,一位泰国华侨听闻新中国成立的消息,高兴地要立马回国,但是却没有时间办好所有的事,于是庄老便一手安排好所有的事,就连住的地方也找好了,让华侨顺利地回到香港。华侨们在南洋银行享受到了既安全又可靠的服务,口碑以一传百,南洋银行得到海内外同胞的信任。一时间,南洋银行挤满了人,几乎每天客户都排成长龙一样的队伍。这种热闹场面是谁也没有想到的。在庄老退休前,南洋银行三十六年间从开始的一家店到50家分行、从18个人到2 000多名员工。成为总资产达到733亿港元的实力雄厚的现代化商业银行。

简朴一生,爱国爱乡

可是,就是这样一个在40年前就已坐拥百亿资产的老人,你看不见他住豪宅,开豪车,住的都是银行给的宿舍。他身上几乎上没有一件名衣,手表也是一块老掉牙的、仅一百多块钱的"精工表"。坐飞机从来都是经济舱,到了旅馆都是自己洗衣服。

就是这样一位对自己"小气"的老人,在晚年家境并不富裕的情况下将南洋银行无偿捐赠给国家!当时南洋银行的价值已经超过2 000亿元!

他没有给子女留任何资产,他的大儿子庄荣叙当运输司机,在香港开巴士,过着普通人的生活。

"我是香港社会最底层的人。"庄荣叙说,这个无须掩饰,他也并不在意。他说,成功的人都是自己奋斗出来的,不在意父亲没有留下丝毫家产给子女,"以父亲的为人,这是理所当然的"。

创办汕大,献计特区

1980年,李嘉诚和庄世平有过一次历史性谈话。

李嘉诚:"世平兄,你说,人生什么最有意义呢?"

"兴学育才最有意义。像陈嘉庚先生一样,名字和他创办的厦门大学和集美学校联系在一起的,这样的人生最有意义。"

之后,一个伟大的工程开始了……

提起汕头大学,很多人会想起李嘉诚,而在这所飞速成长的大学背后,庄世平亦为之倾注了大量心血。

庄老在香港成立基金会,让创办汕头大学的信息很快传达到港澳同胞和广大华侨,特别是潮汕籍同胞和华侨中间,动员他们捐资建校。

作为汕大筹委会的副主任,庄老不仅牵线搭桥,引领李嘉诚先生捐资兴学,还亲躬亲为,全程运筹,被称作汕头大学建设的"执行总监"。

1986年,汕头大学项目一期工程竣工。整体建筑除体现民族传统、潮汕特色,还洋溢着现代气息和时代精神,被誉为"全国高校之花"和"世外桃源现代家"。

深圳特区设立和发展的幕后功臣

特区伊始,上面只是给政策,没给建设资金。时任深圳市委书记兼市长的吴南生深感"巧妇难为无米之炊"的困难,半开玩笑半认真地对庄老说:你办银行有大把钱,深圳要向南洋银行借钱搞建设。

庄老听了说:向银行借钱是要付利息的,期到就要偿还的,其实你自己就有大把钱,比银行还要富,只是有钱不能用,无法用而已。

吴南生好奇地问:钱在哪里?庄老说:钱在你的脚下,特区327平方公里的土地,是何等珍贵的金子资源啊!

后来,在庄世平的帮助下,深圳谋划了通过转让和开发土地筹集建设资金的方略,并得到批准,一下子就把整盘棋都下活了。

庄老冲破当时的思想束缚,大胆提出一系列意见和措施:特区要搞市场经济,要与国际市场相联系,要实行低税制等也都被肯定,在深圳得到实施。

庄老一生爱国爱乡,生前任中华全国归国华侨联合会副主席,中华海外联谊会副会长,香港南洋商业银行名誉董事长,中国银行名誉副董事长。1997年获香港特区政府颁发的大紫荆勋章。

他成立的南洋银行是当时香港除却汇丰银行之外最大的私人银行。发展最好的时候,南洋银行的市值高达2000多亿,与此同时,庄世平在澳门还有一家银行——南通银行,其规模和南洋银行大致相当,市值也高达2000多亿元。两家银行的价值高达5000亿元,可就在庄世平退休之时他果断地将两家银行交给了国家。南洋银行上交情有可原,但是南通银行却完全是个人的财产。在他去世的时候,自己名下什么都没有,只有自己居住的祖屋这个间房子。

2007年,庄老不幸在香港因病去世,享受国礼待遇,李嘉诚为其扶棺送行,并说道:世平兄是一个谦虚、有学识、踏实和对国家感情很浓郁的人,我敬佩他,更要推崇他。可以说,庄世平把自己的一辈子都给了国家,他是我国真正的"精神首富"!

【案例思考】

请你评价一下庄世平先生的财富世界观。你认为企业家应该拥有怎样的财富观?

2.1.1 财富观概念

财富观是指人们对财富价值的理解认识观,财富观亦是价值观的重要组成部分。财富的财字从贝,贝也就是钱的原始形态,因此财富首先着眼的就是金钱的积累。其实,将财富与金钱画等号,只是货币高度发达时代的产物,在人类文明历史初期,财富最主要形态还是实物。随着生产力的日益发展,社会生产的复杂化,货币关系成为重要的社会关系之后,财富的货币积累风潮才开始流行。继而,财富的积累带来了资本的膨胀,直接推动了整个社会的变革。

积累财富如果只是积累金钱,那只是积累了一堆数字。进入现代的社会,我们对财富的理解也随之深化与复杂化,人们不再抱着一堆数字不放,通货膨胀这只怪兽(以及各类风险)随时会吞噬你的财富。守财奴已经没有太大的操作空间,无数的投资人和金融家告诉我们:财富是可以增值的。财富的外延随之扩展,不动产、股票、期货、保险、商标、声誉,甚至经济学经常强调的各类"机会成本",都成为我们财富的一部分。

树立正确的财富观,可以优化财富品质,消除仇富心理,共同创造和分享财富。正确财富观的树立需要我们明白什么是财富,如何才能创造财富,同时也需要尊重和加强财富的制度激励与引导。创业者必须对财富有一个正确的认识。只有这样,创业者才能懂得依法求财、合理使用;才能从容地驾驭它,而不是被它左右;才能成为财富的真正主人。

创业者在创业期间,需要对财富观有正确的理解和认识,才能够更稳健和长远地发展。

2.1.2 树立新时代科学正确财富观的意义

树立正确财富观是追求共产主义理想、发展新时代中国特色社会主义、实现中华民族伟大复兴的中国梦的需要。

共产主义理想是人的自由全面发展和人类彻底解放的社会,人类彻底从支配自己生产和生活命运的异己力量中解脱出来,实现从必然王国向自由王国的跃迁,开始自觉地创造人类自己历史的"真正人的历史"。

实现中华民族伟大复兴的中国梦,就是要实现国家富强、民族振兴、人民幸福。新时代中国特色社会主义发展的战略安排:到 2020 年,是全面建成小康社会决胜期。从 2020 年到 2035 年,在全面建成小康社会的基础上,再奋斗十五年,基本实现社会主义现代化。从 2035 年到 21 世纪中叶,在基本实现现代化的基础上,再奋斗十五年,把我国建成富强民主文明和谐美丽的社会主义现代化强国。

共产主义是物质财富极大丰富的理想社会,中华民族伟大复兴实现的目标中首要目标就是富强。追求和实现丰富的财富是实现中华民族伟大复兴的基础。

改革开放以来,我们物质财富获得了极大的发展,国家已成为世界第二大经济体,一部分人先富起来,甚至是巨富。但社会上拜金主义、享乐之风、奢靡之风又起泛滥。金钱至上,唯利是图有之。认为钱可通神,金钱万能者有之。认为金钱无国界,有家无国,世界公民自居者有之。有财富无道德、无责任、无理想和无信仰者亦众。甚至凭非法和犯罪手段获得财富也有之。可以说正确的财富观是广泛缺失的,特别是与建设和实现我们中华民族伟大复兴进程是不相配的。

深刻的历史和现实原因导致了系统完整又符合当代中国实际的财富观在当今中国仍然没有树立起来,历史和现实迫切要求我们加快树立正确的财富观。

我国具有漫长的奴隶制和封建制王朝,特别是封建王朝发展非常成熟,诞生了包括部分有益可借鉴的财富观和丰富财富思想的优秀灿烂中华文化。但中国封建王朝中,社会阶层按士农工商等级进行划分,作为当时财富的创造者和拥有者的商人在整个社会的地位是最低下的,在"率土之滨莫非王土,率国之众莫非王臣"的社会里,财富予取予夺,根本没有财富的独立权利,没有必要也没有形成完整系统的财富观的社会土壤。

工业革命和资产阶级革命为西方现代民族国家奠定了政治和物质(财富)基础,以私人合法财产权神圣不可侵犯和国家非经议会同意不可向民众收取财物为根本基础建立了权利义务责任道德精神相统一的系统完善的西方资产阶级民族国家财富观。这种财富观在保护人类财富上,在思想和观念上前进了关键的一步,但过于维护资本家(财富所有者)的财富权利而忽视广大工薪阶层的利益,也缺乏财富对于人类共同命运追求的理想和担当作用的内容。我们决不能完全照搬,但可以借鉴,如对合法私人财产权利保护、非经应当程序不可剥夺公民合法财产、财产权利的完整和独立性等方面。由于我国的资产阶级发展非常不充分,资产阶级执政非常短暂,西方资产阶级财富观未立足便因社会主义新中国的成立而被扫除了。

新中国成立后到1978 年改革开放为止,我国不承认私人财产权,也不允许个人拥有财富。财富观很简单,认为一切财富属于国家,个人耻于拥有财富。1978 年改革开放后,由于全社会极端贫困,在相当长一段时间,我国鼓励一部分人先富起来,鼓励引进外国资本,认为只要是资本,只要是创富就是先进,对待财富极端宽容和追捧,造成今天树立正确的财富观极端重要和迫切。

个人创造财富、追求财富、拥有财富、使用财富、保护财富遵循需要。拥有正确的财富观,敬畏财富,会使个人在创造、使用、保护财富的过程中避免很多主观造成的意想不到的风险,得到更持续更完美的财富人生。

2.2　新中国七十年来财富观的变迁①

对不同年代的人来说,70 年的记忆各不相同,70 年的财富观更是千差万别,有"贫穷"更有"富裕",有"单色"更有"彩色"。

2.2.1　新中国 50 后、60 后的财富观——只有"贫穷观"没有"财富观"

改革开放前,新中国先后经历了社会主义改造、"大跃进"、三年自然灾害、"文化大革命",人们的生活水平原地踏步,改善甚微。

大部分家庭没有财富,也就没有所谓的"财富观"。生活在那个年代的人对贫穷的记忆刻骨铭心,"贫穷观"伴随着他们今后的人生,就算以后生活富裕了,他们也不会乱花钱,在这一辈人眼里,省钱就是财富。

这一代人都经历过饥饿和困苦的生活,他们对物质的要求很低,都希望下一代过得比上一代更好。他们中的一些人在改革开放后成为最先富起来的那批人,但节俭过日子的观念一直伴随着他们,也许"省到就是赚到"是对他们财富理念的最好概括。

2.2.2　新中国 70 后、80 后的财富观——"开源"胜"节流",成为金钱的主人

1978 年改革开放后,中国经济创造了举世瞩目的伟大成就,社会财富随之迅速积累。70 后、80 后正是伴随着改革开放成长起来的一代人,与上代人相比,他们对财富的认识有明显的差异。不像 50 后、60 后,70 后和 80 后很少有对饥饿的认识和经历,尽管小时候家里生活不富裕,但吃饱饭是没问题的。因此,省钱的意识不像上一代人那样深入骨髓。

70 后、80 后这一代人是中国经济腾飞的主要参与者和受益者,其财富积累的速度远超上代人。社会上有更多创造财富的机会,实现财富增值的渠道也更加宽广,他们意识到开源比节流更有利于财富积累。因此,这代人"能省钱,也敢花钱",不做金钱的奴仆,要做金钱的主人。

总体来说,他们注重消费也看重家庭投资,懂得自己的价值所在,对世界充满了爱和关怀,他们努力向上,拒绝平庸。这是比上代人更灵活、比下一代更沉稳的一代,他们对未来充满希望但也不盲目乐观,他们的财富观念相对稳定,对金钱的认识也更加健康,他们忠于理想、脚踏实地,是整个社会的中流砥柱。

---

① 资料来源:李瑞(河北大学经济学院);《金融博览·财富》,2019 年第 9 期。

2.2.3 新中国90后的财富观——互联网让"钱生钱"更容易

90后从小衣食无忧,大部分都是家里的独生子女,受到万般宠爱。父辈们通过艰苦奋斗逐渐积攒了一些财富,再加上中国人向来重视对子女的教育,90后的财商意识觉醒得更早。作为互联网原住民的90后比上代人更懂得利用互联网让"钱生钱",实现财富的最大效用。

有时候觉得90后既"有钱"也"缺钱"。"有钱"是指作为家里的独生子女,是家庭财富的唯一继承者,是家庭房产以及其他金融资产的未来主人。不过,他们确实也"缺钱",因为他们刚刚步入工作岗位,收入水平一般还较低,但消费起来却敢花钱,收入低、消费高确实让他们显得很"缺钱"。

90后出生的时候就已经身处互联网的环境中,他们是伴随着互联网的发展而成长起来的一代,他们的学习、购物、社交、娱乐都与互联网紧密联系在一起,是"互联网原住民",互联网环境下形成了他们特有的财富观。

50后、60后把"省钱"作为主要的财富理念;70后、80后懂得开源胜节流的道理,"能挣钱,会花钱";90后则顺应互联网金融发展趋势,充分利用互联网科技实现"钱生钱"。

不同时代人群的财富观的形成遵循着共同的逻辑——财富观念的形成受人的过去环境、现时状况和未来预期的影响。

50后、60后幼年普遍的贫苦经历培养了这代人节俭的习惯,而且正是他们的节俭品格给下一代人提供了良好的财富基础。70后、80后这代人是当前社会的中坚力量,他们正处于人生创造财富的黄金年龄,也赶上了中国人民创造财富奇迹的黄金年代。90后刚步入社会,尽管财富积累不多,但父辈们已经为他们积攒了足够多的财富,他们比上一代人更有底气。

可见,过去、现在和未来的经济环境决定了一个人的财富观,而70年来中国人财富生活的提高极大地推动了中国人财富观念的改变。70年,中国从"一穷二白"逐渐走向了繁荣富强,中国人民从温饱不足到全面小康,中国人的财富观也从"如何省钱"走到了"如何挣钱"。

2.3 财富观内容

由于对财富的分类不同,认识的主体不同,时代不同,财富观内容纷繁复杂。本部分主要以财富与其他相关概念的关系分析,来试图建立符合历史传承、时代特色和世界意义的世界观。

2.3.1 财富与劳动:马克思主义财富观

马克思对财富的论述具有深刻的洞察力,反映了财富的本质特征,马克思主义财富观对我们现时代仍然有极强的指导意义。

马克思在其重要著作《神圣家族》中指出,人类社会历史发展的过程就是人实现自身目的的实践活动。马克思认为,劳动是创造财富的根本性要素,劳动同时也是人的需要,而自然界是产生财富的初始源泉,科技对促进财富增长具有关键作用。因此,财富是自然资源基础上各生产要素综合作用的结果。

关于财富的物质内容方面,马克思在《资本论》中说道,不论财富的社会形式如何,使用价值总是构成财富的物质的内容。马克思在《1844 年经济学哲学手稿》中写道:"真正的财富是所有个人的发达生产力",此话对于财富作为人的本质力量凝集的特征进行了抽象概括。

具体商品本身就是财富的基本形态的表现。关于财富的表现形式,马克思将财富分为物质财富和精神财富,认为应该让两种财富在促进人的全面发展和社会历史进步过程中形成合力。

财富创造有劳动、土地、资本、企业家精神、技术、知识、数据等要素,但承不承认劳动是创造财富的根本要素,是区别财富观科学不科学的本质特征。创新创造成为新时代社会财富的主要来源,因此,创新型、创造型劳动是当代最根本的创造财富的要素。

按照贡献原则平衡财富创造各种要素在财富成果大小中分配比例,防止资本要素垄断财富创造的成果。

> 我知道很多人觉得赚到了钱就是拥有财富。概念不是这么简单的,对企业家来说更多的不是创造财富,而是创造价值,价值和财富之间还是有差别的。
>
> ——任正非

◆ **小思考**

1. 请问财富的创造和财富的赚取是一样吗?
2. 我们应该秉持什么样的财富取得观呢?
3. 你对"不劳而获"有什么看法?

2.3.2　财富其他相关关系

1. 财富与国家

当华为副董事长孟晚舟,华为创始人任正非的女儿,在加拿大过机时被无理由逮捕时,全体中国人愤怒地憋了一口闷气,充分认识了西方法律的伪善和多重标准。同时给了那些认为自己有财富就是世界公民,那些认为财富、科技、自由绝对无国界的人们一记最响亮的耳光。

正确认识财富与国家关系问题是财富观的又一个基本问题。当代世界大多数是现代民族国家,现代民族国家是指欧洲近代以来通过资产阶级革命或民族独立运动建立起来的,以一个或几个民族为国民主体的国家。民族国家成员效忠的对象乃有共同认同感的"同胞"及其共同形成的体制。认同感的来源可以是传统的历史、文化、语言或新创的政治体制,因此,从一个民族构成政府体制,或者由数个民族经同一共享的政府体制构成的国族,都是民族国家的可能结合形式。

现代的中国是中华民族国家,每个中国人都要效忠和热爱这个国家,国家保护每个中国公民及其财产。个人的财富是在国家提供了各项公共产品的基础上所获得的,如国防、公安司法、秩序、环保、科技、教育、文化等,都是在基础财政支持下发展和创造的,可以说每一分个人财富都浸润着国家养分。现代国家之间存在着非常激烈的竞争,有时甚至表现为你死我活的残酷与惨烈,在社会发展到阶级消亡、国家消亡阶段前,国家竞争是不会消亡的。最近,美国在全世界极力打压华为,而我国是一个统一的多民族国家,每个中国人效忠的对象是有共同认同感的民族及其共同形成的体制,财富拥有者是有共同认同感的民族,从这个意义上说,财富是有国界的。

基于民族国家公民对国家的认同感和爱国意识,财富的创造、拥有、使用、保护也是基于不同国家的法律和政策。那种认为存在脱离国家高高在上绝对自由的世界财富观点极其荒谬,在实践中也是极其有害的。

被周恩来总理评价为潮汕地区的两个经济人才之一的"实践的庄世平",为中华民族崛起和祖国富强贡献了毕生的力量,将为国家掌管的财富和自己创造的财富全部交回国家。一个对国家感情很浓郁的人,他的财富观很直接,就是财富来源于国家,奉献于国家。

◆ 讨论材料

W 先生接受记者采访时回答:这个钱,既不是偷的也不是抢的,也不是我们自己印的,你看现在公布出来所有抢银行的和印假钞的都和我们没有沾上边,完全是我们自己辛辛苦苦赚来的。我辛苦赚的钱,我爱往哪投就往哪投。企业的投资自由或者资本流动自由,本身就是国家法治层面的一个最基本衡量。企业如果没有投资自主权,这个社会也就没有所谓自由和公平了。

W 先生在 2010—2017 年上半年对国外房地产、酒店、影城、娱乐业、体育俱乐部等领域大手笔买买买,同时在国内银行存在巨额贷款。

在 2017 年上半年,国家根据宏观调控要求进行结构性去杠杆,严格限制对国外房地产、酒店、影城、娱乐业、体育俱乐部等领域进行投资,并要求国内银行对在这些领域有大幅度投资的企业进行清理,全面限贷停贷,以防范系统性金融风险。银行的全面限贷以及资本市场融资大门也未放松,导致 W 先生拥有的企业流动性骤然危急。从那时他开始在国内外甩卖巨额资产,降低负债,避免企业破产。2017 年 7 月 21 日,W 先生又声称"积极响应国家号召,我们决定把主要投资放在国内"。

【讨论问题】

请问 W 先生的财富观是怎样的? 你认可这种财富观吗? 持有这种财富观有什么后果?

2. 财富与道、仁、义

中国传统优秀文化有许多关于财富与道、仁、义的论述。

(1) 财道。"君子爱财,取之有道。"子曰:"富与贵,是人之所欲也,不以其道得之,不处也。"老子《道德经》:"道可道,非常道。名可名,非常名。道生一,一生二,二生三,三生万物。"

(2) 财富与仁。先秦·孟轲《孟子·滕文公上》:"为富不仁矣,为仁不富矣。"颜渊问仁。子曰:"克己复礼为仁。一日克己复礼,天下归仁焉。为仁由己,而由人乎哉?"

（3）财富与义。子曰："饭疏食饮水,曲肱而枕之,乐亦在其中矣。不义而富且贵,于我如浮云。"

《论语·里仁》中提出："君子喻于义,小人喻于利。"

汉·刘向《列女传·齐王稷母传》："不义之财;非吾有也。"

财富应该采用正当、合乎规律的手段取得,不拥有不应得之财或以不正当的手段获得的钱财,财富拥有者应该修身养性,克制、约束自己的心念、言行,符合社会规范。

取得财富、持有财富、经营财富、使用财富,采用的任何手段、方法和措施最低要求是合法,最高要求是追求道、仁、义、善、美、公平正义等道德要求。

中华传统的财富世界观是财与道、仁、义统一的以人为本的财富观。

◆ **讨论材料**

刘汉从来都是赢家,刘汉从不失手。——刘汉

刘汉在 1994 年在期货市场中一战成功,1997 年成立四川汉龙集团,持有境内外上市公司 5 家(其中国内 1 家,海外 4 家),拥有全资及控股企业 30 多家,坐拥 400 亿的财富。

自夸为一生赢家,从不失手的刘汉在他人生最得意时,于 2013 年 3 月 20 日,因涉嫌窝藏、包庇等严重刑事犯罪,在北京被捕。2015 年 2 月 9 日,刘汉因犯组织、领导、参加黑社会性质组织罪以及故意杀人罪等被执行死刑,是十八大以来唯一被执行死刑的富豪。

刘汉积累财富无法无天,罪行累累,并极为嚣张跋扈,目空一切,骄奢淫逸,忘乎所以,所作所为让人闻风丧胆,罪恶行径令人发指。

经查明:

（1）组织命案。20 世纪 90 年代初,刘汉带领刘维在广汉开设赌博游戏机厅起家,网罗一批"超哥"(四川方言,指混社会的人)。1993 年,刘氏兄弟公然撕毁法院封条、持枪妨害公务,由此恶名远扬。同年年底,刘汉用不正当手段获取一笔贷款,与孙某(另案处理)等人做生意,完成了原始积累。专案组侦查获取的大量证据表明,在长达 10 多年里,刘汉黑社会组织涉嫌实施故意杀人、故意伤害、非法拘禁等严重刑事犯罪案件数十起,造成 9 人死亡,9 名被害人中有 5 人是遭枪杀身亡。

（2）非法获利。经济实力加速扩张的背后是更多的黑幕。大量证据显示,刘汉安排孙某、刘小平(刘汉之姐)等人通过放高利贷、操纵股市、违规并购,从高利润的房地产、矿产、电力、证券等领域敛财数以亿计。专案组侦查表明,截至落网前,刘汉黑社会组织坐拥资产近 400 亿元,购置车辆数百辆,其中不乏劳斯莱斯、宾利、法拉利等大量顶级豪车。

（3）买通官员。刘汉集团买获多位官员,并通过利益交换获得周永康、白恩培等高级官员的保护。

【讨论问题】

刘汉的自夸反映了他具有怎样的财富观? 如何防止和与这种财富观做斗争?

3. 财富与贪婪奢侈赌博

◆ **引导案例**

金立宣判破产,原因却是老板赌博输了几十亿!

据《第一财经》17日晚报道,广东省深圳市中级人民法院(下称:深圳中院)已在2018年12月10日裁定,受理对深圳市金立通信设备有限公司提出的破产清算申请。深圳中院称,涉案债权已经到期至今未能获得清偿,足以证明金立公司明显缺乏清偿能力。该消息被认定为是金立公司破产的"宣判"。

据悉金立负债超过200亿元,债权人648家。早前金立创始人刘立荣曾表示"预计下个月就可以进入破产重整程序,之后就是法院接管了"。

"金品质立天下"这句广告词可以说深入人心!而且金立起步很早,国产手机很多都是山寨机的时候金立就已经小有名气了,在手机圈也是占据了一定的市场份额,那会儿还有波导、熊猫之类的手机。曾经,金立还请了刘德华、冯小刚等大腕明星做代言人,"金立M2017——成功人士的标配"似乎还在耳畔!也有网友调侃:为了你,我成功了,我的标配却倒下了!

金立事件对多家上市公司产生影响,最大的债权人欧菲科技已对金立停止发货,刘立荣表示,金立生产一下子"休克"了。

在金立手机最红时,销量高居国产手机第一名,说是国民机也不为过。金立创始人刘立荣此前曾说,金立坍塌的直接原因是资金断裂,根本原因是长期以来公司都在亏钱;但实际上,金立破产的原因是资本市场根本没法预料的——人性。

网传金立破产是因为老板刘丽荣赌博输了几十亿!此前报道,金立原董事长刘立荣因欠款2亿未偿还,已于10月28日进入法院"失信被执行人名单",成了"老赖"。

着实令人唏嘘不已!刘立荣赌博,加快公司资金链断裂和破产速度;好好的品牌手机沦落到破产这般田地,一手好牌打成烂牌。如果不破产,这个牌子是否能紧随华为之后,是否可以走向世界,成为引领行业的标杆呢?

金立确实可惜,手机并没有大的问题,还有不错的渠道体系和人气,营销也做得可以。老板刘立荣赞助围棋甲级联赛十一年,自己也是业六水平的高手,围棋圈口碑不错。对于民企,企业资金断裂,合作伙伴都会找上门来要债,很难组织起力量生产自救。老板赌博输掉十几亿(刘立荣承认的,可能更多),让圈内人知道,谁敢借钱给他呢,赌博的人最大的问题,就是会失去别人的信任,如今失去的是一个企业。

【案例思考】

中国的企业家时刻处于全球赌场赌局瞄准镜中,如何不被猎获?

随着中国经济的崛起,拥有大量财富的人越来越多。胡润:"这十年是中国历史上个人财富积累最快的十年,高净值家庭数量从十年前的82.5万增长到201万,预计五年后将再增50%左右,达到285万,十年内将翻倍至410万。"胡润研究院发布的《2018胡润财富报告》显示:家庭净值超亿元的户数已达133 000户。

表 1-1　2018 年亿元资产超高净值家庭数量　　　　　　　　　　单位:户

序　号	城　　市	亿元资产超高净值家庭数量(比上年增加)
1	北京	19 900(+2 500)
2	上海	16 700(+1 900)
3	香港	12 600(+600)
4	深圳	5 750(+550)
5	广州	4 450(+430)
6	杭州	3 380(+290)
7	宁波	2 510(+320)
8	台北	2 390(+80)
9	天津	2 240(+90)
10	苏州	2 070(+170)
	其他	61 010
	2018 年总数	133 000

围绕国境线的境外,从新加坡、越南涂山、柬埔寨泰国边境赌城——波比到符拉迪沃斯托克,均开有主要服务中国人的赌场。除了这些传统的线下实体赌场,还兴起了网上赌场。

中国的企业家还要防其他各类型旨在于掠夺财富的狩猎,京东创造人刘强东 2018 年在美国的遭遇很明显暴露出了这种趋势。

这些赌场和其他类型的财富觊觎者时刻瞄准着你的钱袋,一不小心下一个被狩猎的就是你。保护财富,从防猎开始! 防猎首要的就是要戒贪婪,戒奢欲,戒不仁,戒腐朽的生活方式和低级趣味。

◆ **小思考**

如何制订和执行你的防猎计划?

4. 财富与社会、责任

◆ **引导案例**

慈善富豪曹德旺财富观:我的钱够买米就行

羊城晚报(记者　许静)

2009 年 2 月中旬,在"2008 福布斯中国富豪榜"排名第 53 位的福耀玻璃集团董事长曹德旺宣布,拟将曹氏家族持有的福耀玻璃股份的 70%(约 7 亿股),用来成立以其父亲曹河仁命名的慈善基金会。日前,福耀集团董事会发布公告,由于原定的捐赠计划会触动全面收购要约,故改捐赠股份数为 5.9 亿股,是曹德旺所持福耀股份的 58.8%。如果该项目最终达成,曹德旺将成为中国最慷慨慈善富豪。

是耶非耶? 善举还是作秀? 来自民间的各种争论,将这名"中国式的比尔·盖茨"推上了风口浪尖。

其实，即使不是此次令国人震惊的义举，曹德旺也是一位极具传奇色彩的商界奇人。他出身巨贾之家，却经历坎坷，14 岁辍学，放过牛，修过车，白手起家，1987 年创办的福耀玻璃已是中国第一、世界第四的玻璃生产商，不一样的经历让他对财富和分配有着独特的见解和体会。

日前，佛教徒曹德旺在他摆着观音像和《金刚经》的办公室里接受了本报记者专访，将此次义举的来龙去脉，直率平静地娓娓道来。

1. 调整捐股比例：仍然保持控制地位

羊城晚报：您 2 月提出捐出所持股份的 70%，4 日董事会又公告改为 58.8%。为什么要做这样的调整？

曹德旺：我原意是要捐 70%，但这个做法触动了全面收购要约，所以经过和董事会协商，最后不得不做了这一调整。

羊城晚报：调整以后对福耀集团的股权结构和经营活动有影响吗？

曹德旺：捐出 5.9 亿股后，我本人仍然持有 4.1 亿股福耀玻璃股份，是第二大股东。为了保证对公司的控制不变，我将在正在起草的捐赠协议上要求受捐单位（基金会）在持有公司股票期间以及今后大宗交易等涉及公司业务时一律授权第二大股东表决。

羊城晚报：也就是说捐股以后您仍然对福耀保持绝对的控制权？

曹德旺：是的。

2. 关于基金会：尽量淡化曹家色彩

羊城晚报：您什么时候开始有捐赠股份的想法？

曹德旺：想法酝酿了多年，正式向政府提出申请是 2007 年，那时候福耀玻璃股票价格很高，接近 200 亿，我 7 月向福建省慈善总会提出申请，想捐 60% 出去成立基金会，但当时没有先例，不知该怎么操作，加上后来精力用在其他方面，这件事才搁置了下来。现在我正在找律师起草文件，近期马上要向民政部提交申请，上半年基金会一定要成立起来。

羊城晚报：基金会怎样经营管理，大家也很关注。

曹德旺：基金会将成立理事会来管理，理事会下设管理委员会，包括资金管理部、项目审批部、项目管理部。理事会相当于董事会，资金管理部负责资金的运营增值，就是怎么赚钱，将来这部分可以发包给信托投资公司来操作，通过资本运作来获利；项目审批部负责调研、审查和审批帮扶的项目，项目管理部负责资金的使用，确保资金真正到位。基金管理最重要的是要防止腐败，这样的管理方式，把赚钱、审批和使用分开，就不会有腐败现象发生。

羊城晚报：是不是可以这样理解，是把捐出的股份作为鸡，用鸡生的蛋来做慈善？

曹德旺：是这样，但这只鸡的所有权已确定并将划转到基金会的户头上。目前福耀股票是最低的时候，市值 30 多亿，将来有可能变成 100 多亿。这部分股份一年产生的收益估计一年会有 3 亿～5 亿，全部用于慈善事业。

羊城晚报：您本人在理事会会担任什么职务吗？

曹德旺：原来准备担任基金会第一任理事长，但又怕今后不好退出来。具体方案正在跟有关部门商量，我的意见是淡化曹家在基金会的影响。

3. 关于事业：福耀比捐款更重要

羊城晚报：之前有媒体报道您说"捐70%还不够，最后会全捐，不留一分钱"，真有这个打算吗？

曹德旺：（激动）我从来没有说过这句话。我把福耀看成自己的儿子孙子，自己的性命，比捐款更重要，福耀是中国的福耀，"福耀"这个品牌代表中国汽车玻璃在世界上与国际巨头们竞争，它的生存与发展，不仅对我个人，对国家对社会对股民都很重要。媒体也不要忽悠我这么做。

羊城晚报：您去年关闭了四条建筑浮法玻璃生产线，是因为对房地产市场不太乐观？

曹德旺：我在2007年就预见到中国经济发展可能出现一些问题，开始着手一些防范工作。到去年夏天，关了第一条生产线，12月关了第四条生产线，当时管理层有很大的争议。很多人认为，到第四季度价格还会上升，我说不可能，年底价格会更低，事实证明我做的都是对的。

羊城晚报：您今年63岁了，听说您也一直在物色接班人，有合适的人选吗？

曹德旺：福耀是家族企业，国际化管理。以前福耀也请过美国和日本的职业经理人来管理，但都不太适应。以后福耀会交出去给儿子曹晖管，我管大的方向。

4. 关于动机：消除财富分配不均

羊城晚报：之前有一些关于捐赠的报道，您说"中国的贫富悬殊是国内民众消费能力不足的重要原因，所以希望通过慈善事业，对社会财富分配进行诱导式调节，从而间接拉动内需，积极应对此次金融危机"。金融危机是促成您此次捐股的直接原因吗？

曹德旺：刚才说过，我在几年前就有了这个想法。至于金融危机，中国和美国是一样的叫法，不同的病因。美国是因为过度消费，中国是因为近30年来开放有余，改革不足，导致分配出现问题，两极分化太厉害。现在我们的中小企业出口出不去，转到国内没人买，并不是因为国人不需要，而是因为需要的人没有钱。我希望通过捐赠这个方式告诉企业界同仁，要想救自己不能只靠政府，要靠企业自救，中国的问题是缺乏消费群体，消费起来我们的工作就好做，救别人就是救自己，从佛教的道义来讲也是这样。做好事要舍得，先舍才能得。我们现在所做的正是在努力消除两极分化的鸿沟，当然这只是沧海一粟的努力。

羊城晚报：您以父亲名字命名基金会，有什么特别的纪念意义吗？

曹德旺：没有特别的纪念意义，河仁，黄河是母亲河，仁是仁义的仁，河仁可以理解为"祖国的仁慈"，也很好听。

5. 关于财富：我的钱够买米就行

羊城晚报：您14岁辍学后放过牛，贩过水果，修过自行车，过过苦日子，那个时候钱对您意味着什么？

曹德旺：意味着生存。我永远都不会忘记，有一年的大年三十，一分钱没有，家里什么都没买，这个年怎么过？那时我想起有10元钱被一个驾驶员借走了，就很早到车站等那辆车，那时10元相当于现在1 000元左右，等了很久终于要回来了，那真是天无绝人之路。后来2005年我和市领导去永泰农村"救年"，我捐了70万元，把钱分给孤寡老人，每人分了300元，我知道那种滋味，没钱的时候拿到了300元，会一辈子记在心里。

羊城晚报：您生活最艰难的时候到什么程度？

曹德旺：想买一包七分钱的烟抽，身上只有两分钱，老婆从家里找出两分，我又想起床铺里掉过两分，摸了出来，这样就有了六分钱，实在找不出另外一分钱来，我去找卖烟的老太太，她看我实在没钱，就六分钱卖给了我。

羊城晚报：所以身为一名富豪，您特别能理解穷人的处境和心情。

曹德旺：穷的时候就希望有温饱。以前欠三五百元债的时候，骑自行车贩运水果，想着还完就不做了，还完以后又想，没房子要盖个小房子，盖了房子又停不下来，现在我最好能什么都不做，跑到外面去玩。但现在有6万多股东，要吃饭，跑掉害人害得太惨了，停不下来。我这几年都在找人代替我，但几年实践证明，不太容易。

羊城晚报：您现在对于金钱的态度是怎样的？

曹德旺：我遵循父亲的教导：该花一万花一万，该省一分省一分，该挣一分努力挣回来。我的钱够买米就行了。

6. 关于未来：中国富豪还在路上

羊城晚报：与国外相比，中国企业家的"慈善"意识相对比较弱，而近年来企业家的慈善行为越来越多，除了您以外，中国近年来也出现很多积极慈善事业的富豪，这种变化背后是什么原因？

曹德旺：不是变化，古代中国慈善事业做得很多，新中国成立后财富经历了重新分配的过程。邓小平南行讲话才十多年，我们的企业家、富豪还在路上，这需要有一个过程，我相信以后会越来越多，现在还没到收获的季节。

羊城晚报：那为什么是您而不是别的富豪这样做了呢？

曹德旺：这个就不知道了，没有研究。对我个人来说，金钱身外之物，一切都是空的。四大家族蒋宋孔陈，现在他们的财产在哪里？身外之物，过眼烟云。

羊城晚报：有人把您比作中国的比尔·盖茨，您自己怎么看？

曹德旺：我比不上比尔·盖茨，人家捐了几百亿美金。自己做自己就行了。

【案例思考】

(1) 你如何看待让财富回归社会、消除贫困差距的财富观？

(2) 当你实现你的财富小目标后，你会让财富回归社会吗？

马云在一次演讲中谈了对金钱的感受。他说，一个人拥有100万美元是最幸福的，可以做自己想做的事。超过1 000万美元就开始操心资产配置及投资事宜。而对他来说，所拥有的财富已经不是金钱。

"我现在所拥有的金钱是责任，"马云说，"是人们对我的信任，我从来没有觉得这些钱属于我，这是我代表社会所花的钱，而我会以最有效的方式来配置这些财富。"

当拥有的财富能够满足人们的吃穿用住行及正当精神文化方面的需求后，财富对人们来说意味着是一种让财富发挥对国家、社会和人民更有利、更有效的责任，一种托付，一种信赖，一种敬畏。

5. 财富与自由、理想

俄·陀思妥耶夫斯基说："金钱是被铸造出来的自由。"

哈耶克（奥地利裔英国经济学家，新自由主义代表人物，1974年获诺贝尔经济学奖）

说："金钱是人类发明最伟大的自由工具,只有金钱会向穷人开放,而权力则将永远不会。"

俄·陀思妥耶夫斯基说："首先是最崇高的思想,其次才是金钱;光有金钱而没有最崇高的思想的社会是会崩溃的。"

孟子说："富贵不能淫,贫贱不能移,威武不能屈,此之谓大丈夫。"

◆ 小思考

你的财富梦是什么?你会怎么去追求?

2.4　大国博弈下财富观构建

2.4.1　大国博弈竞争的关键在于经济和科技

"百年未有之大变局"带来主要大国发展态势和相互之间实力对比的悄然变化,加剧了新一轮大国博弈。新一轮大国博弈主要围绕如何重塑世界经济秩序、地缘政治秩序、现代国家形态、国际主流意识形态等焦点议题展开。

全球市场竞争行为上升至国家竞争行为。大国自身的发展、大国与大国之间的关系成为影响甚至决定整个世界秩序的基本动力和核心因素。一个崭新的以全面竞争为特征的大国博弈时代已经到来。制造业与高科技领域必将是大国竞争的主战场。无论美国还是中国,抑或欧盟和俄罗斯,未来的大国之路必然要以全面竞争为预设前提,中美的全面竞争格局,不仅会持续整个特朗普时代,甚至将延续相当长的时期。

2.4.2　大国博弈下财富观建构

除了要树立上述现代科学财富观内容外,特别强调要建构以下为重点的财富观,建立和培养以国为基、以人为本的现代科学财富观。

1. 弘扬企业家精神

增强爱国情怀、勇于创新、诚信守法、承担社会责任、拓展国际视野。弘扬这些企业家精神内容,也正是企业家应树立的科学现代的财富观应有之义。当今处于世界百年未有之大变局与中国大发展之间的历史性交汇期,创业者在创业活动中始终把保护国家利益和承担社会责任放在突出的位置,有助于在世界大变局之下更好维护和延长中国发展的重要战略机遇期,更好应对世界大发展大变化大调整背景下中国面临的外部风险和挑战,更好应对创业风险,更好实现创造财富的目标。

2. 尊重知识、尊重劳动、尊重科技创新劳动价值观

新一轮大国博弈竞争的主战场在制造业和高科技领域,创新型科技劳动成为最显著的创造财富的要素,创新是引领发展的第一动力。创业者要树立牢固的尊重知识、尊重劳动、尊重科技创新劳动价值观,国家和社会要树立牢固的尊重知识、尊重劳动、尊重科技创新劳动的价值观,并为此在制度、法律政策等各方面全面尊重科技创新劳动这一价值观。

3. 全面平等保护私人、国家、集体和社会的财富,防止侵害合法财产权,防止国家和社会财富非正当流失

我国已在宪法第十二条中规定:"社会主义的公共财产神圣不可侵犯。"在第十三条中规定:"公民的合法的私有财产不受侵犯。国家依照法律规定保护公民的私有财产权和继承权。国家为了公共利益的需要,可以依照法律规定对公民的私有财产实行征收或者征用并给予补偿。国家保护社会主义的公共财产。禁止任何组织或者个人用任何手段侵占或者破坏国家的和集体的财产。"从根本大法中建立了对各类财产的全面保护,在实践中要注意全面平等保护,特别是私人合法财产权的保护要切实加强,有恒产者有恒心。防止侵害合法财产权,同时在保护财产权时,防止保护财产权而侵犯公民生命健康权和其他人权的保护。

大国博弈竞争条件下的财产权的全面保护还要特别注意:防止国家和社会财富被不合理不合法转移到国外或非正当流失,在中国创造的财富不仅没有增强自己国家实力和国家竞争力,反而增强竞争对手国家的实力。在这一方面要加强法律和政策的制定,采取措施防止这种现象的继续发生。

2.5 创业大学生如何培养财富观

◆ 引导案例

"办公室里三代人,70后存钱、80后投资、90后负债,而90后的父母在替孩子还贷。"这样的网络语,道出了以90后乃至00后为主的年轻人超前消费、负债消费的典型现象。

"上一秒发奖学金,下一秒还'蚂蚁花呗'。"

安徽省某重点大学在读硕士研究生笑着说,她每个学期、每个月都要数着日子过,盘算奖学金、生活费与还款日的节奏,生怕出现收支失衡。笔记本电脑、苹果手机、电子书Kindle、运动装备、化妆品、健身卡……价格动辄数千元的消费品,走进城市青年的日常生活,在大学校园也成为必备。融360调查数据显示,53%的大学生选择贷款是由于购物需要,主要购买化妆品、衣服、电子产品等,多属于能力范围之外的超前消费。除了上述消费品,各种聚餐、旅游也是年轻人普遍的生活方式,大学生每月千余元的生活费根本负担不起,只得借钱消费。多位在校大学生表示,其在各种渠道上积累至今的负债,已经超过万元,每个月最低还款大概1000元,几乎触及个人财务收支红线。

除了被层出不穷的"必备品"裹挟的在校学生,以90后为主的职场年轻人,消费观念对比上一代人也发生明显转变,存在超前消费、过度消费的现象。海尔消费金融结合近三年数据发布的《2018消费金融报告》,涵盖国内338个城市的450万用户。统计结果显示,相比70后、80后主要围绕家庭消费,90后更多"对自己更好一些",注重生活品质提升,更多选择超前消费。智联招聘《2018白领满意度指数调研报告》数据显示,2018年度存款超过3万元的白领仅占三成,两成白领不仅没有存下钱,还欠了债务。

【案例思考】

(1)为什么会出现超前消费这种情况?

分析：一些年轻人超前消费、透支消费，甚至陷入债务缠身、不能自拔的困境，主要有两个方面原因。

一方面，在经济长足发展、全社会消费持续提升的背景下，年轻人消费同步扩张，但也容易失衡。尤其是在互联网与市场经济下成长起来的 90 后、00 后，摆脱了前几代人那样原生家庭经济状况普遍不宽裕的状态，手中的可支配财产多了起来，消费有了底气。但与此同时，一部分人超前消费惯性难止、尺度难以把控，并未及时形成收支平衡、量入为出的理性消费观。在此过程中，家庭、学校、社会的正向引导也存在缺位现象，对年轻人消费观的教育和引导显得滞后。

另一方面，以借贷为特征的年轻人过度消费，更与当前经济社会环境中无处不在的各种刺激诱导有关。越来越低的借钱门槛、过度消费的刻意诱导、层出不穷的贷款陷阱等，客观上形成"围猎"之势，对涉世未深的年轻人负债消费推波助澜。从大学校园宿舍"扫楼办卡"，到定期短信、电话，以透支为特征的银行信用卡，再到银行手机 App 上"分期信贷""分期购""e 智贷"；以至于线上京东白条、花呗、蚂蚁借呗、微粒贷借钱等互联网企业推出的消费贷款，已经延伸至消费者指尖。以至于借条贷、校园贷等乱象频发。这些超前消费、借贷消费不仅裹挟年轻人个人财务状况，更对其发展前景乃至人身安全构成威胁。

（2）超前消费会造成什么影响？

分析：年轻人过度负债消费，正在积累多方面社会问题。

一是盲目负债会影响青年人正确人生观、价值观的形成，与勤劳节俭的优秀传统格格不入，也容易让年轻人走偏。现实社会中，多数年轻人陷入了消费与储蓄的"怪圈"。越是透支消费，越是欲望难填，借贷一旦突破个人承受力，容易激发不理智行为。与之相反，越是专注事业与储蓄，甚至没时间消费，进而步入良性循环，工作生活越是充满希望。

二是年轻人早早背上债务负担，或在社会征信体系中留下不良记录，在干事创业上受到束缚，难以轻装上阵。例如，近几年的"校园贷""裸条贷"等消费贷款泛滥无序，甚至催生了暴力催收这一畸形行业，酿成社会问题。

三是年轻人超前消费也直接冲击全社会养老形势。对于刚组成三口之家的年轻人来说，在独生子女政策下，其大多没有兄弟姐妹来分担赡养父母的责任，需要同时承担孩子教育和父母养老的开销。但与上一代人相比，其储蓄更少、负债更多。有调查报告显示，35 岁以下的中国年轻一代，56% 暂未开始为养老储蓄，44% 群体中平均每人每月储蓄只有 1 339 元，部分年轻人处于"零储蓄、高负债"状态。

在现代多姿多彩的世界里，很多人承受着自己能力以外的压力。这种超前消费现象警示我们，全社会要引导青年人形成健康的消费观和财富观，学校要加大消费教育和生命教育的力度，帮助年轻人在敢于消费的同时及时形成健康的消费、财富观念。

德国汉堡大学心理学教授迈尔思曾提出，青年人应该掌握至少三大财富能力：正确运用金钱的能力、处理物质欲望的能力、了解匮乏与金钱极限的能力。这三种能力背后所折射出的，正是对自己负责、独立解决财富问题的能力，这对于一个人的一生来说至关重要。仔细观察那些善于创造财富、积累财富的民族，事实上从幼儿阶段就注重培养孩子与财富有关的观念，教导孩子自食其力，告诉孩子赚钱只有合法与否、没有贵贱之分等。

大学期间是掌握生存技能的关键时期，树立合理的消费观，才能培养健康的生活态度,科学地规划生活,为走向社会做好准备。这就需要在日常消费上纠正三观,即投资学习观、崇尚节俭观、全面发展观。

(1)树立投资学习观,在生活中抓住重点。大学是人生的重要阶段,学习仍是该时期的重中之重。掌握了丰富的知识和熟练的技能,才能更自信地迎接挑战,更踏实地步入社会。因此,大学生应该把消费重点投资到学习上,包括购买图书资料、参加技能培训、购置必要的电子设备等,充实学习内容,丰富学习形式。甚至在条件允许的情况下,做一些户外旅行,去更多地认识世界、开阔视野。将消费重点转移到投资学习上,才是一个大学生应有的健康消费观。

(2)树立崇尚节俭观,带头倡导良好风尚。伴随着社会的快速进步,人们的消费也在日新月异地变化。如今人们的购物渠道更多了,购物也更加方便了,但是我们也不能无节制地随意消费,节俭始终是我们倡导的良好风尚。勤俭节约是中华民族的传统美德,是每个中华儿女都必须传承的精神。作为大学生,未来的社会继承者,更应该以身作则,在日常生活中行节俭之风。而且,大学生的生活来源大部分还是靠父母,父母工作艰辛,大学生更应该珍惜父母的血汗钱,用之有节。唯有如此,才能在未来握紧祖国发展的接力棒。

(3)树立全面发展观,培养综合型人才。如今的大学生,经过时间的锤炼,必将成为几十年后社会发展的主要力量。因此,每个大学生都应该全面发展自己,把自己打造成复合型人才。在消费方面,投资学习和生活为主的前提下,也要适当地在娱乐、社交、形象等方面合理消费,保证德、智、体、美、劳共同发展,既抓好学习,又要与时代接轨,让每一份合理的消费都能帮助自己成长成才。

随着时代的发展以及整个社会财富观念的变化,尽早培养学生的理性消费和财富观念,已经逐渐成为社会共识。财富观是人生观和价值观的重要内容,研究和引导当代大学生的财富观,不仅是提升大学生思想道德素质的客观需要,也是关乎高校将培养怎样的人的大问题。大学是青年人走向社会、迈向成年的关键阶段,对获得财富避而不谈不现实,透支自己的人生财富更不可取,让大学生群体尽快补上财富观这一课至关重要。只有具备独立意识、具备自控能力,能够理性追求财富、合理支配财富、防范个人财务风险、科学制定人生目标的人才,才能推动整个社会健康发展。

项目三　财　商

范蠡，南阳五圣之商圣，中国民间信奉的财神之一。春秋末期杰出政治家、军事家、道家、经济学家和商人，中国儒商、道商鼻祖。公元前536年生于宛地三户邑（黄台岗镇三十里屯村人），卒于公元前448年，终年88岁。他出身贫寒，但聪敏睿智、胸藏韬略，年轻时，就学富五车，他上晓天文、下识地理，满腹经纶，文韬武略，无所不精，在政治、商业领域成就了超凡的伟业。

商圣范蠡是春秋时期越王勾践手下大臣，帮助越王打败吴国，后来经商发了大财，改名陶朱公，作为古代传说中的中国文武四大财神之一，他的一生充满传奇色彩，尤其是因其经商才能独具一格，更是被后人誉为中华道商的鼻祖。

陶朱公居陶经商成为巨富，"天下之中"的经济都会是其成功的客观条件，但根本的原因是他具有超乎常人的综合素质。他在经营活动中所表现出的非凡智慧和人格魅力，极受后世商人的推崇，"陶朱公"的名字成为商家成功的楷模和财富的象征。他那富有哲理的商业理论和令人叹为观止的经营技巧，被称作"陶朱术"，在很长一段时间成为中国商业经营的代名词。陶朱公的经营思想概括起来主要表现在以下几个方面：

(1) 道德经商。

陶朱公经商仅"逐十一之利"，薄利多销，贾法廉平，不盘剥百姓。经商致富靠的是无损于民的经营技巧，不搞损人利己。经商致富后，他屡散家财，周济贫困，被时人誉为"富好行其德者"。陶朱公开创了道德经商的中国儒商传统，被尊为儒商鼻祖。

(2) 农商俱利。

在中国古代，社会生产以农业为主，以农为本，称商为末，社会普遍"重农轻商"。陶朱公提出"农末俱利"的经济理论，在当时确实是一大进步。他居陶期间，身体力行这一理论，采取"以末致财，以本守之"的经营策略，"父子耕畜，废居，候时转物"，农牧商结合的经营模式，保证了他经营的成功。

(3) 随时以行。

范蠡说过："圣人随时以行，是谓守时"，"必有以知天地之恒制，乃可以有天下之成利"，他善于掌握社会时势与自然界的变化规律，预测发展趋势，捕捉成功的时机。由此，他提出很多著名的商理，如"时用则知物，知斗则修备"，"水则资车，旱则资舟"，"得时无待，时不再来"等，至今仍被商人奉为至理名言。

(4) 积贮之理。

"积贮之理"即货币周转流通的原则。他主张加快资金周转，使手中"无息币"，"财币欲其行如流水"。他揭示了"贵极必贱"的价格变化规律，"论其有余不足，则知贵贱。贵上极则反贱,贱下极则反贵。贱取如珠玉,贵出如粪土",要根据市场价格的变化及时果断地买进卖出。他在两千多年前就成功地运用了近代西方经济学才揭示出来的供求规律、流通规律等商品经济法则从事经营活动,所以能取得巨大的商业成就。

(5)重视人才。

陶朱公提出"择人"和"不责于人"的人才思想,"择人"就是要善于选择经营人才,唯才是用,司马迁称赞陶朱公是"善治生者,能择人而任时";"不责于人"就是用人不能求全责备,应用其所长,避其所短。

中国旧时商店的门面通常雕刻"陶朱事业,端木生涯"的楹联,作为商店的通用标识。商家都自诩为陶朱公、端木赐的门徒,"陶朱事业"成为商业的代称,"端木生涯"则成了商人职业的称谓。

【案例思考】

陶朱公具有什么样的财商,让他在他发展生涯中都被他人称赞?人们应该如何培养?

【案例启示】

陶朱公具有超乎常人的智商,能够运用环境因素发展自己的财富,同时又具有情商,通过薄利多销赚取财富,不盘剥百姓;结合智商和情商,运用适当的经营技巧,获取财富。《陶朱公经商十八法》中写道:为仁义,懂取舍,讲究"君子爱才,取之有道"。陶朱公之所以能够被众人所熟知,是因为他在经商取财时能够不损人利己。

3.1 财商概念

财商本意是"金融智商"。财商指个人、集体认识、创造和管理财富的能力,包括观念、知识、行为三个方面。

财商就是指一个人与金钱(财富)打交道的能力。财商包括两方面的能力:一是创造财富及认识财富倍增规律的能力(即价值观);二是驾驭财富及应用财富的能力。财商与智商、情商并列,是现代社会个人三大不可缺的素质。可以这样理解,智商反映人作为自然人的生存能力;情商反映社会人的社会生存能力;而财商则是人作为经济人在经济社会中的生存能力。

金钱是一种思想,金钱也是对物质世界控制能力的数量化表现。金钱思想能具体呈现一个人的智商、情商、财商、逆商(遇到逆境与挫败时的承受力)等。财商不是通过培训、教育出来的,财商是通过精神世界与商业悟性的养育、熏陶和历练出来的。通过对财商的养育,其目的是树立正确的金钱观、价值观与人生观。财商是实现成功人生的关键因素之一。

现代社会,经济及金钱现象无处不在,人们对金钱的态度、获取和管理金钱的能力,对于人们生活的富足、幸福影响越来越大。换句话说,财商对于人们来说,其重要性将超过智商、情商。

在过去,中国是一个重农轻商的国度,经商被人们视为"贱业"。古代有士、农、工、商四大行业,"商"被排在了最后,甚至有时一提起商人,人们便会想到"无商不奸""为富不仁"等贬义词。

有趣的是,尽管古代的人们重农轻商,商贾在社会上的地位较低,可是商业仍然是致富最快、极富有魅力的一个行业,以至于每朝每代都会出现几位传奇性的巨贾,他们腰缠万贯、富可敌国。而在中国历史长河中,古代商人也逐渐培育出一套"秘而不宣"的经营谋略。

财商被越来越多的人认为是实现成功人生的关键。财商和智商、情商一起被教育学家们列入了青少年的"三商"教育。财商主要由以下四项主要技能组成:

（1）财务知识。即阅读理解数字的能力。

（2）投资战略。即钱生钱科学。

（3）市场、供给与需求。提供市场需要的东西。

（4）法律规章。有关会计、法律及税收之类的规定。

财商的高低有时候很大程度上决定了投资的效果,因此,学习一些提高财商的方法显得尤为重要。一般来说,财商可定义为四个方面:

（1）财商首先是指个人认识财富和金钱的能力,认识财富与人生关系的能力。这是指认识财商之道、财富之道,发现财富和金钱的真实规律。

（2）财商是个人掌控财富和金钱本质以及运动规律的能力,是掌控金钱和财富之道。

（3）财商的本质是关于财富的领悟能力,这是财商的核心。虽然现在的很多致富技巧都具有一定的参考价值,但是由于主要偏重于技巧,并没有根据个人的实际情况来引导,华而不实。

（4）财商是认识价值和建立价值的能力和认知。财富的本质是价值,是对价值的发现和认识。

3.2　如何做到君子爱财,取之有道

◆ 引导案例

李嘉诚,男,汉族,1928 年 7 月 29 日出生于广东潮州潮安,祖籍福建莆田,现任长江和记实业有限公司及长江实业地产有限公司主席。

1958 年,李嘉诚开始投资地产市场。1979 年,"长江"购入老牌英资商行——"和记黄埔",李嘉诚因而成为首位收购英资商行的华人。1981 年获选"香港风云人物"和太平绅士,1989 年获英国女王颁发的 CBE 勋衔,1992 年被聘为港事顾问,1993 年度香港风云人物,1995 年至 1997 年任特区筹备委员会委员,自从 1999 年被福布斯评为全球华人首富以来,连续 15 年蝉联华人首富宝座。2011 年工夫茶传奇故事入选国家孔子学院汉语外教文章。2015 年 8 月 19 日,胡润发布 2015 年全球华人富豪榜,李嘉诚以 20 00 亿元财富位列全球华人富豪第二位。2018 年 2 月 28 日,胡润研究院发布《2018 胡润全球富豪榜》,李嘉诚以 1 900 亿元财富位列大中华区第六,全球第 32 位。

2018 年 3 月 16 日,满 90 岁的李嘉诚正式宣布退休。5 月 10 日,出席集团股东大会,之后正式退休。

李嘉诚认为商业的存在除了创造繁荣和就业机会,最大的作用是满足人类的需求,企

业本身虽然要为股东谋取利润,但是仍然应该坚持"正直"的固定文化,它是经营的一项成本,也是企业长远发展最好的根基。

回顾一下李嘉诚和长和系的里程碑:

李嘉诚1940年因战乱随家人从内地去港;1943年父亲因病失救去世,负起家庭重担;1950年创立长江塑胶厂;1971年成立长江地产有限公司;1972年长江实业集团上市;1979年从汇丰银行收购英资和记黄埔集团22.4%……

很多人只看到他今天的成就,而已经忘记,甚至不理解其中的过程。还有人常常误解,以为他的公司快速扩展是和垄断市场有关。

其实他个人和公司跟一般小公司一样,都在不断地竞争中成长。他的事业刚起步时,没有比其他竞争对手更优越的条件,一点也没有,这包括资金、人脉、市场等。他们公司现时拥有的一切,都是全体人员多年努力的成果。

2002年,长江集团的业务已遍布41个国家,雇员人数逾15万。

当他整理公司发展资料时,最明显的是他们参与不同行业的时候,市场内已有很强和具实力的竞争对手担当主导角色,究竟"老二如何变第一"? 或者更正确地说:"老三老四老五如何变第一第二"? 李嘉诚探讨得出:

(1) 竞争和市场环境的关系。

竞争和市场环境紧密相连,已有很多书籍探讨过这个话题。

能否抓住时机和企业发展的步伐有重大关联,要抓住时机,要先掌握准确资料和最新资讯,能否抓住时机,是看你平常的步伐是否可以在适当的时候发力,走在竞争对手之前。

(2) 知己知彼。

做任何决定之前,我们要先知道自己的条件,然后才知道自己有什么选择。在企业的层次上,身处国际竞争激烈的环境中,我们要知道,和对手相比什么是我们的优点,什么是弱点。另外更要看对手的长处,人们经常花很长时间去发掘对手的不足,其实看对手的长处更是重要。掌握准确、充足资料可以做出正确的决定。

20世纪90年代初,和黄原来在英国投资的单向流动电话业务 Rabbit,面对新技术的冲击,李嘉诚觉得业务前途不大,决定结束。这亦不是很大的投资,他当时的考虑是结束更为有利。

与此同时,面对通信技术的迅速变化、市场不明朗的关键时刻,他们要考虑另一项刚刚在英国开始的电信投资,究竟要继续,或是把它卖给对手? 当然卖出的机会绝少,只是初步的探讨而已。

李嘉诚的员工和买家刚开始洽谈,对方的管理人员就用傲慢的态度跟他们的同事商谈。他知道后很反感,将办公室的锁按上了,把自己关在办公室十五分钟,冷静地衡量着两个问题:

① 再次小心检讨流动通信行业在当时的前途看法。

② 和黄的财力、人力、物力是否可以支持发展这个项目?

当李嘉诚给这两个问题肯定的答案之后,他决定全力发展他们的网络,而且要比对手做得更快更全面。Orange 就在这种环境下诞生了。

(3) 磨砺眼光。

知识的最大作用是可以磨砺眼光,增强判断力,有人喜欢凭直觉行事,但直觉并不是可靠的方向仪。时代不断进步,我们不但要紧贴转变,最好还要走前几步。

要有国际视野,掌握和判断最快、最准的资讯。不愿改变的人只能等待运气,懂得掌握时机的人便能创造机会;幸运只会降临有世界观、胆大心细、敢于接受挑战但能谨慎行事的人身上。

(4) 设定坐标。

李嘉诚他们的企业身处一个多元年代,面临四方八面的挑战,以和黄为例,集团业务遍布 41 个国家,公司的架构及企业文化必须兼顾全球来自不同地方同事的期望与顾虑。

他在 1979 年收购和黄的时候,首先思考的是如何在中国人流畅的哲学思维和西方管理科学两大范畴内,找出一些适合公司发展跟管理的坐标,然后再建立一套灵活的架构,发挥企业精神,确保今日的扩展不会变成明天的包袱。

灵活架构为集团输送生命动力,不同业务的管理层自我发展生命力,互相竞争,不断寻找最佳发展机会,带给公司最大利益。

完善的治理守则和清晰指引可确保"创意"空间。企业越大,单一指令行为越不可行,因为最终不能将管理层的不同专业和管理经验发挥。

(5) 毅力坚持。

市场逆转情况,由太多因素引发。

成功没有绝对方程式,但失败都有定律:减低一切失败的因素就是成功的基石。

以下四点可以增强克服困难的决心和承担风险的能力:

① 谨守法律及企业守则;② 严守足够流动资金;③ 维持溢利;④ 重视人才的凝聚和培训。

【案例思考】

李嘉诚是如何能做到取之有道的呢? 他有着怎样超常的财商?

(1) 现今世界经济严峻,成功没有魔法,也没有点金术,但人文精神永远是创意的泉源。作为企业领导,他必须具有国际视野能全景思维、有长远的眼光、务实创新,掌握最新、最准确的资料,做出正确的决策,迅速行动,全力以赴。更重要的是要建立个人和企业良好信誉,这是在资产负债表之中见不到但价值无限的资产。

(2) 领导的全心投入与热忱是企业最大的鼓动力,透过管理层与员工之间的互动沟通、对同事的尊重,这样才可以建立团队精神。

人才难求,对具备创意、胆色和审慎态度的同事应该给予良好的报酬和显示明确的前途。

(3) 商业的存在除了创造繁荣和就业机会,最大的作用是为服务人类的需求,企业本身虽然要为股东谋取利润,但是仍然应该坚持"正直"的固定文化,它是经营的一项成本,也是企业长远发展最好的根基。

一个有使命感的企业家,应该努力坚持,走一条正途。

中国人每逢过年,见面第一句话就是:"恭喜发财",一般的商家大都供奉财神爷,甚至居家生活也总是说:"和气生财",可见财富为大家所追求。

然而"君子爱财,取之有道",如何才是取财之道? 有以下四点:

第一，非分之财不可贪。

古人说："清酒红人面，财帛动人心。"说明财富吸引人之处。中国人讲"不义之财莫取"，佛教也以"毒蛇"形容非分之财的危险。所谓"孰以显廉？临财不苟"，不是应得的财富，即使得到，也会惹来无妄之灾，所以非分之财不要妄求。

第二，分内之财不浪费。

祖传的产业、所得的薪水，这都是分内的财富。分内的财富是自己的，可以自由运用，但是也不能任意支出。荀子在《富国》中说："明主必谨养其和，节其流，开其源，而时斟酌焉。"国家如此，个人也是。财富好比流水，流水一去不回头，用了一点就少一点，所以要量入为出，不必要的开销，就不能随便浪费。

第三，劳力之财不自卑。

有的人不喜欢用劳力赚钱，觉得劳力的工作卑贱辛苦，收入微薄，为此感到不好意思。事实上，孔子说过："吾少也贱，故多鄙事。"一个人即使担任清洁工作、在家里做代销、送报纸、打零工……以此贴补日用，养家糊口。这是辛苦所得，虽然是小钱，却来得光明正大、坦坦荡荡，因此不必为此而感到自卑。

第四，智慧之财不荒废。

有的人用自己的智慧、技术、能力来获得财富。比如刻一个图章、设计一栋建筑、画一幅图画、发明新的专利，其所获得的财富，可能比别人薪资所得还高。这种智慧财富，可以自利，也可以利人，不过也要好好用在适当的地方，否则用在无义之处，徒然浪费，那就很可惜了。另外，信仰、精进、持戒、闻法、喜舍、智慧、惭愧，这七圣财能滋润众生，为众生长养慧命之资粮，更要积极培植。

财富的意义，不在于金钱的堆砌，或是账户数字的增加。财富是为光亮生命的内涵，是造福人类的工具。懂得正确取得钱财、使用金钱，这才是一种智慧。

"君子爱财，取之有道。"古人留给我们这样一句忠告，它告诫后人取财必须要靠自己的辛勤劳动和汗水，放眼当今社会就是取财之道要遵纪守法，符合道德伦理。

在已经市场经济化的今天，每个人都有充分展示自己才能的舞台，也都有取财的途径和方法。先知先觉者，可能已经成为致富的带头人了；后知后觉者，可能刚刚入行，开始寻求发财的门路。无论如何，除非圣人，任何人都不会达到"视金钱如粪土"的至高境界。然而，君子追求财富，应该符合道义原则。取财必须要靠自己的辛勤劳动和汗水，要遵守国家法纪和市场经济的游戏规则。

不义之财不可取，取之无道，用之无度，最终害人害己。古人云"多行不义必自毙"，迷信也好，心愿也罢，自古至今中正、君子之道一直是中华民族传承至今的文化的重要组成部分，古人把德放于首位，万事德为先。做人如此，经商亦如此，不偏离君子之道，合乎法律，合乎法规，于民有益，这样取得的财产才有价值，才会对社会发展起到正面作用。

古人云："畏则不敢肆而德以成，无畏则从其所欲而及祸。"意思是说一个人如果失去敬畏之心，为人处事就可能变得狂妄自大、肆无忌惮，甚至贪得无厌、无法无天，最终吞下自酿的苦果。金钱无人不喜爱，无人不去求取。但是求取钱财时，必须合乎规则、被社会允许、通过正当渠道进行。不义之财虽取之快捷，但终究逃不过法律的制裁，最终还是要付出相应的代价。"穷不忘操，贵不忘道"，意思是再贫穷也不能忘记了操守，再富贵也不能忘记了道义。

当今社会存在着一些只为谋利而不顾他人的死活的企业，这些企业迟早会受到社会人们的辱骂；当然也会有一些企业传承了像范蠡一样的优秀传统文化精神，遵从了"君子爱财，取之有道"的经营理念。

3.3　国外的财商之道

◆引导案例

石油大亨约翰·戴维森·洛克菲勒(1839 年 7 月 8 日—1937 年 5 月 23 日)，因改变了石油工业和建立慈善事业现代化结构而举世闻名。他于 1870 年创立了标准石油，在全盛时期垄断了全美 90% 的石油市场，成为历史上的第一位亿万富翁与全球首富。其财富总值达到当时美国 GDP 的 1.5%，折合今日的 3 000 亿美元以上，普遍被视为西方世界史上最富有的人。

约翰·洛克菲勒从小就恪守母亲在信仰上给他留下的约定和诫命，并将这样的信仰影响了自己的整个家族。

约翰·洛克菲勒出生于纽约州中部的小镇里奇福德，他出身贫穷。洛克菲勒小时候，他爸爸从来不白给他零花钱，每天早上就让他到田地里去干农活，比如挤牛奶、除草之类力所能及的工作，然后按时和他爸爸结账。

后来，洛克菲勒的儿子洛克菲勒二世，还对孩子们如何使用这些零花钱做了规定，必须分作三个用途，自己花一部分，存下来一部分，还有一部分要去施舍给更需要的人，比如地震受灾的小朋友。

中国父母受银行及保险机构等误导，把儿童财商教育与理财教育的概念混淆在一起，认为财商教育只包含如何管好零花钱，培养储蓄习惯和投资意识并交给专业人士管理。然而，洛克菲勒家族历经六代不衰，完美示范了怎样对下一代进行完满的财商教育：向孩子灌输"君子爱财，取之有道"的原则。当有了财富之后，怎么能够把钱花好，比如做好社会慈善，也就是中国古话说的"达则兼济天下"。这是财商教育最重要的组成部分，最主要的是让孩子从小树立追求财富、积累财富、创造财富，以及把财富回馈给社会的观念。

【14 条洛氏零用钱备忘录】

(1) 从 5 月 1 日起约翰的零用钱起始标准为每周 1 美元 50 美分。

(2) 每周末核对账目，如果当周约翰的财政记录让父亲满意，下周的零用钱上浮 10 美元(最高零用钱金额可等于但不可超过每周 2 美元)。

(3) 每周末核对账目，如果当周约翰的财政记录不合规定或无法让父亲满意，下周的零用钱下调 10 美元。

(4) 在任何一周，如果没有可记录的收入或支出，下周零用钱保持本周水平。

(5) 每周末核对账目，如果当周约翰的财政记录合规定，但书写和计算不能令爸爸满意，下周的零用钱保持本周水平。

(6) 爸爸是零用钱水准调节的唯一评判人。

（7）双方同意至少 20% 的零用钱将用于公益事业。

（8）双方同意至少 20% 的零用钱用于储蓄。

（9）双方同意每项支出都必须清楚、确切地被记录。

（10）双方同意在未经爸爸、妈妈或斯格尔思小姐（家庭教师）的同意下，约翰不可以购买商品，并向爸爸、妈妈要钱。

（11）双方同意如果约翰需要购买零用钱使用范围以外的商品时，约翰必须征得爸爸、妈妈或斯格尔思小姐的同意。后者将给予约翰足够的资金。找回零钱和标明商品价格、找零的收据必须在商品购买的当天晚上交给资金的给予方。

（12）双方同意约翰不向任何家庭教师、爸爸的助手和他人要求垫付资金（车费除外）。

（13）对于约翰存进银行账户的零用钱，其超过 20% 的部分（见细则第八款），爸爸将向约翰的账户补加同等数量的存款。

（14）以上零用钱公约细则将长期有效，直到签字双方同时决定修改其内容。

另一方面，洛克菲勒在人生的后 40 年致力于慈善事业，主要是教育和医药领域，他也是虔诚的北浸礼会基督徒，支持了很多教会背景的机构。

洛克菲勒一生奉献巨资，建造了数千个教堂献给上帝，但对于教会所决定的事情，他也无条件顺从，从不干涉，坚持了既平凡又纯真的姿态。他说他很清楚这种姿态，就是来自母亲对他在信仰上的教育和影响。

洛克菲勒家族还致力于捐助教育事业，包括哈佛大学、布朗大学、耶鲁大学等众多名校，并且亲身参与到建设大学的工作中，洛克菲勒大学和芝加哥大学就是其中的产物。其中芝加哥大学原本是美国浸信会的一所教会学校，因为财政问题而一度倒闭。后来约翰·洛克菲勒在原先倒闭的教会学校基础上开始重新筹建芝加哥大学，并捐助了 7 000 万美元，现在的芝加哥大学已经成为世界著名学府，有 92 位诺贝尔奖得主、10 位菲尔兹奖得主，4 位图灵奖得主和 22 位普利策奖得主出自这所学校，其中包括两位两位华人诺贝尔物理学奖得主——杨振宁、李政道。

洛克菲勒家族对美国的贡献还不止于此，现今的纽约市也有许多洛克菲勒家族出资建立的地标，如联合国总部大楼、洛克菲勒中心等。

（资料来源:《儒元财商名人故事》，新生命微频道公众号，搜狐网人物专栏）

【案例启示】

"石油大亨"洛克菲勒的财富观就是拼命挣钱，拼命省钱，拼命捐钱。愿我们都能成为金钱的好管家，而不是金钱的奴仆。

3.4 培养财商的方法

（1）不断学习。俗话说:勤能补拙。不管多笨拙的人，只要不断学习理财知识，财商都能得到一定的提升。可以从一些理财的基本知识开始学习，并选择一些低风险的理财产品尝试投资，如国债等。在实践中学习，相信只要投入了成本，就会产生浓厚的学习兴趣。

（2）要有成本和收益意识，学习用最低的投入实现最大的回报。也就是说要学会如何用最少的钱,获取最高的收益。

(3)要学会借鉴经验。提高财商最简单轻松的方法,就是学习别人的经验。可以在别人失败的经验中得到提示,可以少走很多弯路。

(4)要学会捕捉市场信息。要赚钱就需要经常深入市场,了解价格信息,了解市场的供给和需求状况,关心政治动向。市场价格千变万化,不管是做常规生意还是买房、炒股、买基金等投资理财活动,如果没有捕捉市场的信息,就很容易和赚钱的机会失之交臂。

(5)要学习相关的法律法规。如果缺乏必要的法律知识,能做的事不敢做,不能做的事做了,受到法律惩罚的时候自己还不知道。在法律方面,对于投资人而言,最应该掌握的是民法、公司法、税法等。遇到某一方面问题的时候,把相关的法律法规学习一下。通过反复的积累,就会成为法律方面的行家里手,足以让投资理财能够在法律许可的范围里面进行。

(6)积少成多。对创业者来说,理财起步阶段最难熬,本金少收益又低,似乎看不出多少光明的“钱”景,但千万不要放弃,积少成多,聚沙成塔,只要坚持,资产会像雪球一样越滚越大。财商的内涵之一就是非常有耐心,量入为出。我们常常会用“自不量力”批评某些人,在理财领域,自不量力不可取,量入为出才是王道。因此,个人在消费时,切忌盲目,要根据自己的能力消费,避免超前消费和过度消费带来的入不敷出,让个人保持健康的财务状况。这是理财最基础的一点。

(7)要学会诚信。诚信的人做生意,大家都愿意与之合作,相互信任,从而建立起合作关系。

(8)要传承古代优秀的财商文化,取其精华,学习他们优秀的取财之道。

财商就是你要成为金钱的主人,而不是当金钱的奴隶,财商是一个不断养育的过程。

股神巴菲特说过:一生能够积累多少财富,不取决于你能够赚多少钱,而取决于你如何投资理财,钱找人胜过人找钱,要懂得钱为你工作,而不是你为钱工作。

◆ 讨论材料

潘石屹与李勇的财商

一名叫李勇的打工汉在早年期间曾与潘石屹在深圳的南头边关相识,他们曾经一起走深圳、闯海南,一起挑过砖,成了一对共患难的“苦友”。然而如今的李勇仍然辗转各地打工,而潘石屹早已成为 SOHO 中国董事长,2013 年他与妻子张欣的身家高达 36 亿美元。

在海南砖厂时,潘石屹就径直找到老板,提出如果自己当厂长,工地混乱和效率低下的问题全都可以解决。而李勇觉得潘石屹胆子太大,潘石屹说:“他如果答应,我觉得我能管好;不答应,我也不会亏什么。但不试试,怎么知道呢?”老板答应了,潘石屹立刻开始改革,当上厂长的潘石屹的薪水上涨,李勇也被提升为组长。在砖厂倒闭时,潘石屹毅然选择承包砖厂,李勇害怕欠债,不敢出钱,只敢出力。在潘石屹的经营下砖厂业绩越来越好,收入也越来越多,但好景不长。由于经济基础薄弱,当地户籍人口很少,海南房地产的疯狂开发大大超出了市场的正常消化能力,1990 年年初,房地产热急剧降温。潘石屹承包的砖厂难以为继,苦撑数月后关门大吉。当潘石屹遣散工人时,赚到的钱基本赔光了。

这次打击之后,李勇痛下决心:明明知道潘石屹过不了安稳日子,自己为什么要跟着他这样瞎折腾啊?1990年8月25日,潘石屹与相处三年的李勇在倒闭的砖厂分手,消失在人海茫茫的海口街头。

1993年5月,李勇在街上碰到了潘石屹。这时,全国皆知"要挣钱,到海南;要发财,炒楼花",潘石屹已和王功权、易小迪、刘军、王启富等人贷款500万元买入8栋别墅准备高价卖出赚钱。李勇对此十分担心,害怕亏本,但潘石屹却表示就算失败,也是轰轰烈烈的失败。在此,潘石屹赚到了他事业开展的第一桶金300万。当年年底,他嗅到海南房地产泡沫即将破灭的信号,将公司转战北京,和妻子一起创建SOHO,事业越做越大。而李勇却一直在打工。

【讨论问题】:潘石屹为何能从打工仔跃居老板?潘石屹的成功是偶然吗?

分析:潘石屹拥有一颗敢于折腾,不怕失败的心。他能够运用环境因素发展自己的财富,目光敏捷,不满足于现状,结合智商和情商,运用适当的经营技巧,获取财富。

财商小测试

请对下面10道题中每题选择一个选项:

1. 发下一笔奖金,你会如何犒劳自己?(　　)。
   A. 请自己大吃一顿
   B. 买前段时间想买的贵重物品
   C. 还是存着好了
   D. 除了犒劳自己,也给父母或是伴侣买些东西

2. 你会经常借钱给别人吗?(　　)。
   A. 看是要借给什么人,做什么用,才考虑要不要借
   B. 只要自己有钱,这方面还是很大方的
   C. 除非是拒绝不了,不然会很少借
   D. 不好意思拒绝,所以别人问,基本都会借

3. 你赞成分期付款的方式买车吗?(　　)。
   A. 会先考虑自己承担的力度,再决定买什么样的车,分多少期
   B. 赞成,只要是自己喜欢的,就会这么做
   C. 压力太大了,比较起来我还是愿意先存钱后买车
   D. 尽量先找父母赞助,剩余的再考虑分期的问题

4. 你常去商店买换季打折的物品吗?(　　)。
   A. 要看什么东西,若日常用品(如被子、凉席等)就会,有潮流趋势的衣物等就不会
   B. 不常去。我都是想买什么就买什么,不会考虑那么多
   C. 虽然我很喜欢买换季打折的物品,但也会根据自己的经济实力来
   D. 是的,我常常会买很多换季打折的物品,省钱

5. 你看到想要的东西一定要得到吗?( )。

    A. 肯定会去努力,实在得不到,再用其他东西代替

    B. 是的,想尽办法都要得到

    C. 心里肯定迫切想要得到,并会去试试,但实在要不到也就算了

    D. 得之我幸,不得我命,不太强求

6. 会在公共场合捡起五毛钱吗?( )。

    A. 是自己掉的就捡,别人掉的懒得捡

    B. 五毛钱有什么好捡的

    C. 若无人望向这边就捡

    D. 捡起来,然后问周围的人是谁掉的

7. 你经常会买福利彩票或体育彩票吗?( )。

    A. 宁愿买刮刮乐,投注彩票太不靠谱,基本不会去买

    B. 要么不买,一买就会买得比较多

    C. 偶尔买来玩玩,中大奖还是不会去奢望

    D. 会常常去买,但每次也只是买几块钱,当给自己一个发财的希望

8. 到退休年龄时,你还会不会想继续工作或赚钱?( )。

    A. 应该会,毕竟得到的位置不易,退休了什么都不是了,会有些不习惯

    B. 当然会想赚钱,但赚钱的方式不一定要是继续上班

    C. 看经济状况吧,如果到退休年龄时,家庭状况还不错,就退休

    D. 当然会想彻底退休,享受清闲的老年生活

9. 如果可以得到一笔一千万元的巨款,你会如何领取?( )。

    A. 根据实际需要先领一半,剩余再做考虑

    B. 一次性领完一千万元

    C. 按每年领,并设定多少年领完

    D. 按每个月领,并设定多少年领完

10. 你想要住的地方是?( )。

    A. 郊外的别墅

    B. 市中心的豪华大楼

    C. 设施、配置齐全,交通也比较便利的高档小区

    D. 园林四围式的住宅

此测试题为计分式,答案是根据每道题选项的分数值累加得到的,请大家统计好自己的分数:选 A 4 分,选 B 3 分,选 C 2 分,选 D 1 分。

结论分析

A. 30~40 分　财商指数 95%

你头脑聪明,只要有时间就能学会实用的赚钱技能,一旦时机成熟就能令人刮目相看。并且你花钱的态度一向都是为了让自己开心,为了让生活品位提升,也因为这种驱动力,你会迫使自己不断地去赚钱。其实吃、穿也是能进行投资的,觉得你完全可以凭借自己的魄力和品位去进行一些能升值的消费。

B. 25～29 分　财商指数 65％

你敢于冒险的性格有利于你快速达到赚钱目标,但还要学会控制风险,这样财富才能稳步增长。并且还要小心冲动消费而导致资产赤字。建议你做好每周预算,尽量让自己理性花销,以免到手的钱转眼就没了。

C. 20～24 分　财商指数 40％

你是一个很保守的人,专注于自己所从事的工作,赚钱目标也总是客观而容易实现的,但最好能在理财上再多一点闯劲和激情。若觉得理财麻烦,对股票提不起太大兴趣,又嫌定期储蓄效率太低,建议你请值得信赖的人帮你理财,这样更有利于累积财富。

D. 10～19 分　财商指数 20％

你是一个标准的乐观主义者,懂得分享与包容,虽然能理智地选择自己能力范围之内的赚钱方法和盈利目标,但还是缺乏了行动力。赚钱对于你来说,太容易停留在想与思考的阶段。若能付出行动,试着去正式做一些投资,尝试一些新事物。

项目四 几个财会概念

4.1 财务和会计

◆ 引导案例

华为财务变革历程:从手工账到世界一流财务共享中心!

作者:史延丽 华为会计政策与财报管理部部长

来源:《华为人》报

在华为财务部门十几年,从一个应届毕业生,一路走来,见证了华为的财务架构以及账务处理方式从传统迈向新时代大趋势的共享模式。

来华为,是我人生中的一次"叛逆"。

从小我就是个很主流的人,上学读什么专业等都是随大流,或者听家人的意见,硕士毕业时家人希望我能继续深造,然后去大学教书,或者做公务员。但我更愿意将理论付诸实践,所以当时华为来学校招聘,我自作主张就来了。这是我人生中第一次独立做出重大决定。

对于会计,我谈不上特别狂热,我本科和研究生的专业都不是会计,而是税务。可作为应届生,刚进公司必须到会计部实习,没想到一待就是十几年。我是个做细的人,很多事情一定要了解细,心中有数才觉得踏实。现在看来,这种个性倒正好符合账务"锱铢必较"的特质。

01 五毛钱一块钱都不能错

我的第一个岗位是费用报销会计。2000年的时候还没有SSE系统,所有的费用报销都是纸面单据传递,每个会计的桌面都是单据如山。每天早上,一踏进办公室,我们就要在成堆的单据中,翻找出自己需要处理的,靠的是运气,拼的是人品。

我们忍无可忍,大家约定好,哪个单据放在哪个筐,哪类凭证传递给谁,做好记录。想法很美好,可一运行起来,发现只要有其他部门的同事来我们办公室走一遭,在筐里搜罗一通,一切又乱套了。

更让人发愁的是,有些员工的单据攒了很长时间才想起来报销,票据丢了不少,剩下的也贴得很乱,发票也五花八门,不符合基本的财务制度。可每一张发票我们都必须对得上,哪怕只是五毛钱、一块钱的一张公交车票,都不能错,我们就拿着计算器一遍又一遍地算。最崩溃的是正在算的时候电话进来了,有人咨询你问题,那就完了,全部都要重来。

发现单据不合规的情况,我们要和员工沟通扣减报销金额,遇到对方发脾气,还要安抚他们。

有段时间我特别怕给员工打电话,但不打又不行。记得有好几次我和员工核实票据,对方回忆不起来,加上工作压力也挺大,就直接在电话里噼里啪啦对着我爆发了,我心里特别憋屈,忍不住掉眼泪。那阵子真的觉得坚持不下去了:我有必要受这个委屈吗?

我至今还清楚地记得主管的回答,她说:"你说的都对,但你想过怎么改变吗?如果因为这个而放弃,那你以后不管到哪里,再遇到困难,第一反应可能都会是放弃。"

这席话把我从苦闷和抱怨中拉了出来。从此我再也没去挑什么工作,在每个部门都以自己最大的能量把事情做好。等我做了主管后,我也这样开导碰到困难的员工。其实,在逆境中,成功者只不过比失败者多忍耐了一分钟,多走了一步路。

后来,我们上了SSE的平台,教员工自己填写费用报销类型、及时报销,再后来开始推行"先付款后审单",总算把费用报销秩序慢慢建立起来了。如今,员工通过二维码扫码就可以很方便地传递单据,会计处理的时间缩短为平均2.6天。

回忆起十多年前"大眼瞪小眼","一切皆靠人品"的混沌状态,我们也感叹,这么多优秀的本科生、研究生投入费用报销这些看似简单的岗位上,才造就了今天业界领先的SSE。这些高素质的人才,能跳出问题的表面,更系统地、创造性地解决问题。因此我认为,企业一定要敢投入,给人才以责任和机会。

能把简单的事情做出不简单的结果,就是人才。

02 我要麻雀,你却给了我兔子

2001年,我被调到了总账,每个月的月度财报、每年的年度财报,都出自这里。对于很多会计来说,这是会计核算的"象牙塔",然而当时的总账会计,只能用"混乱"和"崩溃"来形容。

那时海外的财务系统五花八门,有的子公司在ERP中核算,有的在Peachtree中核算,有的在用友系统中核算,还有的是外包给会计师事务所进行核算,不得已,结账的时候,我们只能把所有的数据都导入Excel。

所有的财务报告,包括集团合并报告,都在Excel里完成。一个Excel表单可以容纳的行数是68 000多行,我们处理的表单往往用完一个表单上的行数还不够。数据处理还要大量使用函数,因此我们常常自我调侃,总账会计都是打遍天下无敌手的Excel高手。

让人郁闷的是,同样一个代码10010,在俄罗斯是代表某一个业务,到了阿根廷可能变成了另一个业务。交上来的数据经常一个是麻雀,一个是兔子,根本不一样,没法整合。所以我要先建立一个索引,把这些转换成统一的东西,然后用统一的模板再做合并。

合并,在财务上是个很复杂的概念。打个比方,华为技术卖给德国华为,德国华为再卖给客户,但是对集团来讲,只有一笔销售,所以一定要把华为技术卖给德国华为这笔关联交易抵消,前提是华为技术的账跟德国华为的账要对平。

但那时的情况是,这些账完全对不平。华为技术说我卖了一个亿的货给德国华为,德国华为说,对不起,我账上只记了100万元。这时候就抓狂了,我要和德国华为沟通:我明明发了一个亿,你为什么只入了100万元?一步步到前端去看,到底中间出了什么问题。

每个月结账,就像"乐透"开奖,一次性通过的概率几乎为零,而所有的问题都必须在13日出报告之前解决。为此,总有几天我们一定要工作到凌晨四点,轮流值守检查数据,每个人都焦灼慌乱,就连做梦都在想,到底是哪里的逻辑和数据出了问题?

作为账务主管的我,现在有信心说,当年这样的场景现在很少再见到了。经过变革以及多年的实践,我们有了一套清晰的"作战地图",按小时计,把从结账第一步到最后一步,每个步骤每个部门做什么,人和人怎么衔接,详细列出来。发现哪个地方"亮灯",就采用对应的补救措施。未来我们还会把"作战地图"进一步数字化、图形化,让每个人心中有数。

03　你们出的财报可信吗?

当时虽然做得很辛苦,但我们的报告经常延迟发布,好不容易拿出的报告还老被挑战。

有一次,预算主管拿到最新的报告问我:"俄罗斯的项目已经落单了,为什么还没有算进去?"我当下根本没办法回答,好不容易找到财务经理核实,他抱歉地说:"对不起啊,我给你的数据是两个月前的,因为这两个月我没到俄罗斯,还没来得及做账。"

还有一次,我们的报告发布后,不停地有人来找我,说报告数据有问题,有个项目的收入不对。然后我们分析了一下,发现这个合同一根光缆竟拆分了很多的收入,原本项目是亏的,可是这根光缆一发货验收,项目就盈利了。前端给的数据错了,我们不知道,也没有手工调账,结果误导了大家。

那时候我是总账的部长,听到大家吐槽,心里很不好受。数据质量实在太差了,尽管很多问题不是我们的原因造成,但报告是我们发布的,大家的第一反应就是财务没有做到位。

那么,我们能做些什么呢?

思来想去,我们觉得只管算账已经不够了,必须跳出自家"一亩三分地",于是专门成立了一个十几个人的"找碴小分队",负责审核各个地方报过来的数据,架上"望远镜""显微镜",去查前端哪里可能有问题,然后去手工调账。

但坦率地讲,收效不大,只靠财务在后面堵是不行的,这就好比长江水,如果上游水污染,那下游就只能喝脏水。也是从那时候开始,我们意识到,要么痛苦一辈子,要么主动拥抱挑战,到前端去解决数据质量问题,把整个流程打通。

引入外部审计师后,这种愿望就更强烈了。"这么大笔费用你们干什么用的呢?""合同在哪?""交付周期是多长?"当时的我们只能看到数据结果,但看不到数据背后的业务,审计师连珠炮式的问题,我常常一个都回答不了,只好到处打电话"骚扰"业务部门。

那时候,审计师要在我们提供的财报初稿上做出大量的数据调整,有些差异连我们自己都不明白为什么要调整,甚至连财务报告的附注,都是审计师帮我们写的,因为我们完全不知道应该从什么角度,以什么样的尺度来陈述我们的财报。

我至今还记得,2001年集团财报审计完成后,我花了连续两周的时间才搞清楚所有审计调整的业务原因及数据逻辑。当我用整整一天的时间敲完长达四十多页的审计调整说明后,才发觉胳膊都酸得抬不起来了。不过也松了口气,再也不用担心第二年没有人讲清楚这么多审计调整的原因了。

04　IBM顾问手把手教我们"共享"

痛定思痛,不变不行。从2005年开始,账务陆续规划了一系列的变革项目:

新"四统一"项目,搭建全球统一的会计政策、核算流程和COA(会计科目表)体系;海外 ERP 实施项目,统一海外核算系统;共享海外的核算组织,七大共享中心相继成立……这些变革项目,只有经历过的人才知其中的艰辛。

就拿巴西 ERP 实施来讲,先后经过了四次才最终成为现实。2005 年首次启动时,通过对当地会计及税务遵从政策的详细分析,我们发现公司统一的 ERP 系统无法支持当地遵从要求,必须新建 ERP 独立安装支撑,可由于当时公司 IT 系统架构管理和业务管控要求,搁置了很长时间。2006 年账务主导实施了当地核算软件 MICROSIGA 系统,但又因为核算维度、核算颗粒度和业务流程不匹配,不能支持内外部的管理要求,于是又启动了第三次、第四次。一波四折,2011 年 4 月,在业务、IT、财经和账务的共同努力下巴西 ERP 系统才最终成功上线,热泪盈眶的不仅仅是当时的项目组成员,还有此前六年为之奋斗的所有人。

在海外 ERP 实施的同时,海外核算组织的建设也被提上议程。

还记得,2005 年,在一个偌大的会议室里,IBM 顾问声情并茂地阐释了共享服务的概念。他说,这是将原来分散在不同业务单元的财务和人力资源管理等活动分离出来,由专门成立的独立实体提供统一的服务。

像福特、惠普、IBM 等知名跨国企业设置的财务共享中心,就可以向旗下所有的企业提供高质量、优成本、一致性的财务服务。

听完顾问的介绍,我们面面相觑,完全惊呆了,甚至连问题也问不出来。这种共享中心的作业场景,已经远远超越了我们的认知。隔着千山万水,我们怎么去了解子公司当地的会计准则?申请人不能亲自把发票送到会计手中,弄丢了怎么办?没有财务在身边提供不间断服务,业务人员怎么办?

好在 IBM 顾问不厌其烦地、手把手地把我们带进了共享服务的世界。我们惴惴不安地开始了七大账务共享中心的建设。

后来,我也有机会负责过中国账务共享中心和阿根廷账务共享中心,慢慢对"共享"有了自己的理解:账务共享中心就像一道坚固的大坝,把相似的业务放到一个地方高效处理,既可以起到监督、控制的作用,又能节约成本,提供更好的服务。从制度设计来说,共享中心直接受机关管理,没有自己的"屁股",能够保持独立,呈现相对真实的数据。

经过多年努力,华为海外业务的管理走出了"青纱帐",实现了数字化管理,只需鼠标一点,大西洋边维多利亚岛的一个订单,就能进入深圳供应中心,进入流程化处理。而七大共享中心利用时差的优势,"日不落"地循环结账,以最快的速度支撑一线及时获取经营数据。

05　账务的手和业务的手握在了一起

ERP 实施和共享之后,账务有了统一的 IT 和组织,但我们和业务仍然没有拥抱在一起,账务仍然解释不清楚数据背后的业务逻辑,业务也不关心账务的诉求,各种问题还是层出不穷。

比如,我们跟客户签订的协议是 1 个亿,系统注明我们已经发了价值 1 个亿的货,本来财务要跟客户开 1 个亿的发票,收回 1 个亿的应收账款,可客户后来做了合同更改,只收了 3 000 万的货,业务却没有做合同更改,系统里留的还是要收回 1 个亿的记录。

作为财务,我们要还原真实的利润,每个点都要一遍遍地去问,是不是要做合同更改?项目关闭了,存货是不是处理了?分包商的预付款是不是该收回来?大家都很痛苦。

还有一次,任总去拜访沙特的客户,临走时,客户满脸疑惑地问:"华为公司为啥只干活不收钱?"任总把原话带给财务,没有批评,没有点评,就是这句话让整个应收团队抱头痛哭。

实际情况是,货从国内发到沙特华为,沙特华为再交给客户。我们要先和客户谈好单价,然后再根据每个站点实际使用的数量来算,要开多少票,回多少款。可我们做完了交付,没有和客户一个站点一个站点确认数量,等开票时傻眼了,不知道数量是多少,这票怎么开?

2007 年启动的 IFS 变革,让我们从泥沼中拔出脚来。

IBM 的顾问帮华为搭建起财务的作业体系,就像修了一条自来水管道,让每个业务人员知道自己的哪些动作要被记录,哪些信息要传递给财务并体现在财务报告上。这些业务流和数据流,只需要沿着既定的管道往下流就可以了。

当然,业务员知道了每个点的要求还不够,由于没有涉及具体的规则细节,数据质量问题还是没有得到很好的管理。也就是说,自来水管道虽然建好了,但是里面流的是脏水。这就衍生出 2013 年年底公司推行的财报内控项目——我们引入了 KCFR(Key Control over Financial Reporting)概念。从财报结果往前看,梳理出影响财报结果的前端业务流程关键活动,建立起相应的测评指标,联合业务一起例行监控、改进,逐步落入前端流程,业务的语言和账务的结果建立起了关联。

也是从这个时候开始,业务的手才终于和我们的手握在了一起。业务开始明白,财务报告不是财务一个部门的作品,而是公司所有人共同的作品,他们任何一个不经意的动作都会对财务产生影响。他们主动跟我们一起解决问题,想办法在前端业务设计时满足我们的诉求,一起做出全世界最真实的财报。

06　"报告每提前一天,价值一个亿"

记得公司有位领导曾语重心长地告诉我们,"财务报告的提交时间每提前一天,价值可能是一个亿,因为它把所有人的眼光从过去带到了未来",公司可以更快决策,抓住未来的机会。

从一开始没有财务报告,不知道到底赚多少钱、亏多少钱,到后来每个月财务报告"难产",业务跑了一半还不知道上个月做得怎么样,再到如今五天一发布,随时可以从电脑或手机上查看经营报告。我们可以小小地骄傲一下,华为依托账务共享中心所提供的会计核算与财务报告服务,代表了行业的最佳水平。

还有更多沉甸甸的数据:单张发票处理的成本下降 75%;审计调整率 0.01%,自从 2014 年推行财报内控以来,我们共监控前端各类不合规数据 78 亿美元,避免资金损失 9.45 亿美元……

更重要的是,通过一系列变革,我们埋下了"种子"。参与变革的骨干有了在业务流中拉通集成的意识,能够持续不断地根据我们的痛点,修复业务流程的断点或不顺畅的地方,这成了我们最宝贵的财富。

07 忆往昔峥嵘岁月,望未来任重道远

回首过去,账务组织与公司共同发展,历经艰辛与磨难,收获成功与经验,攻下了一个个城墙口。账务组织这么多年来的进步和发展,是几代账务人持续奋斗,勇于创新的结果,也是华为公司拥抱挑战,砥砺前行的缩影。

展望未来,公司规模持续增长,新业务、新领域、新商业模式层出不穷,如何准确地反映业务,高效支撑业务成功? 如何确保规模增长下的财报稳健? 如何真正实现敢于坚持原则,并且善于坚持原则,在服务中做好监控,支撑业务成功? 如何还原一本最真实的账,助力业务多打粮食,成长为 ICT 行业最佳账务实践组织? 这一切都需要我们一起去找到答案。

我们唯有不断拥抱挑战,才能走得更远。

【案例思考】

(1)"每个会计的桌面都是单据如山",你对会计认识还停留在这样的场景吗?

(2) 公司领导者如何领导和支持财务变革?

4.1.1 会计概念

会计分为管理会计和财务会计,对外报告的会计为财务会计。下面介绍国际财务报告准则基金会和中国会计准则委员会对财务会计的定义。

国际财务报告准则基金会(IFRS Foundation)在《财务报告概念框架》(以下简称《概念框架》)中定义:通用目的财务报告的目标,是提供关于报告主体的、有助于现有和潜在投资者、贷款方及其他债权人做出关于向主体提供资源的决策的财务信息。这些决策包括:

(1) 购买、出售或持有权益和债务工具;

(2) 提供或清偿贷款及其他形式的信贷;

(3) 对影响主体经济资源使用的管理层活动行使表决权,或者做出其他影响。

知识拓展

《概念框架》为国际财务报告准则基金会及其下属机构国际会计准则理事会执行其项目做出贡献。

这些项目是制定具体准则,以使全球金融市场更具透明度、责任及效率。理事会通过促进全球经济的信任、增长和长期金融稳定来服务于公众利益。《概念框架》为具体准则提供了基础:

(1) 通过提高财务信息的国际可比性和质量来促进透明度,使投资者和其他市场参与者做出明智的经济决策。

(2) 通过减少资本提供者与其资金受托者之间的信息缺口,以加强受托责任。基于《概念框架》的具体准则提供了管理考虑所需的信息。作为全球可比信息的来源,这些具体准则对世界各地的监管机构也是至关重要的。

(3) 通过帮助投资者识别世界各地的机会和风险,提高资本配置,从而提高经济效率。对于企业,使用基于《概念框架》的具体准则产生的单一、可信的会计语言,降低了资本成本,也减少了国际报告成本。

前述所述的决策,依赖于现有和潜在的投资者、贷款方和其他债权人的预期回报,如股利、本金和利息付款额或市场价格增长。投资者、贷款方及其他债权人对回报的预期取决于他们对主体未来净现金流入的金额、时间和不确定性(前景)的评价,以及管理层使用主体经济资源的受托责任的评价。现有和潜在投资者、贷款方和其他债权人需要信息帮助其进行此类评价。

为了评价主体未来净现金流入的前景,现有和潜在投资者、贷款方和其他债权人需要以下相关信息:

(1) 主体的经济资源,针对主体的要求权及这些资源和要求权的变动;

(2) 主体管理层和治理委员会如何有效率和有效果地履行其使用主体资源的职责。

但是,通用目的财务报告不会也不能为现有和潜在的投资者、贷款方及其他债权人提供其所需的所有信息。这些使用者需要考虑从其他渠道获取的相关信息,如宏观经济状况和预期、政治事件和政治气候以及行业和公司前景。

通用目的财务报告并非旨在反映一个报告主体的价值;而是提供有关信息以协助现有和潜在的投资者、贷款方及其他债权人估计报告主体的价值。

关注通用信息需求并不妨碍报告主体为一些特殊使用者群体提供对其最有用的额外信息。

报告主体的管理层同样关注主体的财务信息。但是,管理层并不需要依赖通用目的财务报告,因为他们可以从主体内部获取财务信息。

其他群体,如监管机构以及除投资者、贷款方及其他债权人以外的公众人士,也可能认为通用目的财务报告是有用的。但是,此类报告并非主要为这些群体而编制。

在很大程度上,财务报告是以估计、判断和模型为基础,而不是基于精确的描述。《概念框架》建立了构成这些估计、判断和模型基础的概念。

中国会计准则及相关法律对会计相关规定如下:

(1) 中国《企业会计准则——基本准则》的规定。

企业应当编制财务会计报告(又称财务报告,下同)。财务会计报告的目标是向财务会计报告使用者提供与企业财务状况、经营成果和现金流量等有关的会计信息,反映企业管理层受托责任履行情况,有助于财务会计报告使用者做出经济决策。

财务会计报告使用者包括投资者、债权人、政府及其有关部门和社会公众等。

企业应当对其本身发生的交易或者事项进行会计确认、计量和报告。

(2)《中华人民共和国税收征收管理法》的规定。

纳税人、扣缴义务人按照有关法律、行政法规和国务院财政、税务主管部门的规定设置账簿,根据合法、有效凭证记账,进行核算。

从事生产、经营的纳税人的财务、会计制度或者财务、会计处理办法和会计核算软件,应当报送税务机关备案。

(3)《中华人民共和国会计法》的规定。

各单位必须依法设置会计账簿,并保证其真实、完整。

单位负责人对本单位的会计工作和会计资料的真实性、完整性负责。

4.1.2 会计制度

国家实行统一的会计制度。国家统一的会计制度由国务院财政部门根据《中华人民共和国会计法》制定并公布。目前的会计制度如表1-2所示。

表1-2 会计制度

代 码	类 型		
	大类	小类	
110	企业会计准则	一般企业	
120		银行	
130		证券	
140		保险	
150		担保	
200	小企业会计准则		
300	企业会制度		
410	事业单位会计准则	事业单位会计制度	
420		科学事业单位会计制度	
430		医院会计制度	
440		高等学校会计制度	
450		中小学校会计制度	
460		彩票机构会计制度	
500	民间非营利组织会计制度		
600	村集体经济组织会计制度		
700	农民专业合作社财务会计制度(试行)		
999	其他		

4.1.3 财务通则和财务规则

(1)《企业财务通则》。2006年12月4日,财政部颁发了新的《企业财务通则》(财政部令项目41号),该通则于2007年1月1日起施行。修订的《通则》对财政对企业财务的管理方式、政府投资等财政性资金的财务处理政策、企业职工福利费的财务制度、规范职工激励制度、强化企业财务风险管理等方面进行了改革。

(2)《基本建设财务规则》。2016年4月26日,中华人民共和国财政部令第81号公布《基本建设财务规则》。该《规则》分总则、建设资金筹集与使用管理、预算管理、建设成本管理、基建收入管理、工程价款结算管理、竣工财务决算管理、资产交付管理、结余资金管理、绩效评价、监督管理、附则12章63条,自2016年9月1日起施行。

(3)《金融企业财务规则》(财政部令第42号)。金融企业应当根据本规则的规定,以及自身发展的需要,建立健全内部财务管理制度,设置财务管理职能部门,配备专业财务管理人员,综合运用规划、预测、计划、预算、控制、监督、考核、评价和分析等方法,筹集资金,营运资产,控制成本,分配收益,配置资源,反映经营状况,防范和化解财务风险,实现持续经营和价值最大化。自 2007 年 1 月 1 日起施行。

(4)《事业单位财务规则》(财政部令项目 68 号)。该《规则》分总则、单位预算管理、收入管理、支出管理、结转和结余管理、专用基金管理、资产管理、负债管理、事业单位清算、财务报告和财务分析、财务监督、附则 12 章 68 条,自 2012 年 4 月 1 日起施行。

(5)《行政单位财务规则》(财政部令项目 71 号)。该《规则》分总则、单位预算管理、收入管理、支出管理、结转和结余管理、资产管理、负债管理、行政单位划转撤并的财务处理、财务报告和财务分析、财务监督、附则 11 章 63 条,自 2013 年 1 月 1 日起施行。

4.2 收益

收益是指就该财产收取天然的或法定的利息。收益权也可以依法律的规定或所有人的同意,而归非所有人取得。生产上或商业上的收入,营业收入、得到益处。从财富角度来说,取得财富就是取得收益。

4.3 成本

成本是商品经济的价值范畴,商品价值的组成部分。人们要进行生产经营活动或达到一定的目的,就必须耗费一定的资源,其所费资源的货币表现及其对象化称之为成本。并且随着商品经济的不断发展,成本概念的内涵和外延都处于不断地变化发展之中。一般定义为:

成本是生产和销售一定种类与数量产品以耗费资源用货币计量的经济价值。企业进行产品生产需要消耗生产资料和劳动力,这些消耗在成本中用货币计量,就表现为材料费用、折旧费用、工资费用等。企业的经营活动不仅包括生产,也包括销售活动,因此在销售活动中所发生的费用,也应计入成本。同时,为了管理生产所发生的费用,也应计入成本。为了管理生产经营活动所发生的费用也具有形成成本的性质。

成本是为取得物质资源所需付出的经济价值。企业为进行生产经营活动,购置各种生产资料或采购商品,而支付的价款和费用,就是购置成本或采购成本。随着生产经营活动的不断进行,这些成本就转化为生产成本和销售成本。

成本是为达到一定目的而付出或应付出资源的价值牺牲,它可用货币单位加以计量。

成本是为达到一种目的而放弃另一种目的所牺牲的经济价值。

4.4 风险

风险表示未来结果的不确定性或损失,通常指发生不幸事件的概率。风险是指一个事件产生我们所不希望的后果的可能性,某一特定危险情况发生的可能性和后果的组合。

不确定性包括发生与否的不确定、发生时间的不确定和导致结果的不确定。

从广义上讲,只要某一事件的发生存在着两种或两种以上的可能性,那么就认为该事件存在着风险。

风险和收益呈正比,所以一般积极进取的投资者偏向于高风险是为了获得更高的利润,而稳健型的投资者则着重于安全性的考虑。

创业者一般都是风险偏好者。创业者应具有挑战风险的勇气、识别风险的智慧、应对风险的能力和敬畏风险的精神。

4.5 杠杆

杠杆,将借到的货币追加到用于投资的自有资金上;杠杆率,自有资本和借贷资本的比率。

财务管理中的杠杆效应主要表现为:由于特定费用(如固定成本或固定财务费用)的存在而导致的,当某一财务变量以较小幅度变动时,另一相关财务变量会以较大幅度变动。合理运用杠杆原理,有助于企业合理规避风险,提高资金营运效率。

4.6 资金时间价值

4.6.1 资金时间价值的概念

资金时间价值是指一定量资金在不同时点上的价值量的差额。在市场经济条件下,即使不存在通货膨胀,等量资金在不同时点上的价值量也不相等。人们将资金在使用过程中随时间的推移而发生增值的现象,称为资金具有时间价值的属性。

4.6.2 资金时间价值产生的原因

资金时间价值虽然具有时间的属性,但资金的增值并非因时间而产生。资金时间价值是在资金的周转使用中产生的,是资金所有者让渡资金使用权而参与社会财富分配的一种形式。

4.6.3 资金价值的形式

资金的时间价值可用绝对数形式,也可用相对数形式。在绝对数形式下,资金时间价值表示资金经过一段时间后的增值额,它可能表现为存款的利息、债券的利息,或股票的股利等。

项目五 税:为权利支付的强制保护费用

◆ 引导案例

10月3日新华社讯 自6月初范冰冰的涉税问题被举报后,江苏等地税务机关开展调查,结果显示,范冰冰在电影《大轰炸》拍摄过程中实际获得片酬3 000万元,其中的1 000万元申报纳税,其余2 000万以拆分合同方式偷逃个人所得税618万,少缴营业税及附加112万元,合集730万元;范冰冰及其担任法人的企业少缴税2.48亿元,其中偷逃税款1.34亿元。

根据《中华人民共和国税收征管法》规定,江苏省税务局将对范冰冰及其担任法人的企业追缴税款2.55亿元和滞纳金0.33亿元,对范冰冰利用拆分合同隐瞒真实收入和工作室账户隐匿个人报酬的真实性质以偷逃税分别处以4倍和3倍的罚款。最终范冰冰需要补齐的税款和罚金约为8.84亿元。

此次范冰冰受到的是税务机关的行政处罚,并没有构成犯罪(根据2009年的刑法修正案,初次逃税并缴纳了税款和滞纳金、5年内没有因逃税受过刑事处罚或被税务机关给予两次以上行政处罚,就可"不予追究刑事责任")。

【案例思考】

范冰冰采用了哪些非法手段偷逃税款?如何以合法手段进行税收筹划?

5.1 税收

5.1.1 税收的定义

税收不仅是国家取得财政收入的一种活动或手段,也是国家用以加强宏观调控的重要经济杠杆。在税收经济学上,税收是指国家为实现其公共职能而凭借其政权力量,依照法律规定,强制、无偿地向纳税人征收货币或实物的活动。国家征税的目的是提供公共物品,实现公共财政职能;其权力依据是国家的政治权力,必然带有强制性,由此可能会使纳税人的利益受到损害;它体现了以国家为主体,在国家与纳税人之间的特定的征纳关系。因而税收的实现必须依法进行,实行税收法定原则。依法征税必须有相对明确、稳定的征收标准,并体现在税法的课税要素的规定之中,从而使税收具有标准法定性或称固定性的特征。

5.1.2 税收的特征

第一,税收在征收上具有强制性。国家税务机关依照法律规定直接向纳税人征税,法律的强制力是导致税收的强制性特征的最直接原因。即税收的征收以国家强制力为后盾,纳税与否不以纳税人的意志为征税的要件,纳税人必须依法纳税,否则国家通过法律强制力迫使纳税人履行纳税义务,并追究其相应的法律责任。

第二,关于税收,伟大的无产阶级革命导师列宁说过:"所谓赋税,就是国家不用付任何报酬而向居民取得的东西。"税收在缴纳性质上具有无偿性。即国家的征税过程,就是把纳税人所有的这部分财产转移给国家所有,形成国家财政收入,不再返还给原纳税人,也不向纳税人支付任何报酬。

第三,税收在征税对象和标准上具有法定性。税收的法定性来源于税收法定原则,国家以法律的形式明确规定税收的纳税主体、征收对象和税率等基本要素,即通过税法把对什么征税、对谁征税和征多少税预先固定下来,不仅纳税人必须严格依法按时足额申报纳税,而且国家也只能依法定程序和标准征税。

5.1.3 税制

税制是国家以法律或法令形式确定的各种课税办法的总和,反映国家与纳税人之间的经济关系,是国家财政制度的主要内容,是国家以法律形式规定的各种税收法令和征收管理办法的总称。税收制度的内容包括税种的设计、各个税种的具体内容,如征税对象、纳税人、税率、纳税环节、纳税期限、违章处理等,其中纳税人、征税对象和税率是三个最重要的基本要素。

广义的税收制度还包括税收管理制度和税收征收管理制度。一个国家制定什么样的税收制度,是生产力发展水平、生产关系性质、经济管理体制以及税收应发挥的作用决定的。

5.1.4 主要税种

我国现行的税种共 18 种税,分别是增值税、消费税、企业所得税、个人所得税、资源税、城市维护建设税、房产税、印花税、城镇土地使用税、土地增值税、车船使用税、船舶吨税、车辆购置税、关税、耕地占用税、契税、烟叶税、环保税。

5.2 发票

◆ 引导案例

2017 年 12 月,大连市国税局联合公安机关成功查处瑞意(大连)进出口有限公司和爱尔美(大连)进出口有限公司骗税案。经查实,2014 年 5 月至 2017 年 7 月期间,犯罪嫌疑人刘某实际控制的两户企业虚构货物采购业务,虚假支付货款,接受 7 户生产企业虚开增值税专用发票 455 份,涉及金额 1.2 亿元,税额 2 037 万元。同时,在没有实际出口业务的情况下,利用他人出口报关信息假报出口,累计向税务机关申报退税 1 905 万元。大连市国税局追缴两户企业已退税款 303 万元并处一倍罚款,不予退税 1 602 万元,依法停止企业出口退税权 3 年。

【案例思考】

虚开发票会带来什么后果？

虚开增值税专用发票主要有四种形式：为他人虚开、为自己虚开、让他人为自己虚开、介绍他人虚开。这四种情形常常交织在一起，致使案情错综复杂。

利用虚开的增值税专用发票实际抵扣或者骗取出口退税 100 万元以上的，属于"骗取国家税款数额特别巨大"；造成国家税款损失 50 万元以上，并且在侦查终结前仍无法追回的，属于"给国家利益造成特别重大损失"；利用虚开的增值税专用发票骗取国家税款数额特别巨大，给国家利益造成特别重大损失，为"情节特别严重"。

虚开增值税专用发票犯罪分子与骗取税款犯罪分子均应当对虚开的税款数额和实际骗取的国家税款数额承担刑事责任。

利用虚开的增值税专用发票抵扣税款或者骗取出口退税的，应当依照刑法等法律规定定罪处罚，以其他手段骗取国家税款的，仍应该依照刑法等法律的有关规定定罪处罚。

5.2.1　发票的含义

发票是指一切单位和个人在购销商品、提供或接受服务以及从事其他经营活动中，所开具和收取的业务凭证，是会计核算的原始依据，也是审计机关、税务机关执法检查的重要依据。

发票只能证明业务发生了，不能证明款项是否收付，收据才是收付款凭证。发票是指经济活动中，由出售方向购买方签发的文本，内容包括向购买者提供产品或服务的名称、质量、协议价格。除了预付款以外，发票必须具备的要素是根据议定条件由购买方向出售方付款，必须包含日期和数量，是会计账务的重要凭证。

中国会计制度规定有效的购买产品或服务的发票称为税务发票。政府部门收费、征款的凭证各个时期和不同收费征款项目称呼不一样，但多被统称为行政事业收费收款收据。为内部审计及核数，每一张发票都必须有独一无二的流水账号码，防止发票重复或跳号。

简单来说，发票就是发生的成本、费用或收入的原始凭证。对于公司来讲，发票主要是公司做账的依据，同时也是缴税的费用凭证；而对于员工来讲，发票主要是用来报销的。

5.2.2　发票的种类

发票分为普通发票和增值税专用发票。

普通发票主要由营业税纳税人和增值税小规模纳税人使用。增值税一般纳税人在不能开具专用发票的情况下也可使用普通发票。普通发票由行业发票和专用发票组成。前者适用于某个行业和经营业务，如商业零售统一发票、商业批发统一发票、工业企业产品销售统一发票等；后者仅适用于某一经营项目，如广告费用结算发票，商品房销售发票等。

增值税专用发票是我国实施新税制的产物，是国家税务部门根据增值税征收管理需要而设定的，专用于纳税人销售或者提供增值税应税项目的一种发票。

专用发票既具有普通发票所具有的内涵，同时还具有比普通发票更特殊的作用。它不仅是记载商品销售额和增值税税额的财务收支凭证,而且是兼记销货方纳税义务和购货方进项税额的合法证明,是购货方据以抵扣税款的法定凭证,对增值税的计算起着关键性作用。

随着新一代信息技术在税收中的深入应用,电子发票越来越得到普遍应用。

||| **知识拓展** ➡

发票管理的"五个自动化"和"三个微服务"
——中兴新云　陈佳美　梁馨心

发票管理的"五个自动化"

为了解决企业发票管理的痛点,高效安全地管理发票,企业需要建立集识别录入、自动查重、真伪查验与发票认证于一体的发票管理系统。通过发票管理系统对接微信卡包、税局查验平台等外部系统,采用 OCR、机器人等技术,实现发票管理的五个"自动",减轻企业财务人员的基础工作,降低企业核算风险和税务风险,提高企业发票管理和整体工作效率。

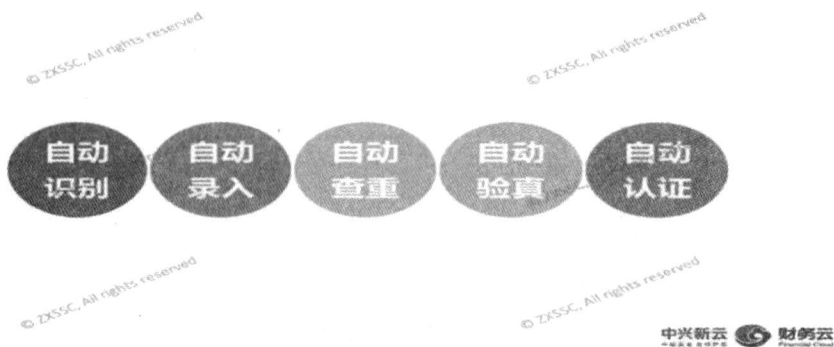

自动识别:通过票据扫描仪、移动应用拍照及二维码扫描等方式,采集增值税专用发票、普通发票、电子发票等发票信息,采用智能 OCR 识别技术抓取发票要素,结构化发票信息;

自动录入:对于自动识别的结构化发票信息,发票管理系统通过接口服务与企业内外部系统集成对接,实现 PO、GR、报销单、发票等一对多或多对一匹配;

自动查重:发票管理系统存储企业所有发票基础信息,对于新提交的发票,发票管理系统自动进行发票重复性检查,通过系统控制重复报销的风险;

自动验真:发票管理系统与税局查验平台对接,传输发票要素至税局查验平台,进行发票验真,税局查验平台将发票状态、发票明细等信息回传至企业发票管理系统,完成发票自动验真;

自动认证:发票管理系统对接增值税发票选择确认平台,集中进行发票自动下载、扫描签收标记、自动勾选认证以及数据汇总导出,实现增值税专用发票自动认证及认证数据统计。

发票管理的"三个微服务"

中兴新云基于企业管理需求的视角,采用微服务架构,自主研发企业发票管理全流程信息系统,全方位支持企业发票管理自动化。

（1）票联＋智能OCR识别。

中兴新云与微信团队合作的票联,为企业客户提供发票归集和验真验重解决方案。通过微信卡包获取、二维码扫描、混合拍照识别等方式,智能采集电子发票、普票、专票、火车票、机票、出租车票、定额发票等各类票据信息,并采用最新智能OCR识别技术,输出结构化票据信息,为企业票据管理和分析提供数据基础。同时,票联后端集成税局系统自动验真验重,无缝对接企业内部报销系统,为企业减少人力成本,提升工作效率。

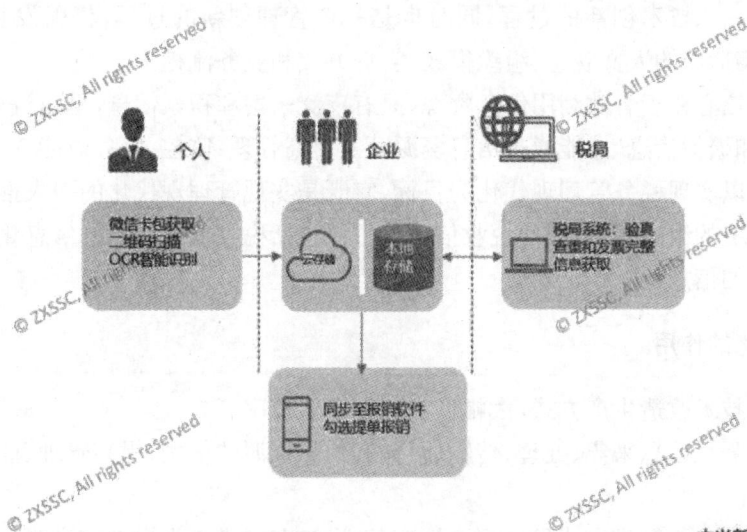

（2）电子影像系统。

电子影像系统将获取的实物发票以及合同、报账、核算等环节各类实物单据转化为电子影像,实现包括发票影像在内的电子档案信息采集、影像传输、集中存储和调阅管理。同时,系统可扩展支持其他类型影像（如财务报表、银行回单）的采集、管理和调阅。

（3）发票管理系统。

发票管理系统包括进项发票管理系统和销项发票管理系统。其中,进项发票管理系统一站式解决企业进项发票的采集、签收、验真、报账、认证、抵扣、监控等电子化管理全流程,实现自动化和数字化的进项发票管理;销项发票管理系统,通过管理平台或数据接口,获取开票数据,实现自动开票、生成报税数据、完成增值税调表等,彻底消除发票流程中的重复工作,保证数据的一致性,将数据的效用最大化。

5.3 税收信息化和金税三期

税收信息化是将信息技术广泛应用于税务管理,深度开发和利用信息资源,提高管理、监控、服务水平,并由此推动税务部门业务重组、流程再造、文化重塑,进而推进税务管理现代化建设的综合过程。

5.3.1 税收信息化的内涵

税收信息化是税务管理改革与信息技术运用相互结合和互相促进的过程,以技术创新为驱动,在税务管理中广泛地采用现代信息技术手段。

税收信息化是一个技术创新的过程,同时也是一个管理创新的过程,将引发管理变革,推动建立与之相适应的人文观念、组织模式、管理方式和业务流程。

税收信息化的核心在于有效利用信息资源,只有广泛采集和积累信息,迅速流通和加工信息,有效利用和繁衍信息,才能通过信息资源开发提高管理、监控、服务效能。

税收信息化是以实现税务管理现代化为目标,它既是实现管理现代化的强大推动力,又是管理现代化有机的组成部分,因而税收信息化不仅包括税收征管业务的信息化,还应包括税务行政管理的信息化。

5.3.2 税收信息化的作用

利用现代信息技术改造生产方式,大幅度提高劳动生产率。

利用信息技术强化信息采集、处理、传输、存储和信息资源的使用,提高管理、监控、服务的效能。

利用现代信息技术使管理方式发生根本性变革,影响和促进人类发展和进步。

5.3.3 金税三期

以下以图介绍金税三期的建设背景、建设原则、建设历程和建设目标。

金税三期是我国税收信息化的最新建设成果的名称。金税三期"一平台、两级处理、三个覆盖和四类系统"建设成功大大推进了税收信息化。金税三期系统将统一全国征管应用系统各版本,规范全国税收执法;实施全国征管数据大集中,监控全国征管数据;优化纳税服务;建设决策支持平台,及时、完整、准确地为决策、管理提供信息,进一步提高税法遵从度和税收征收率。

资料阅读

图解说税——税收金三

图解 税收

图解

一张图告诉你

"金三"是什么?

2016年10月,金税三期工程将完成在全国范围内的上线运行。目前,各地税务机关正在按照国家税务总局的统一部署,陆续上线运行"金三"系统。"金三"是什么?一张图告诉你

@国家税务总局

"金三"是什么

"金三"是金税三期工程的简称

↓

我国税收信息化建设的总体目标

○ 是要在中国电子政务的原则和目标指导下,建立和完善中国税收管理信息系统,简称"金税工程",为保持与税收信息化总体目标和原有金税二期工程以及其他税收信息化建设的衔接,本期项目名称定为金税三期工程。

"金三"建设背景

国家电子政务"十二金"重点工程之一

1994年上半年到2001年上半年	一期和二期建设阶段

建成了"增值税发票防伪税控""增值税交叉稽核"等关键业务系统,业务覆盖国税系统的增值税发票管理工作。

2001年5月14日	提出金税三期建设设想

国家税务总局向国务院提出金税三期建设设想。

2002年	金税三期拉开序幕

中办和国办联合下发《国家信息化领导小组关于我国电子政务建设指导意见》,其中提出要大力推进金税三期工程建设。自此,金税三期工程正式拉开序幕。

"金三"建设原则

金税三期工程总体上遵循以下几个建设原则

- 统筹规划
- 统一标准
- 突出重点
- 分步实施
- 整合资源
- 讲究实效
- 加强管理
- 保证安全

"金三"建设历程

◎ 金税三期工程分为三个阶段：

1 试点阶段 → **2** 全面推广阶段 → **3** 完善和验收阶段

◎ **第一阶段：2009年—2014年年底**

2009年

国家税务总局全面启动金税三期工程第一阶段建设工作，应用软件的开发、测试，以及全国广域网及试点单位计算存储、安全等基础设施建设工作先后组织实施。

2013年2月

金税三期工程主要征管应用系统在重庆市国税局、地税局成功实现单轨运行。

2013年10月

金税三期工程核心征管系统、个人税收管理系统等应用在山西、山东全省国税局、地税局单轨上线运行。

2014年10月至年底

经过优化完善后的金税三期主要应用系统在广东、河南、内蒙古国地税正式上线运行。至此，金税三期第一阶段6个试点省、直辖市全部成功上线运行。

2014年年底

金税三期工程第一阶段完成工程综合验收。

第二阶段：2015年－2017年年底

2015年起

国家税务总局开展了金税三期主要应用系统在全国的推广工作，至2015年底，完成河北、宁夏、贵州、云南、广西、湖南、青海、海南、西藏、甘肃、安徽、新疆、四川、吉林等14省、自治区推广。

2016年7月上旬

辽宁、江西、福建、上海、青岛、厦门6省市完成正式上线运行。

2016年8月和10月

北京、天津、黑龙江、湖北、陕西、大连、江苏、浙江、宁波和深圳10省市将分两批完成正式上线运行。

2017年年底

预计2017年底金税三期第二阶段建设工作全面完成。

"金三"建设目标

金税三期工程建设的整体目标：

通过"一个平台、两级处理、三个覆盖、四类系统"的建设，形成一个网络覆盖率100%，年事务处理量近100亿笔、税务机关内部用户超过60万人、纳税人及外部用户超过亿人（户）的全国税收管理信息系统。

● 一个平台

是指建立一个包含网络硬件和基础软件的统一的技术基础平台。

● 两级处理

是指依托统一的技术基础平台，逐步实现税务系统的数据信息在总局和省局集中处理。

● 三个覆盖

是指应用内容逐步覆盖所有税种，覆盖税收工作的主要工作环节，覆盖各级国地税机关，并与有关部门联网。

● 四类系统

包括征收管理、行政管理、决策支持和外部信息等系统。

金税三期系统将统一全国国税局、地税局征管应用系统版本，规范全国税收执法；实施全国征管数据大集中，监控全国征管数据；优化纳税服务；建设决策支持平台，及时、完整、准确地为决策、管理提供信息，进一步提高税法遵从度和税收征收率。

（资料由国家税务总局征管和科技发展司提供）

知识拓展

金税三期都核查哪些数据呢?

(1)企业的收入。

如果你的企业少记了销售收入或是隐匿了一部分销售收入,那么,金税三期可通过你的成本和费用来比对你的利润是否为负数,或是比对你开具出去的发票,收到的货款数额以及卖出的商品,或者进一步通过大数据,查询与你交易的下游企业的相关账本数据,比对出异常。

(2)企业的成本费用。

如果你的企业长期购进原材料或商品时暂估入库;如果你的企业购进原材料或商品为了价格低一点而不索要发票;如果你的企业计提了费用而迟迟没有费用发票。那么金税三期会比对你的每一笔支出数额,相应的商品或服务以及对应的发票,三者应该是一一对应的,若少了任何一项,都会被判定为异常。

(3)企业的利润。

如果你的企业的利润表中利润总额与企业所得税申报表中的利润总额不一致;

如果你想"财不露白",将利润少报一部分。

金税三期大数据是可以得到你所有的收入信息和成本信息的,而利润就是收入减去成本,算出你的利润不会是什么难事,所以若你的利润不一致或是少报了,都会被轻易查出来。

(4)企业的库存。

一般来说,企业都会有库存,包括原材料库存和成品或半成品库存,而且库存量一般都在一个相对稳定的值附近呈周期性波动。

如果你的企业只有销售数据而没有购买数据或购买量少,金税三期大数据会判断出你的库存一直处于递减状态,并进一步形成电子底账来比对你的库存,然后判断出异常。

如果你的企业只有购买数据而没有销售数据或销售量少,金税三期大数据会判断出你的库存一直处于递增状态,并进一步形成电子底账来比对你的库存,然后判断出异常。

以前确实会有很多企业多多少少这样做,因为这样就可以少缴一些税,可是现在有了金税三期的大数据系统,它可以比对你供应链的上下游企业的数据,加上判断出你的库存一直递增,几乎就可以判定你报的数据是有问题的。

(5)企业的银行账户。

如果你的企业销售了一批货物,货款也已进入银行账户,收到的货款却迟迟没记入账中;

如果你的企业取得了一些虚开的发票,而账户里面的资金却没有减少或减少额不匹配。

对于这些情况,以前只要账本调整得好,是很难识别出来的,可现在对于上述包括以下情形,金税三期系统都会进行分析并识别出异常:

企业当期新增应收账款大于收入80%,应收账款长期为负数;

当期新增应付账款大于收入80%;

预收账款减少但未记入收入、预收账款占销售收入20%以上;

当期新增其他应收款大于销售收入80%。

（6）企业的应缴纳税额。

如果你的企业增值税额与企业毛利不匹配；

如果你的企业期末存货与留底税金不匹配；

如果你的企业缴纳了地税附加税费，但与国税增值税比对不一致；

如果你的企业实收资本增资了，而印花税却为0；

如果你的企业增值税额偏低；

如果你的企业所得税贡献率长期偏低；

如果你的企业应纳税额变动太大。

以上，金税三期都会识别出来的。前四个维度都能识别出异常，而应纳税额就是由以上的数据为基础计算出来的，所以金税三期通过比对你的收入、成本、利润、库存、资产资本、国地税数据、往期税收数据等来判定出企业应纳税额的异常。

5.4　规划税务、依法纳税、合法避税、防范税务风险

◆**引导案例**

新材料公司2010年期末应收款项减少，会计师审计时冲回应收账款坏账准备103 144.09元，即冲减"资产减值损失"科目，调增了利润。但公司在办理2010年度汇算清缴时，未将冲减的坏账准备作为纳税调减项调减应纳税所得额（以审计后利润为调整前基数），因此多交所得税2.58万元。

2010年新材料公司发生业务招待费40 977元，彩印公司发生42 398.4元，按税法规定，只允许扣除60%，但在2010年度汇算清缴中，未予纳税调整，致使少缴纳所得税8 337元，存在税务稽查的风险。

【案例思考】

（1）当税务局已经采用大数据、智能技术进行税收征管，你还指望采用"账务技巧"进行税收筹划吗？

（2）企业应该如何加强税务规划以防范税务风险？

5.4.1　规划税务，防范税务风险

企业降低税务风险一个重要的手段就是加强税务规划，这也是适应经济发展、时代进步的必由之路。税务风险有着很强的不可预见性与不稳定性，而且还没有办法消除和回避。所以企业的税务管理人员必须尽可能地提高自己的专业技术能力，认真分析诱发企业税务风险的因素，然后采取防范措施，才能使企业加强税务规划，减少一些不必要的支出，提高企业税务风险防范与规避的能力。

税务规划，就是站在企业角度，依据企业的未来发展规划，以企业经营目标实现为假设，考虑企业的可持续发展，在不违背当前税收相关法律、法规、规章的前提下，对企业的业务、组织架构、账务等做好前期规划安排，做到规避企业税收检查风险、实现最优化的税收负担与可持续发展的协调统一。税收筹划相比税务规划具有以下几个鲜明特征：以企

业价值最大化为目标,更加考虑企业持续经营、未来战略的需要;更加关注企业的长期发展;更加强调企业经营活动的计划性,特别主张税收与经营活动相结合,主动去选择可以适用的税法;税务规划方案则更是一份基于企业税收考虑的运营方案。

在防范税务风险方面,税务规划有着十分重要的作用。一是可以根据税务规划及时检测和识别税务风险;二是通过税务规划可以将会计核算、纳税申报、业务流程三者有效统一,避免账外账的存在;三是通过税务规划可优化企业组织结构和盈利模式,从而推动企业不断完善治理结构以及企业战略规划。

大量的实践还表明,企业在资金管理、库存管理、业绩考核与账务处理之间常常出现不一致,这同样会产生税务风险。企业的账务会计处理应该是反映企业经济活动的,正常情况下,账务处理与资金管理、企业库存、业绩考核反映的经营状况是一致的,是相互吻合的。但是,企业一旦存在税收方面的问题,就会通过多种"账务技巧"将涉及的税收问题予以掩盖。目前很多企业看似做得比较巧妙,但多多少少总会留下一些痕迹,只要经过细致的观察与推论就可以发现。从这个意义上说,所谓的"账务技巧",实际上都是税务风险的"地雷"。

企业集团在组织结构、合同管理、资金管理、库存管理、业绩考核等方面都存在很多问题。如果单纯围绕税务风险本身采取防范措施,治标不治本。要想标本兼治,必须从企业发展的长远考虑,在战略层面制定一个更加科学、合理的税务规划,从产生上述风险的源头上入手,从根本上进行系统防范。

5.4.2 依法纳税,合法税收筹划

合法避税是指在尊重税法、依法纳税的前提下,纳税人采取适当的手段对纳税义务的规避,减少税务上的支出。合法避税并不是逃税漏税,是正常合法的活动;合法避税也不仅仅是财务部门的事,还需要市场、商务等各个部门的合作,从合同签订、款项收付等各个方面入手。

还有一个关键问题就是人,财会人员的执业水平,这是避税筹划成功的保证。

一般来说,依法纳税,合法税收筹划可以从以下几个方面入手:

(1)利用国家税收优惠政策进行合理安排以达到避税的目的(这一点最可取)。

(2)利用可选择的会计方法,从中选择对纳税最有利的方法达到避税的目的。

(3)达到一定时期减轻税负的目的。

(4)将企业注册在有优惠政策的税收洼地(注册式,不用实地办公)。主要有两种方式:

① 有限公司(一般纳税人)。增值税根据地方财政所得部分的50%~70%予以财政扶持奖励;企业所得税按照地方财政所得部分的50%~70%予以财政扶持奖励。

② 个人独资企业或者合伙企业。这种方式是对于缺乏或无法取得进项的企业,可以注册成个人独资企业或合伙企业,对所得税进行核定征收,所得税税率可降低至0.5%~3.5%,其增值税还有返还奖励,通过纳税筹划解决企业成本、个人所得税、分红等问题。

实现合理避税的一个大前提就是将企业从旧模式中变换出来,在全新的商业模式中重塑健康良好的纳税环境,合理合法的同时更多税收优惠筹划,实现最优税利比,也就是在不违法的前提下实现最大利润。商业模式不断变换更迭,合理避税的理念也应该顺势而变。

可见,成功避税筹划方案是"斗智斗勇的结果",因此财会人员必须具备较高的税收政策水平,具有对税收政策深层加工的能力,才能保证避税筹划方案的合法性。扎实的理论知识要求从业人员除了法律、税收政策和会计相当精通外,还应通晓工商金融保险贸易等方面的知识,丰富的实践经验要求职业人员能在极短时间内掌握客户的基本情况、涉税事项、涉税环境、筹划意图等,在获取真实可靠完整的筹划资料的基础上,选准策划切入点,制定正确的筹划步骤,针对不同的客观情况设计有效的操作方案。

5.5　税收优惠

◆ 引导案例

影视行业的避税天堂

影视文化上市公司 2017 年所得税实际税负大幅降至 10%!

2018 年最多时有超过 1 600 多家传媒公司在霍尔果斯注册,包括了国内至少 30 位主流明星。

国内知名的影视文化避税天堂主要有新疆霍尔果斯、浙江东阳横店、江苏无锡、江苏新沂。各地主要优惠政策如表 1-3 所示。

表 1-3　影视文化主要税收优惠地税收优惠

地点	霍尔果斯	东阳横店	无锡	新沂
有效期限	2010—2020 年	2008 年起	2016—2021 年	2014—2024 年
企业所得税	5 免 5 减:自取得第一笔生产经营收所属纳税年度起,企业所税 5 年免征;免征期满后还可以继续享受 5 年地方留存财政返还优惠,即所交税款的 40% 将予以返还。	从实验区影视产业上缴税收留市部分中安排专项基金,实验区内影视文化企业,从入区之年起可享受文化产业发展专项基金奖励十年,前二年按 100% 安排,后八年按 60% 安排。除国家政策调整外,对政府鼓励类新力的影视文化企业免征 3 年的企业所得税,对区内影视集团符合规定的可给予合并缴纳企业所得税的优惠政策。经国务院批准成立的电影制片厂生产、销售的电影拷贝收免征增值税、对电影发行企业向电影放映单位收取的电影发行收入免征增值税。	实行税收贡献度奖励。根据入园的影视公司、传媒公司、后期制作公司、基金公司等影视相关企业对地方税收的贡献度给予奖励。前 3 年,其征收的增值税、所得税按照市级留存部分的 80% 由专项资金进行奖励,后 2 年按 50% 进行奖励。	符合规模要求的个人工作室、合伙企业免交企业所得税,其个人所得税税率可低至 3.5%;针对影视文化相关企业、基金公司等,企业所得税均按照地方政府留存部分 60%~90% 奖励,奖励资金直接返还。

地点	霍尔果斯	东阳横店	无锡	新沂
有效期限	2010—2020 年	2008 年起	2016—2021 年	2014—2024 年
增值税	最高 50% 比率奖励：一个纳税年度内实际缴纳增值税、所得税（股东分红部分）及附加税等当年留存地方财政的总额在 100 万元～300 万元、300 万元～500 万元、500 万元～1 000 万元，1 000 万元～2 000 万元、2 000 万元～5 000 万元、5 000 万元～1 亿元、1 亿元以上的，分别按留存总额 15%、20%、25%、30%、35%、40%、45%、50% 的比率予以奖励。注：增值税及附加税地方留存比例为 50%			针对影视文化相关企业、基金公司等，增值税及附加税、企业所得税、均按照地方政府留存部分 60%～90% 奖励，奖励资金直接返还。
个人所得税	给予最高 90% 补贴奖励：当月缴纳个人所得税在 1 000～2 000 元部分，奖励比率为其实际缴纳个人所得税地主留存部分的 70%。当月缴纳个人所得税在 2 000～4 000 元部分，奖励比率为其实际缴纳个人所得税地方留存部分的 80%。当月缴纳个人所得税在 4 000 元以上的部分，奖励比率为其实际缴纳个人所得税地方留存部分的 90%。注：个人所得税地方留存比例为 40%。			个人所得税均按照地方政府留存部分 60%～90% 奖励，奖励资金直接返还。
其他	IPO 和新三板挂牌绿色通道："报即审、审过即发"，享受优先上市、发行、挂牌优先支持；上市奖励：30～200 万元。主板上市奖励 200 万元；中小板上市奖励 100 万元；创业板上市奖励 50 万元；新三板挂牌奖励 30 万元。	减免经营用土地和房产的城镇土地使用税、房产税；以区内影视文化企业的名义上报并出品的影视作品，其影片或电视剧获得"飞天奖"、"华表奖"等国家级影视大奖的，市政府给予每部作品 10 万元的奖励；获"金熊奖"、"奥斯卡奖"等国际影视大奖的，市政府给予每部作品 50 万元的奖励。	租金补贴：品牌企业落户奖励 50～100 万元；名人工作室落户奖励 30～50 万元；影视作品获奖奖励：不超过 100 万元；重要影片立项奖励：不超过 100 万元；企业上市奖励。	

地点	霍尔果斯	东阳横店	无锡	新沂
有效期限	2010—2020 年	2008 年起	2016—2021 年	2014—2024 年
代表企业	国内知名影视公司几乎全部在此设立分公司或子公司,如光线传媒、华策影视、华谊兄弟等	杨幂的工作室、冯绍峰、李晨、郑恺、陈赫、杜淳联合创办的浩瀚影视等		张艺谋、章子怡、Angelababy、杨洋、马天宇、张杰、谢娜、张一山等明星工作室

(资料来源：http://www.sohu.com/a/258382602_450343)

【案例思考】

国内知名的影视文化公司和经济组织为什么主要注册在新疆霍尔果斯、浙江东阳横店、江苏无锡、江苏新沂？原因完全相同吗？

5.5.1　主要税收优惠形式

税收优惠是指国家运用税收政策在税收法律、行政法规中规定对某一部分特定企业和课税对象给予减轻或免除税收负担的一种措施。

为了配合国家在一定时期的政治、经济和社会发展总目标,政府利用税收制度,按预定目的,在税收方面相应采取的激励和照顾措施,以减轻某些纳税人应履行的纳税义务来补贴纳税人的某些活动或相应的纳税人,是国家干预经济的重要手段之一。

(1)减税。即依据税法规定减除纳税义务人一部分应纳税款。它是对某些纳税人进行扶持或照顾,以减轻其税收负担的一种特殊规定。一般分为法定减税、特定减税和临时减税三种方式。

(2)免税。即对某些特殊纳税人免征某种(或某几种)税收的全部税款。一般分为法定免税、特定免税和临时免税三种方式。

(3)延期纳税。它是对纳税人应纳税款的部分或全部税款的缴纳期限适当延长的一种特殊规定。

(4)出口退税。为了扩大出口贸易,增强出口货物在国际市场上的竞争力,按国际惯例对企业已经出口的产品退还在出口前各环节缴纳的国内流转税(主要是增值税和消费税)税款。

(5)再投资退税。即对特定的投资者将取得的利润再投资于本企业或新办企业时,退还已纳税款。

(6)即征即退。即对按税法规定缴纳的税款,由税务机关在征税时部分或全部退还纳税人。与出口退税先征后退、投资退税一并属于退税的范畴,其实质是一种特殊方式的免税和减税。目前,中国采取即征即退政策仅限于缴纳增值税的个别纳税人。

(7)先征后返。即对按税法规定缴纳的税款,由税务机关征收入库后,再由税务机关或财政部门按规定的程序给予部分或全部退税或返还已纳税款,它属退税范畴,其实质也是一种特定方式的免税或减免规定。目前,中国采取先征后返的办法主要适用于缴纳流转税和企业所得税的纳税人。

(8) 税收抵免。即对纳税人来源于国内外的全部所得或财产课征所得税时,允许以其在国外缴纳的所得税或财产税税款抵免应纳税额,它是解决国际间所得或财产重复课税的一种措施。税收抵免是世界各国的一种通行做法。

(9) 投资抵免。即政府对纳税人在境内的鼓励性投资项目允许按投资额的多少抵免部分或全部应纳所得税额。实行投资抵免是政府鼓励企业投资,促进经济结构和产业结构调整,加快企业技术改造步伐,推动产品升级换代,提高企业经济效益和市场竞争力的一种政策措施,是世界各国普遍采取的一种税收优惠政策。从 1999 年开始,中国政府开始对技术改造国产设备实施投资抵免政策。

(10) 起征点。即对征税对象开始征税的起点规定一定的数额。征税对象达到起征点的就全额征税,未达到起征点的不征税。税法对某些税种规定了起征点。比如,我国现行增值税政策规定,个人销售货物的起征点幅度为月销售额 2 000～5 000 元;个人销售应税劳务的起征点幅度为月销售额 1 500～3 000 元;按次纳税的,起征点为每次(日)销售额 150～200 元。确定起征点,主要是为了照顾经营规模小、收入少的纳税人采取的税收优惠。

(11) 免征额。即按一定标准从课税对象全部数额中扣除一定的数额,扣除部分不征税,只对超过的部分征税。

(12) 加速折旧。即按税法规定对缴纳所得税的纳税人,准予采取缩短折旧年限、提高折旧率的办法,加快折旧速度,减少当期应纳税所得额。

(13) 加计扣除。它是对企业为开发新技术、新产品、新工艺发生的研究开发费用和企业安置残疾人员及其他国家鼓励安置就业人员所支付的工资,在实际发生数额的基础上,再加成一定比例,作为计算应纳税所得额时的扣除数的一种优惠政策。

(14) 减计收入。它是指对企业综合利用资源取得的收入按一定比例计减应税收入。

5.5.2　主要税收优惠

2019 年《政府工作报告》指出:"实施更大规模的减税。普惠性减税与结构性减税并举,重点降低制造业和小微企业税收负担。"李克强说,"深化增值税改革,将制造业等行业现行 16% 的税率降至 13%,将交通运输业、建筑业等行业现行 10% 的税率降至 9%,确保主要行业税负明显降低;保持 6% 一档的税率不变,但通过采取对生产、生活性服务业增加税收抵扣等配套措施,确保所有行业税负只减不增,继续向推进税率三档并两档、税制简化方向迈进。抓好年初出台的小微企业普惠性减税政策落实。"

1. 小型微利企业

(1) 国家税务总局关于实施小型微利企业普惠性所得税减免政策有关问题的公告(国家税务总局公告 2019 年第 2 号):

自 2019 年 1 月 1 日至 2021 年 12 月 31 日,对小型微利企业年应纳税所得额不超过 100 万元的部分,减按 25% 计入应纳税所得额,按 20% 的税率缴纳企业所得税;对年应纳税所得额超过 100 万元但不超过 300 万元的部分,减按 50% 计入应纳税所得额,按 20% 的税率缴纳企业所得税。

小型微利企业无论按查账征收方式或核定征收方式缴纳企业所得税，均可享受上述优惠政策。

本公告所称小型微利企业是指从事国家非限制和禁止行业，且同时符合年度应纳税所得额不超过 300 万元、从业人数不超过 300 人、资产总额不超过 5 000 万元等三个条件的企业。

（2）财政部、税务总局关于实施小微企业普惠性税收减免政策的通知（财税〔2019〕13号）：

① 对月销售额 10 万元以下（含本数）的增值税小规模纳税人，免征增值税。

② 对小型微利企业年应纳税所得额不超过 100 万元的部分，减按 25％计入应纳税所得额，按 20％的税率缴纳企业所得税；对年应纳税所得额超过 100 万元但不超过 300 万元的部分，减按 50％计入应纳税所得额，按 20％的税率缴纳企业所得税。

2. 创新创业

国家税务总局关于实施创业投资企业所得税优惠问题的通知（国税发〔2009〕87 号）：创业投资企业采取股权投资方式投资于未上市的中小高新技术企业 2 年（24 个月）以上，凡符合以下条件的，可以按照其对中小高新技术企业投资额的 70％，在股权持有满 2 年的当年抵扣该创业投资企业的应纳税所得额；当年不足抵扣的，可以在以后纳税年度结转抵扣。

财政部、税务总局、人力资源社会保障部、国务院扶贫办等四部门发布《关于进一步支持和促进重点群体创业就业有关税收政策的通知》（以下简称《通知》）。重点群体创业就业人员包括登记失业半年以上的人员，零就业家庭、城市低保家庭的登记失业人员，以及毕业年度内高校毕业生。《通知》指出，建档立卡贫困人口、持《就业创业证》或《就业失业登记证》的人员，从事个体经营的，自办理个体工商户登记当月起，在 3 年（36 个月，下同）内按每户每年 12 000 元为限额依次扣减其当年实际应缴纳的增值税、城市维护建设税、教育费附加、地方教育附加和个人所得税。

财政部、税务总局、退役军人部联合发布《关于进一步扶持自主就业退役士兵创业就业有关税收政策的通知》（以下简称《通知》）。《通知》明确自主就业退役士兵从事个体经营的，自办理个体工商户登记当月起，在 3 年（36 个月，下同）内按每户每年 12 000 元为限额依次扣减其当年实际应缴纳的增值税、城市维护建设税、教育费附加、地方教育附加和个人所得税，限额标准最高可上浮 20％。

财政部、国家税务总局、国家发展改革委、证监会联合发布《关于创业投资企业个人合伙人所得税政策问题的通知》，明确创投企业可以选择按单一投资基金核算或者按创投企业年度所得整体核算两种方式之一，对其个人合伙人来源于创投企业的所得计算个人所得税应纳税额。

创投企业选择按单一投资基金核算的，其个人合伙人从该基金应分得的股权转让所得和股息红利所得，按照 20％税率计算缴纳个人所得税。

创投企业选择按年度所得整体核算的，其个人合伙人应从创投企业取得的所得，按照"经营所得"项目、5％～35％的超额累进税率计算缴纳个人所得税。

3. 高新技术企业和产业优惠

高新技术企业所得税税率按 15% 计税。研发费用加计扣除 75% 所得。更多产业税收优惠政策如表 1-4 所示。

表 1-4　产业税收优惠政策

标　题	发文日期	文　号
财政部　税务总局关于延续动漫产业增值税政策的通知	2018-04-19	财税〔2018〕38号
财政部　海关总署　国家税务总局关于扶持新型显示器件产业发展有关进口税收政策的通知	2016-12-05	财关税〔2016〕62号
财政部　国家税务总局　发展改革委　工业和信息化部关于软件和集成电路产业企业所得税优惠政策有关问题的通知	2016-05-04	财税〔2016〕49号
国家税务总局关于执行《西部地区鼓励类产业目录》有关企业所得税问题的公告	2015-03-10	国家税务总局公告 2015 年第 14 号
财政部　国家税务总局　发展改革委　工业和信息化部关于进一步鼓励集成电路产业发展企业所得税政策的通知	2015-02-09	财税〔2015〕6号
财政部　国家税务总局关于动漫产业增值税和营业税政策的通知	2013-11-28	财税〔2013〕98号
财政部　国家税务总局关于进一步鼓励软件产业和集成电路产业发展企业所得税政策的通知	2012-04-20	财税〔2012〕27号
财政部　海关总署　国家税务总局关于进一步扶持新型显示器件产业发展有关税收优惠政策的通知	2012-04-09	财关税〔2012〕16号
财政部　国家税务总局　国家发展改革委工业和信息化部关于公布新疆困难地区重点鼓励发展产业企业所得税优惠目录(试行)的通知	2011-08-26	财税〔2011〕60号
财政部　国家税务总局关于促进节能服务产业发展增值税营业税和企业所得税政策问题的通知	2010-12-30	财税〔2010〕110号

‖‖‖ 知识拓展 ➡

个人所得税和企业所得税部分优惠申报表

序　号	个人所得税减免事项
1	芦山地震受灾减免个人所得税
2	鲁甸地震受灾减免个人所得税
3	其他地区地震受灾减免个人所得税
4	其他自然灾害受灾减免个人所得税
5	个人转让 5 年以上唯一住房免征个人所得税
6	随军家属从事个体经营免征个人所得税
7	军转干部从事个体经营免征个人所得税

序 号	个人所得税减免事项
8	退役士兵从事个体经营减免个人所得税
9	残疾、孤老、烈属减征个人所得税
10	失业人员从事个体经营减免个人所得税
11	低保及零就业家庭从事个体经营减免个人所得税
12	高校毕业生从事个体经营减免个人所得税
13	取消农业税从事四业所得暂免征收个人所得税
14	符合条件的房屋赠予免征个人所得税

企业所得额免税、减计收入及加计扣除优惠明细表

行次	项 目	金 额
1	一、免税收入(2+3+6+7+…+16)	
2	(一)国债利息收入免征企业所得税	
3	(二)符合条件的居民企业之间的股息、红利等权益性投资收益免征企业所得税(填写 A107011)	
4	其中:内地居民企业通过沪港通投资且连续持有 H 股满 12 个月取得的股息红利所得免征企业所得税(填写 A107011)	
5	内地居民企业通过深港通投资且连续持有 H 股满 12 个月取得的股息红利所得免征企业所得税(填写 A107011)	
6	(三)符合条件的非营利组织的收入免征企业所得税	
7	(四)符合条件的非营利组织(科技企业孵化器)的收入免征企业所得税	
8	(五)符合条件的非营利组织(国家大学科技园)的收入免征企业所得税	
9	(六)中国清洁发展机制基金取得的收入免征企业所得税	
10	(七)投资者从证券投资基金分配中取得的收入免征企业所得税	
11	(八)取得的地方政府债券利息收入免征企业所得税	
12	(九)中国保险保障基金有限责任公司取得的保险保障基金等收入免征企业所得税	
13	(十)中国奥委会取得北京冬奥组委支付的收入免征企业所得税	
14	(十一)中国残奥委会取得北京冬奥组委分期支付的收入免征企业所得税	
15	(十二)其他1	
16	(十三)其他2	
17	二、减计收入(18+19+23+24)	
18	(一)综合利用资源生产产品取得的收入在计算应纳税所得额时减计收入	

续 表

行次	项 目	金 额
19	(二)金融、保险等机构取得的涉农利息、保费减计收入(20+21+22)	
20	1.金融机构取得的涉农贷款利息收入在计算应纳税所得额时减计收入	
21	2.保险机构取得的涉农保费收入在计算应纳税所得额时减计收入	
22	3.小额贷款公司取得的农户小额贷款利息收入在计算应纳税所得额时减计收入	
23	(三)取得铁路债券利息收入减半征收企业所得税	
24	(四)其他	
25	三、加计扣除(26+27+28+29+30)	
26	(一)开发新技术、新产品、新工艺发生的研究开发费用加计扣除(填写 A107012)	
27	(二)科技型中小企业开发新技术、新产品、新工艺发生的研究开发费用加计扣除(填写 A107012)	
28	(三)企业为获得创新性、创意性、突破性的产品进行创意设计活动而发生的相关费用加计扣除	
29	(四)安置残疾人员所支付的工资加计扣除	
30	(五)其他	
31	合计(1+17+25)	

减免所得税优惠明细表

行次	项 目	金 额
1	一、符合条件的小型微利企业减免企业所得税	
2	二、国家需要重点扶持的高新技术企业减按15%的税率征收企业所得税(填写 A107041)	
3	三、经济特区和上海浦东新区新设立的高新技术企业在区内取得的所得定期减免企业所得税(填写 A107041)	
4	四、受灾地区农村信用社免征企业所得税	
5	五、动漫企业自主开发、生产动漫产品定期减免企业所得税	
6	六、线宽小于0.8微米(含)的集成电路生产企业减免企业所得税(填写 A107042)	
7	七、线宽小于0.25微米的集成电路生产企业减按15%税率征收企业所得税(填写 A107042)	
8	八、投资额超过80亿元的集成电路生产企业减按15%税率征收企业所得税(填写 A107042)	

行次	项 目	金 额
9	九、线宽小于0.25微米的集成电路生产企业减免企业所得税(填写A107042)	
10	十、投资额超过80亿元的集成电路生产企业减免企业所得税(填写A107042)	
11	十一、新办集成电路设计企业减免企业所得税(填写A107042)	
12	十二、国家规划布局内集成电路设计企业可减按10%的税率征收企业所得税(填写A107042)	
13	十三、符合条件的软件企业减免企业所得税(填写A107042)	
14	十四、国家规划布局内重点软件企业可减按10%的税率征收企业所得税(填写A107042)	
15	十五、符合条件的集成电路封装、测试企业定期减免企业所得税(填写A107042)	
16	十六、符合条件的集成电路关键专用材料生产企业、集成电路专用设备生产企业定期减免企业所得税(填写A107042)	
17	十七、经营性文化事业单位转制为企业的免征企业所得税	
18	十八、符合条件的生产和装配伤残人员专门用品企业免征企业所得税	
19	十九、技术先进型服务企业(服务外包类)减按15%的税率征收企业所得税	
20	二十、技术先进型服务企业(服务贸易类)减按15%的税率征收企业所得税	
21	二十一、设在西部地区的鼓励类产业企业减按15%的税率征收企业所得税	
22	二十二、新疆困难地区新办企业定期减免企业所得税	
23	二十三、新疆喀什、霍尔果斯特殊经济开发区新办企业定期免征企业所得税	
24	二十四、广东横琴、福建平潭、深圳前海等地区的鼓励类产业企业减按15%税率征收企业所得税	
25	二十五、北京冬奥组委、北京冬奥会测试赛赛事组委会免征企业所得税	
26	二十六、线宽小于130纳米的集成电路生产企业减免企业所得税(填写A107042)	
27	二十七、线宽小于65纳米或投资额超过150亿元的集成电路生产企业减免企业所得税(填写A107042)	
28	二十八、其他(28.1+28.2+28.3)	
29	二十九、减:项目所得额按法定税率减半征收企业所得税叠加享受减免税优惠	

行次	项　目	金　额
30	三十、支持和促进重点群体创业就业企业限额减征企业所得税(30.1+30.2)	
30.1	(一)下岗失业人员再就业	
30.2	(二)高校毕业生就业	
31	三十一、扶持自主就业退役士兵创业就业企业限额减征企业所得税	
32	三十二、民族自治地方的自治机关对本民族自治地方的企业应缴纳的企业所得税中属于地方分享的部分减征或免征(免征　减征:减征幅度_____%)	
33	合计(1+2+…+28-29+30+31+32)	

项目六　银行账户

"122亿存款不翼而飞",资本市场不能容忍"撒谎者"

2019年05月14日 07:30 新京报

深交所问＊ST康得:你122亿究竟在哪儿?

＊ST康得:存在××银行呢。

××银行:您的账户余额为0。

近日,＊ST康得账上122亿究竟去哪儿了,成了财经圈的热门话题。涉事上市公司正在被监管层"穷追猛打"。

而122亿存款"不翼而飞",成为继"扇贝跑了""猪饿死了"之后又一上市公司经典回应。

据新京报报道,康得集团董事长、康得新复合材料集团股份有限公司大股东及实际控制人钟玉,因涉嫌犯罪被警方采取刑事强制措施。钟玉被刑拘,让持续半年以来的康得新债务危机事件再起波澜。

【案例思考】

(1) 在银行账户的存款一定是安全的吗? 如何防止银行存款等货币资金的安全?

(2) 世界各国金融体系对资金的监控越来越严格,中国也不例外,企业对资金的管理与运用过程中如何在提高资金的使用效率与便利程度同时防范违法风险?

6.1　开设账户的要求

企业在银行开立的账户分为"一般账户"和"基本账户"。《人民币银行结算账户管理办法》规定企业只能开立一个基本账户,但是可以开立多个一般账户。由于经营需求一般企业都会有多个银行账户,这就对企业银行账户的管理提出了更高的要求。目前已经取消了银行账户开户许可证。

6.2　银行账户管理

企业财务人员都应高度重视银行账户管理,防范资金风险。企业在转账时,发生"公转私"账户、大额账户及超限账户,很有可能会触发银行的反洗钱机制,从而被税务部门盯上。

《关于试点取消企业银行账户开户许可证核发的通知》规定：自2018年12月1日起，以下几类账户交易，将会成为监管的重点关注对象。

（1）大额交易。

① 法人、其他组织和个体工商户之间金额100万元以上的单笔转账支付；

② 金额20万元以上的单笔现金收付，包括现金缴存、现金支取和现金汇款、现金汇票、现金本票解付；

③ 个人银行结算账户之间以及个人银行结算账户与单位银行结算账户之间金额20万元以上的款项划转。

若出现以上交易，地方金融机构将会在2个工作日内上报至央行。实际上，上报大额交易是机构正常履行工作职责，并非是针对企业的调查行为。

（2）可疑交易。

① 短期内资金分散转入、集中转出或集中转入、分散转出。

② 资金收付频率及金额与企业经营规模明显不符。

③ 资金收付流向与企业经营范围明显不符。

④ 相同收付款人之间短期内频繁发生资金收付。

⑤ 长期闲置的账户原因不明地突然启用，且短期内出现大量资金收付。

⑥ 存取现金的数额、频率及用途与其正常现金收付明显不符；或个人银行结算账户短期内累计100万元以上现金收付。

⑦ 频繁开户、销户，且销户前发生大量资金收付。

在央行最新发布的《金融机构大额交易和可疑交易报告管理办法》中规定，单人当日单笔5万元以上的交易，均视为大额交易。

人民银行、银保监会、证监会联合发布《互联网金融从业机构反洗钱和反恐怖融资管理办法（试行）》，办法自2019年1月1日起施行。中国人民银行设立互联网金融反洗钱和反恐怖融资网络监测平台，完善线上反洗钱监管机制、加强信息共享。金融机构和非银行支付机构根据反洗钱工作需要接入网络监测平台，参与基于该平台的工作信息交流、技术设施共享、风险评估等工作。

项目七 内部控制:建立高效执行力的现代科学管理体系

引导案例

三鹿集团全称石家庄三鹿集团股份有限公司,大股东是石家庄乳业有限公司,该公司96%左右的股份,由900多名老职工拥有,第二大股东是新西兰恒天然集团,持有三鹿集团43%的股权。1987年,田文华开始担任三鹿集团董事长、总经理。2008年9月17日田文华被警方刑拘长达21年。

原料奶进门的质量控制是乳品企业的重要风险点。三鹿集团的原奶采购模式是"奶农—奶站—乳企",散户奶农的牛奶通过奶站最终被集中到三鹿集团的各家工厂。在我国,除三元股份(80%以上的奶源依赖自有牧场,虽然其扩张长期受到限制,但此次奶粉事件,它是少数幸免的企业之一,这似乎说明了一些问题),少数乳品企业外,绝大多数乳品企业都是如此,这种模式,随着企业规模快速扩张,奶农、奶站越来越分散,控制难度越来越大。此次事件的发生,说明三鹿集团在采购环节的质量控制已经是形同虚设了。不管是什么原因所致,采购质控的放松无疑是企业内部管理的松懈造成的。管理因素成为此次问题的重要内部原因。

【案例思考】

一个持续有效运营的企业,该如何建立健全的内部控制体系? 一个健全的内部控制体系有何特征?

【案例启示】

企业识别外部风险通常需要关注下列因素:经济形势、产业政策、融资环境、市场竞争、资源供给等经济因素;法律法规监管要求等法律因素;安全稳定、文化传统、社会信用、教育水平、消费者行为等社会因素;技术进步、工艺改进等科学技术因素;自然灾害、环境状况等自然因素。食品行业是国际上公认的高风险领域,在食品领域闯荡江湖,更需眼观六路、耳听八方,保持百倍的警惕。

企业识别内部风险通常需要关注下列因素:董事、监事、经理及其他高级管理人员的职业操守;员工专业胜任能力的人力资源因素;组织结构、经营方式、资产管理、业务流程等管理因素;研究开发、技术投入、信息技术运用等自主创新因素;财务状况、经营成果、现金流量的财务因素;营运安全、员工健康、环境保护等安全环保因素。

7.1 内部控制定义

我国财政部会同证监会、审计署、银监会、保监会制定了《企业内部控制基本规范》。该规范定义的内部控制,是由企业董事会、监事会、经理层和全体员工实施的,旨在实现控制目标的过程。内部控制的目标是合理保证企业经营管理合法合规、资产安全、财务报告及相关信息真实完整,提高经营效率和效果,促进企业实现发展战略。

国外关于内部控制,在三个不同的发展阶段产生了不同重点内容的定义:

1936 年,美国颁布了《独立公共会计师对财务报表的审查》,首次定义了内部控制:"内部稽核与控制制度是指为保证公司现金和其他资产的安全,检查账簿记录的准确性而采取的各种措施和方法",此后美国审计程序委员会又经过了多次修改。1973 年在美国审计程序公告 55 号中,对内部控制制度的定义做了如下解释:"内部控制制度有两类:内部会计控制制度和内部管理控制制度,内部管理控制制度包括且不限于组织结构的计划,以及关于管理部门对事项核准的决策步骤上的程序与记录。会计控制制度包括组织机构的设计以及与财产保护和财务会计记录可靠性有直接关系的各种措施。"

1992 年 9 月,COSO 委员会提出了报告《内部控制——整体框架》,指出"内部控制是受企业董事会、管理层和其他人员影响,为经营的效率效果、财务报告的可靠性、相关法规的遵循性等目标的实现而提供合理保证的过程。"1996 年年底美国审计委员会认可了COSO 的研究成果,并修改相应的审计公告内容。

2004 年 COSO 委员会发布《企业风险管理——整合框架》,认为"企业风险管理是一个过程,它由一个主体的董事会、管理当局和其他人员实施,应用于战略制订并贯穿于企业之中,旨在识别可能会影响主体的潜在事项,管理风险以使其在该主体的风险容量之内,并为主体目标的实现提供合理保证。"该框架拓展了内部控制,更有力、更广泛地关注于企业风险管理这一更加宽泛的领域。风险管理框架包括八大要素:内部环境、目标设定、事项识别、风险评估、风险应对、控制活动、信息与沟通、监控。

7.2 内控背景

在内控管理工作中,经常遇到以下情形:

当财务部门审批销售部门的差旅费或交际应酬费时,总听到销售人员在抱怨:审得也太严了吧,我们在前面冲锋陷阵,你们反而在后边拉我们后腿。

在对供应商进行招投标的过程中,采购部门认为处处按照采购部门的规章制度办事,怎么到了法务部或管理部,选中的供应商就迟迟批不下来呢?

公司管理层天天说风险,为什么员工对风险却没什么概念? 是领导在危言耸听,还是风险管理和控制就是领导的事。

制度整合了,流程也更新了,但在执行的过程中,反而觉得比以前更麻烦了,花的时间更多了。

类似的困惑和问题一定还有不少,它们都和企业的内部控制与风险管理体系息息相关。

7.3 内控观念

"会议越开越多,流程越设越长,涉及的部门越来越多,风险是否真的越来越少?"

"如果每次审批总是进入例外管理的程序,那花费时间讨论正常流程又起什么作用?"

"内控部门是不是文档制造机? 如果一个事项应该在几个文档里体现,但实际却只在一个文档体现,即使我们愿意执行又该怎么执行呢?"

铂略咨询 Linked-F 研究显示,跨国企业的内控部门经常受到来自业务部门的各种挑战。铂略认为,如何向业务部门解释内控是做好内控的关键工作。内控部门第一步就是要给业务部门树立正确的内控观念,明确业务部门和内控部门的业绩区别。业务部门,是要带领企业高质高效地达成企业的经营目标,将其价值最大化。这个目标是企业的自主性目标,是自己给自己的压力。它所实现的措施都是积极性的措施,是为了实现要带领企业有效率地达成企业的价值最大化。而内控,更多的是外部强加给我们的,它要求我们企业里的每个人应该使用正确的方法,做该做的事情,而不是不择手段地用智慧和能力去实现企业价值的最大化。从这个意义上说,内控的目标是强制性的,它的措施是防御性的。所以 COSO(美国反舞弊性财务报告委员会发起组织)在报告里写道:"再好的内部控制体系,它不能够把一个劣迹斑斑的或没有经营智商的管理层变成一个非常有经验、头脑和能力的管理层。"所以它的作用不在于智慧和能力,而在于去完成外界强制要完成的事情,在企业实现主要目标的前提下,它是一种防御性措施,所强调的是一种必须做的义务和责任,而不是智慧和能力。

7.4 内控要素

企业建立与实施有效的内部控制,应当包括下列要素:

(1)内部环境。内部环境是企业实施内部控制的基础,一般包括治理结构、机构设置及权责分配、内部审计、人力资源政策、企业文化等。

(2)风险评估。风险评估是企业及时识别、系统分析经营活动中与实现内部控制目标相关的风险,合理确定风险应对策略。

(3)控制活动。控制活动是企业根据风险评估结果,采用相应的控制措施,将风险控制在可承受度之内。

(4)信息与沟通。信息与沟通是企业及时、准确地收集、传递与内部控制相关的信息,确保信息在企业内部、企业与外部之间进行有效沟通。

(5)内部监督。内部监督是企业对内部控制建立与实施情况进行监督检查,评价内部控制的有效性。发现内部控制缺陷,应当及时加以改进。

7.5 内控基本结构

内控基本结构包括控制环境、会计系统、控制程序三个方面。

一般来说,企业资金的内部控制体系主要可以分为事前防范、事中控制和事后监督三个环节。

7.5.1 事前防范

首先,企业需要建立一套严格的内控规章制度,包括《企业财务管理办法》《企业预算管理暂行办法》《资金计划管理办法》《企业资金授权审批管理办法》等一些与资金管理相关的制度。

在企业的资金管理过程中,要合理设置职能部门,明确各部门的职责,各司其职,建立财务控制和职能分离体系。充分考虑不兼容职务和相互分离的制衡要求。各部门、各岗位形成相互制约、相互监督的格局。

另外,企业应当建立严格的审批手续,授权批准制度,以减少某些不必要的开支。明确审批人对资金业务的授权批准方式、权限、程序、责任和相关控制措施,规定经办人办理资金业务的职责范围和工作要求。

7.5.2 事中控制

事中控制主要体现在保障货币资金安全性、完整性、合法性和效益性资金安全性控制。其范围包括现金、银行存款、其他货币资金、应收应付票据的控制,主要方法有账实盘点控制、库存限额控制、实物隔离控制等。

7.5.3 事后监督

在资金管理过程中,除事前防范、事中控制环节之外,资金的事后监督也是必不可少的环节。

在每个会计期间或每项重大经济活动完成之后,内部审计监督部门都应按照有效的监督程序,审计各项经济业务活动,及时发现内部控制的漏洞和薄弱环节;各职能部门也要将本部门在该会计期间或该项经济活动之后的资金变动状况的信息及时地反馈到资金管理部门,及时发现资金的筹集与需求量是否一致,资金结构、比例是否与计划或预算相符,产品的赊销是否严格遵守信用政策,存货的控制是否与指标一致,人、财、物的使用是否与计划或预算相符,产品的生产是否根据计划或预算合理安排等。

这样既保证了资金管理目标的适当性和科学性,也可根据反馈的实际信息,随时采取调整措施,以保证资金的管理更为科学、合理、有效。同时,将各部门的资金管理状况与部门的业绩指标挂钩,做到资金管理的责、权、利相结合,调动资金管理部门和职工的积极性,更好地进行资金管理。

7.6　采用信息技术实现内控现代化

建立高效的企业数字信息化系统和智能系统,包括设计、供应链、物流、财务、存货、客户管理、生产制造等。以建立高效的企业数字信息化系统和智能系统为契机,规范公司治理,完善公司内部控制制度,健全并有效执行,让公司内部控制制度能够合理保证财务报告的可靠性、生产经营的合法性、营运的效率与效果。

单元一习题

一、单选题

1. 电子发票可以开出下列哪种发票?(　　　)。

    A. 增值税专用发票　　　　　　　　B. 增值税普通发票

2. 财富观是否科学的标准是承认(　　　)。

    A. 劳动是创造财富的根本要素　　　B. 数据是创造财富的基本要素

3. 开设银行账户说法正确的是(　　　)。

    A. 只能开立一个一般账户

    B. 可以开立一个一般账户

    C. 开立账户必须先取得银行账户开立许可证

    D. 可以开立多个基本账户

4. (　　　)对本单位的会计工作和会计资料的真实性、完整性负责。

    A. 财务总监　　　　　　　　　　　B. 会计工作负责人

    C. 单位负责人　　　　　　　　　　D. 会计工作人员

5. 财商是(　　　)。

    A. 反映人作为自然人的生存能力

    B. 反映人作为社会人的社会生存能力

    C. 反映人作为经济人在经济社会中的生存能力

二、多选题

1. 以下对创新的理解,正确的是(　　　)。

    A. 创新是引领发展的第一动力　　　B. 创新活动的基础是观念创新

    C. 创新是自主知识产权　　　　　　D. 创新是一个民族进步的灵魂

2. 企业应具备较强的自主创新能力,其特点有(　　　)。

    A. 具有持续创新能力

    B. 具有较强的盈利能力和较高的管理水平

    C. 具有行业带动性和自主品牌

    D. 具有自主知识产权的核心技术

3. 创新需要(　　　)两个动力。

    A. 企业家　　　　　B. 技术　　　　　C. 管理　　　　　D. 政府

4. 下列有关风险和收益,正确的是(　　　)。

    A. 风险是预估结果的不确定性,特指负面效应的不确定性

    B. 风险不仅会带来超出预期的损失,也有可能带来超出预期的收益

    C. 投资多样化可降低风险,当组合中资产种类增加时,风险和收益都不断降低

    D. 投资对象的风险具有客观性

    5. 某公司拟购置一处房产,付款条件是:从第 4 年开始,每年年初支付 10 万元,连续付 10 次,共 100 万元。假设该公司的资金成本率为 10%,则相当于该公司现在一次付款的金额为(   )万元。

    A. $10 \times [(P/A,10\%,12)-(P/A,10\%,2)]$

    B. $10 \times (P/A,10\%,10) \times (P/A,10\%,2)$

    C. $10 \times [(P/A,10\%,13)-(P/A,10\%,3)]$

    D. $10 \times [(P/A,10\%,12)-(P/A,10\%,3)]$

    6. 关于税收的特征,正确的是(   )。

    A. 无偿性   B. 固定性   C. 法定性   D. 强制性

    7. 税收筹划的特点有(   )。

    A. 专业性   B. 风险性   C. 合法性   D. 筹划性

    8. 下列有关银行账户的表述中,正确的有(   )。

    A. 一个单位只能开一个基本银行存款账户

    B. 一个单位可以在多家银行开多个基本银行存款账户

    C. 现金缴存可以通过一般存款账户办理

    D. 现金缴存不能通过一般存款账户办理

三、简述题

    1. 我们应该怎样培养创新能力?其形成的基本原理是什么?

    2. 除了书中已列出的关于财富观的名言警句外,关于科学正确的财富观的,请再列出至少 5 句名言警句并说明具体的财富观含义。

    3. 除了书中已列出的 6 个财富关系,你还能具体论述其他的财富关系吗?

    4. 财商应该具备哪些方面的能力?

    5. 财商应该具备哪些技能?

    6. 如何防范税务风险?

    7. 税收筹划与偷税有何区别?税收筹划与避税有何关系?

    8. 内部控制要素有哪些?

    9. 什么是内部控制的最大缺陷?表明企业的内部控制可能存在重大缺陷的迹象有哪些?

四、讨论题

    1. 怎样才能具备科学的财富观?

    2. 假如你拥有财富小目标后,你会怎么做?

    3. 如何做到"君子有财,取之有道"?

    4. 怎样培养自己的财商?

5. 创业者应具备什么精神来应对创业风险?

6. 假设给你一次穿越的机会,你最希望穿越到什么时候,做什么人,干什么?

7. 有人把人生比作是一条曲线,你会如何描述这条曲线,为什么?

8. 谈谈你的财富观以及如何树立正确的财富观。

9. 谈谈你对财商的理解以及一个人财商高低的主要表现。

五、计算题

你刚赢得了体彩大奖,领奖时却被告知有两个选择:

(1) 以后 31 年中每年年初得到 16 万元,所得税税率为 28%,支票开出后征税;

(2) 现在得到 175 万元,这 175 万元会被征收 28% 的税,但是并不能马上全部拿走,你现在只能拿出 44.6 万元的税后金额,剩下的 81.4 万元以一个 30 年期的年金形式发放,每年年末支付 101 055 元的税前金额。

若折现率为 10%,你应该选择哪一种方式?

六、脑洞大开

用主体附加法,在保留以下主体功能不变的情况下,加上其他附加物,以扩大其功能,把结果填入表内。

主　体	附加物	改进后的名称
推土机		
吸尘器		
水果刀		
沙发		
拖鞋		

六、案例分析题

美国关税制度的"嫌贫爱富"

美国民主党政策研究所贸易和国际市场项目主任爱德华·格雷瑟,经过对美国进口关税制度深入研究后得出:美国一向高喊对内顾照最穷消费群体,对外帮助最穷国家的发展。然而,美国的现行关税政策却对内伤害穷人中的穷人,对外歧视穷国中的穷国。

(1) 美国对穷国征税超过富国 30 倍。数据表明:蒙古、孟加拉国和柬埔寨等世界上最穷的国家,却是最受美国关税制度歧视的国家。以 2001 年为例:

① 蒙古国,人均国内生产总值(GDP)只有 396 美元,对美出口总额为 1.43 亿美元,却被美国海关课征 2 300 万美元,税率为 16.1%;挪威,人均 GDP 33 470 美元,对美出口总额 51.73 亿美元,美国海关课征 2 400 万美元,税率为 0.5%。

② 孟加拉国,人均 GDP 370 美元,美国对其产品征收高达 14.1 的关税,却对人均 GDP 24 170 美元的法国产品征收 1.1 的关税。

③柬埔寨,人均 GDP 260 美元,美国对其产品征收高达 15.8 的关税,却对人均 GDP 30 170 美元的新加坡产品征收 0.6 的关税。

印度贸易部长愤怒地称其为发达国家"阴谋策划"的结果。

(2)越是初级产品征税越高。目前,美国征税的产品主要有两种:一种是计算机、民用飞机、半导体等高新技术产品;另一种是石油、金属、食品等自然资源产品。美国的平均关税水平经过数十年的贸易谈判已降到 2% 以下,但对消费品的海关税率仍停留在 20 世纪 70 年代工业品的关税水平上。美国关税制度中的不合理现象不但突出,而且很荒谬。例如,在工业品关税普遍大幅下降后,不但对消费品继续征收高关税,而且对低档次的消费品征收高关税。最不可思议的是,对服装和鞋类产品的关税,目前仍平均超过 11%、部分高达 40% 以上。

(3)低档货高税率,穷人受害。在对进口消费品征收关税方面,美国的税率规律是质量越高税率越低,反之越高,服装和鞋类更是如此。这种不合理的关税制度,在美国国内伤害最大的,是经济最为困难的以母亲为户主的单亲家庭。

以婴儿衣服为例,人造纤维质地的婴儿服装进口关税竟高达 23%~29% 不等。纯棉制品的税率相对较低,丝绸或类似的高档产品几乎没有关税。尽管美国 91% 的服装和鞋类等劳动密集型消费品靠进口,但进口的高关税也抬高了美国国内同类产品的价格。这样一来,由于单亲母亲收入低,买婴儿服装往往只能选择价格低廉的人造纤维产品,就不知不觉地被美国的高关税所坑害。

(4)关税制度扭曲,通过谈判修正。格雷瑟认为,如果断定这些不合理做法是美国的阴谋所致,倒也站不住脚,真正的原因既有美国国内政治方面的,也有历史上的。20 世纪初,服装和鞋类制造业在美国工业中占主导地位。为防止欧洲产品对美洲大陆的侵蚀,美国实施到达 90% 以上的关税,保护其服装工业。时至今日,尽管这类工业品占美国制造业的 3% 左右,但由于其影响根深蒂固,所以服装鞋类产品的保护性关税下降尤为困难。与此同时,后来居上的新工业门类,特别是近年来蓬勃发展的高新技术产业,借助美国的整体经济实力,试图以自由贸易打开其他国家的市场,自然就不主张关税保护了。现在看来,由于历史的原因,以及国会和相关利益集团的非理性互动,造成了美国关税制度中的扭曲现象。

格雷瑟认为,改变美国关税制度中的不合理现象的最现实可行途径是,美国在新一轮世界贸易组织谈判中,下决心彻底消除对服装鞋类等劳动密集型产品的关税,并借此要求其他国家也在类似的门类内大幅度降低关税。或者作为交换,要求其他国家开放自己的农产品市场,以扩大美国的农产品出口。

思考题:美国"嫌贫爱富"的关税制度对我国的启示是什么?

单元二 创办你的企业或公司

项目一 商业计划书

A 电动车商业计划书

一、公司简介

A公司是一家专业生产、经营顶级品牌——电动自行车、电动摩托车、电动喷雾器等A系列产品的企业。

本公司创建于2000年7月份,目前,拥有生产流水线两条,固定资产800万元,员工120多人,其中高级管理人员10人,中层管理人员15人。并在2002年6月通过了国家生产许可证的验收;被省质量监督局2002年度抽查测定为合格产品。2003年3月通过北京中大华远认证中心的ISO 9001质量体系认证。

本公司在电动车行业的产销量名列前茅,成功地在浙江县市级市场上网络遍布率达80%;并渗透了福建省、江西省、安徽省、重庆市、广西壮族自治区等省市市场;并通过了浙江省、江苏省、上海市、山东省等新产品鉴定,并在以上各省份公安厅上了目录。

本公司将以打造A品牌为企业目标,发展多元化经营,加快网络建设:开展网络服务和电子商务,努力将本公司建设成为集研制、开发、生产、销售、信息网络、科技服务于一体的区域性乃至全国性的电动车企业。

二、市场分析

(一)品牌定位

争做电动车行业的领导品牌。

(二)目标市场

县级、地级市(25~35岁的女性为主要目标消费群)。

(三)市场前景

21世纪已经到来,二十年的改革开放使中国大地发生巨大的变化,市场已不再是昨天的市场。各行各业的人们在不同的领域中拼搏发展,或沉或浮,实现各自的理想。在走过原始积累的辛酸苦辣后,他们成为社会财富的拥有者。

而随着高新技术产业的迅猛发展,加快了信息的传递速度,使国内电动车市场前进的步伐在不断加快。电动自行车作为一个新兴的产物,它的诞生来自自然资源的日渐减少、城市环境的日渐恶劣、人们生活需求日需提高的情况下,故电动自行车的出现使之成为人们为之风靡的产品。这不仅是国内市场,国外市场亦是;公司的网站以及公司注册在阿里巴巴的网站,外商的访问率居高不下,良好的市场前景为电动车行业带来前所未有的机遇和挑战。

目前,公司引用人才,布好棋局,提炼公司核心价值,提高自身的竞争力。在产品质量管理、新产品开发、营销策略制定等都充分体现公司"做大、做强"的定位需求,故公司并驾国内销售、国际贸易两条轨道,把 A 公司在电动车行业耸立起来。

（四）产品优势

低噪音、高效率、驱动力矩大、无火花换向。

（五）市场现状

2003 年的浙江电动车市场,由于绿源、小飞哥、欧豹、以人等国产厂家控制了近 70%的市场,因而整个市场运行大体平稳,但里面同样潜伏着引起市场动荡的因素。

（1）价格仍是导致电动车市场最不稳定的因素。尽管电动车前四大品牌控制着绝大部分市场,但部分区域品牌想扩大市场份额,往往用低价策略来扰乱市场。另外,即使在几个大品牌之间,在市场的压力下,也在暗中较劲,其中小裘电动车几大品牌降幅,这些都是可能引致电动车价格战的不确定因素。

（2）电动车行业对比摩托车来说,技术含量相对较低,电动车企业之间的竞争更多地体现在成本上,但随着几大品牌的规模已经形成,成本优势相差无几,因此电动车行业技术升级之战不可避,节能技术、绿色技术、数字化技术等技术革新将引发新的竞争。

（3）从整体上来看,目前电动车市场仍处于供大于求的状况,竞争渐趋于白热化,加之电动车电机、电池的不稳定,许多老企业面临着生产设备和技术更新的难题。激烈的竞争使厂家面临多重压力,市场份额向大品牌集中,小品牌的市场份额也正在大幅下降,部分企业甚至已处在挣扎线上。

（4）从市场需求情况看,电动车消费的档次将逐步拉开,一些整体品质卓越的高品位电动车将成为市场消费的主流,技术含量高的精品电动车因具有绝对的换代优势而受到欢迎。

（5）由于农村普及速度加快,一些低价位电动车的需求重心由城镇居民家庭向城郊农村地区延伸,需求总量呈稳步上升之势,产销状况趋势向好,生产处于良性循环的合理区域内。加之最近处于"非典"时期,更为电动车市场带来前所未有的机遇和挑战。

（6）地区性品牌借助地缘资源在当地拥有相当的市场占有率。

因为其自身资源、经营管理、销售网络等原因,在当地拥有相当的市场占有率,形成了一定的区域壁垒。

由上面的市场状况分析可知:

（1）技术竞争必将升级。随着电动车行业第二轮高速发展期的来临,国内电动车市场的格局将面临着重新洗牌,新老两大阵营之间的对抗将围绕如何赢得电动车换代市场来进行。

（2）电动车企业的营销管理能力将接受严峻考验。绿源及其他新进入者,营销管理规范、系统运作,市场控制力强、市场策划一流、手法稳健,A 电动车将如何应对,如何强化自我的营销能力,将成为对 A 电动车的最大考验。

（六）融资计划

公司计划以借贷形式，一次性借贷 100 万美元，用于新品开发、设计、市场推广、广告投入及扩大生产规模。

其中 20 万美元，用于市场推广及广告费用；80 万美元用于其他营运活动。公司计划两年收回运营资本。

三、市场推广

（一）营销策略

品牌定位：中高档。

目标市场：国内二级、三级。

渠道策略：特许经营、专卖连锁。

产品策略：在建立行业品牌形象后，向相关联的领域拓展，营造属于 A 品牌的形态意识。

（二）推广预测

年份	终端网络	销售额
2003	50 家	3 000 万元
2004	100 家	10 000 万元
2005	200 家	15 000 万元
2006	350 家	20 000 万元

在销售额达到 10 000 万元时，计划扩大生产规模（土地征用，厂房建设及设备投资），达到年产 A 电动车 10 万辆的目标，满足 2 亿元的年销售额的需求。

通过一系列运作，于 2006 年完成 2 亿元销售额，发展终端网络 350 家，年生产 A 电动车 10 万辆。A 品牌在中国的二级、三级城市的一类商场或街面拥有专柜或专卖店，并扩展到经济发达的一级城市。A 品牌成为中国电动车行业的领导品牌，A 电动车成为消费者的首选品牌。

四、管理目标

A 营销管理工程，以"责任清楚、机构合理、规范运作、提高效率、赏罚分明"为目标，通过组织架构的设定和业务流程的重新梳理，将 A 公司建设成为以客户为中心、以市场为导向的现代营销型公司，使其不但能够出色完成公司下达的营销任务，而且能够在竞争越来越激烈的市场中引领整个 A 公司稳健发展、更加壮大。

通过明确相关岗位工作流程及相关岗位的岗位功能，界定相关岗位的岗位责任，相关岗位工作制度、绩效评估、激励考核及奖罚制度（包括各岗位的奖罚制度），派出机构的管理，建立各类规范化表格（如销售日报表、业务人员工作计划表、绩效考核表等），以及营销服务体系（服务的流程、规范、制度、政策、特色）等工作。

五、回报分析

按 4 年预期目标计算：

年销售额：20 000 万元。

产品成本：20 000 万元×50％＝10 000 万元。

市场推广、广告营销费用：20 000 万元×20％＝4 000 万元。

税收：20 000 万元×10％＝2 000 万元。

利润:20 000 万元×20%＝4 000 万元。

六、STOW 分析

优势方面,A 已有相关产品生产及销售经验,在统一经营上领先一步。有利于树立企业的整体形象,提高产品及服务质量。

主要劣势,是没有形成一个以市场为导向、以顾客为中心的组织体系,A 内部没有形成统一的价值观,而且在新品开发、设计、工艺质量方面,条件不够成熟。

同时,主要竞争对手的市场意识在增强,渐渐地都开始注重品牌和服务,机制灵活,对市场变化反应迅速,对 A 形成较大威胁。加之行业跟随者及其他品牌的进入将分享 A 品牌的市场份额,使 A 品牌渐渐失去行业绝对领导品牌的优势。

A 系列产品虽说市场潜力很大,但需主推 A 电动车,其他产品自然销售。只有当产品向专、新开发,渠道和服务向深、广发展,才能使 A 品牌真正强大起来。

通过对市场的分析,我们发现,电动车行业在国内外市场上属于新兴的产物。这反而给 A 提供了很好的机会。只要及时调整企业战略,充分利用资源,进行合理整合,A 品牌是可以在激烈的市场竞争中赢得一席之地的。

【案例思考】

为什么要写商业计划书? 商业计划书应该具有哪些内容? 创业者有了创业意向,应该如何写好商业计划书?

1.1 制作商业计划书的目的

(1) 达到企业融资的目的。

一个好的创业计划书是获得贷款和投资的关键因素之一。如何吸引投资者、特别是风险投资家参与创业投资项目,这是创业计划书编写的主要目的之一。一份高质量且内容丰富的创业计划书,将会使投资者更快、更有效地了解投资项目,将会使投资者对项目充满信心,并投资参与该项目,最终达到为项目筹集资金的作用。

创业计划书是争取项目融资投资的敲门砖。投资者每天会接收到很多创业计划书,创业计划书的质量和专业性就成了企业需求投资的关键点。企业家在争取获得风险投资之初,首先应该将创业计划书的制作列为头等大事。

(2) 全面了解你的企业。

通过制订相应的商业计划,你会对自己企业的各个方面有一个全面的了解。它可以更好地帮助你分析目标客户、规划市场范畴形成定价策略,并对竞争性的环境做出界定,在其中开展业务以求成功。创业计划书的制定保证了这些方方面面的考虑能够协调一致。同样的,在制定过程中往往能够发展颇具竞争力的优势,或是计划书本身所蕴藏的新机遇或不足。只有将计划书付诸纸上,才能确保提高你管理企业的能力。你也可以集中精力,抢在情况恶化之前对付计划书中出现的任何偏差。同样,你将有足够的时间为未来做打算,做到防患未然。

(3) 向合作伙伴提供信息。

使用创业计划书,为业务合作伙伴和其他相关机构提供信息。在编撰计划书过程中,最重要的目的是找到一个战略合作伙伴,以期待企业更加充满活力,达到多方的共同发展。

1.2 商业计划书内容

1.2.1 商业计划书各部分内容重点

1. 摘要

商业计划书的摘要是为了吸引战略合伙人与风险投资人的注意,而将商业计划书的核心提炼出来制作而成的。它是整个商业计划书的核心和关键部分。

2. 创业者团队介绍

在制作商业计划书时,创业者应重点介绍公司的管理团队。一个企业成功与否,最终将取决于该企业是否拥有一个高效团结的管理队伍。

3. 核心竞争力介绍

这一部分是向战略合伙人或者风险投资人介绍创业者公司的基本情况和价值所在。创业者进行创业,最重要的是要有具有市场前景的产品或者服务,因为这是公司利润的根源。

4. 市场及营销分析

市场分析包括已有的市场用户情况、新产品或者服务的市场前景预测。市场营销的好坏决定了一个企业的生存命运,在商业计划书中,创业者应建立明确的市场营销策略。

5. 财务管理

要列明各种固定成本与变动成本、直接成本与间接成本、销售数量与价格、营运成绩与利润、股东权益与盈余分配办法等。创业者要花费时间和精力细心编写财务管理的计划。因为战略合伙人与风险投资人十分关心企业经营的财务损益状况。

6. 风险分析

在编写商业计划书时,要尽可能多地分析出企业可能面临的风险、风险程度的大小以及创业者将来采取何种措施来避免风险或者在风险降临时以何种行动方案来减轻损失。

1.2.2 商业计划书一般内容目录示例

项目名称:(能够体现产品/技术/服务)

目录(自动生成)

一、项目概述(重点)

内容:从市场分析及定位、产品介绍、商业模式、营销策略、财务分析、团队介绍、其他说明等方面阐述。

注:其实就是整个商业计划书的概述,800字以内,要求字字精华。

二、公司(项目组)简介

内容:介绍公司(项目组)所经营或从事的范围、经营理念、面向的市场、行业地位、团队情况、技术资源(含专利)、产品结构、市场表现(如占有率、知晓率、用户数、关注数)等。

注:把公司(项目组)的优势尽量写出来,以上内容越多越好。

三、产品与研发(重点)

3.1 产品/服务介绍

内容:介绍产品/服务的技术指标、功能用途等。

3.2 产品/服务的市场定位

内容:介绍产品的市场定位(相对于竞争对手的产品)。

注:市场定位,就是塑造与竞争产品与众不同的独特而有价值的个性或形象,如方便面品牌"五谷道场"刚推出时,特意强调其"非油炸"的特性。

3.3 客户价值

内容:介绍可以解决客户哪些问题(痛点)。

注:能解决的客户的问题(痛点)最好是"高频、刚需";记住,一个好的创业项目(产品)应满足"刚需、痛点、高频"这三点。

3.4 产品/服务特色优势

内容:从技术指标、先进性、独特性、技术成熟性、工艺合理性等所有可能的方面,来介绍产品的关键技术和创新点(相对于竞争产品)。

注:最好列表比较,可以更直观地看出产品/服务的优势;以上方面有多少介绍多少,越多越好。

3.5 知识产权情况

内容:介绍产品/服务已取得的知识产权情况。

注:有发明专利的产品更容易得到评委的青睐。

四、商业模式和盈利模式(重点)

4.1 商业模式

内容:介绍公司是通过什么途径或方式来赚钱?

注:这个一定要讲清楚,因为创业就是为了赚钱,如何赚钱都讲不清楚的话,投资者是不敢投资的;一般来说,商业模式越简单、越清晰越好。

表 2-1 商业模式的构成要素

商业架构	商业模式构成要素	描 述
产品	价值主张	新产品(服务)赋予市场客户的价值定位
顾客界面	目标市场细分	细分市场的诉求、个性化、痛点的共性特征
	分销渠道	构建企业与客户的"接触"方式,直营、分销等
	客户关系	维护企业与客户群体之间价值双向互动增值的联系
管理架构	价值配置与创造	新产品资源、生产、技术、销售及服务的增值过程
	核心能力	企业执行商业模式能力与价值取向
	协同网络整合	产业链、供应链、价值链、创新链的有效协同,以及企业融入链条合作协调与整合创新能力
财务表现	结构成本优化	企业成本把控能力及提高营运效率的创新实施
	盈利模式创新	通过收入实现方式、价值创造及资源战略应用创新实现盈利增值

4.2　盈利模式

五、产业化程度

5.1　目前产业化进展生产情况

内容：介绍产品/服务产业化的情况，即是否已具备生产上市的条件，具体可从设备、技术、场地、人才、合作等方面进行描述；如果已经投产，介绍生产现状。

注：对于投资者（评委）来说，最好的项目，就是马上可以投产上市销售。

5.2　未来产业化进程

内容：介绍产品产业化的进程，就是投产上市前的工作安排；如果已投产，介绍未来产品和生产的升级情况。

注：要几年才能投产上市的项目，很难得到投资者（评委）的青睐。

六、市场分析

6.1　市场现状分析

内容：介绍行业背景、现有市场规模及增长趋势等。

6.2　SWOT 分析

内容：介绍产品的优势（Strengths）、劣势（Weakness）、机会（Opportunity）、威胁（Threats）

注：优势和劣势是从产品或品牌的角度来分析的，机会和威胁是从市场和竞争的角度来分析的。

6.3　风险分析

内容：介绍公司可能面对的各种风险及相应的规避方案，包括资金风险及规避方案、技术风险及规避方案、市场风险及规避方案、环境风险及规避方案、管理风险及规避方案。

注：创业肯定有风险，提前预见风险并做好规避方案，更容易得到投资者（评委）的认可。

6.4　营销推广策略

内容：品牌定位、目标市场、渠道策略和产品策略。

6.5　市场预测（重点）

注：各个市场提供服务或产品数量的预测。含定价及收费策略。

七、发展战略（重点）

内容：介绍企业愿景及三年规划目标，如产品开发、技术提升、市场开拓、技术人才引进、平台建设、跨地域分布、产业链组建、研发/产业化项目里程碑等。

注：投资者给你投资，不仅仅是投你现在的产品/服务，更多的是看你的发展前景。

八、财务分析

8.1　股本结构和规模

内容：根据公司财务预算，拟定公司注册资本为××万（可有风险投资部分）。股本结构和规模如表 2-2 所示。

表 2－2　公司初始股权构成表

姓　名	投资额(单位:万元)	投资比例(%)	出资方式
合　计			

8.2　资金运用

内容:现已筹集的资金主要用于哪些方面,如购置生产设备,生产中所需的直接原材料、直接人工、制造费用等,开办费和日常办公费等,营销推广费用等,研发费用等,其他各类期间费用等,具体如表 2－3 所示。表 2－4 为未来三年费用预测表,表 2－5 为未来三年营收预测表。

表 2－3　资金来源及运用一览表　　　　　　　　　　单位:万元

资金运用	金　额
合　计	

表 2－4　未来三年费用预测表　　　　　　　　　　单位:万元

年　份	研　发	市　场	生　产	行　政	设　备	其　他	合　计
2020							
2021							
2022							
合　计							

表 2－5　未来三年营收预测表　　　　　　　　　　单位:万元

项　目	2020 年	2021 年	2022 年
一、营业收入			
减:营业成本			
销售费用			
管理费用			
财务费用			
主营业务税金			
二、营业利润			
营业外收入			
营业外支出			
三、利润总额			
减:所得税费用			
四、净利润			

注:未来三年净利润发展预测(单位:万元)做成柱状图。

九、融资说明

9.1 融资计划

内容：介绍目前项目已有的总投资，目前的资产估值情况、项目未来一年的融资计划。

注：融资多少，释放多少股份，是基于目前的资产估值情况来定的，所以要告诉投资者（评委）你公司目前的资产估值情况，含有形资产估值、无形资产估值及估值计算方法。

9.2 资金用途

内容：融资准备用于哪些方面，包括资金分阶段使用计划及用途。

9.3 投资回报及退出方式

内容：介绍投资者什么时候可以收回投资，以及资本的退出方式。

十、团队介绍

10.1 团队核心成员介绍

10.2 公司（团队）组织结构及人力资源配置

内容：介绍公司（团队）组织结构，以及各团队成员的职责、成就、荣誉、社会职务、擅长领域等。

10.3 顾问团队

内容：介绍顾问团队成员的成就、荣誉、社会职务、擅长领域等。

十一、项目其他附件材料

注：提供可佐证该项目的任何材料，如营业执照扫描件、专利证书、著作、政府批文、鉴定材料复印件、新闻报道等。

1.3 商业计划书财务部分内容

财务规划一般要包括以下内容：商业计划书的条件假设，预计的资产负债表、预计的损益表、现金收支分析、资金的来源和使用，本次融资额及说明。

一份商业计划书概括地提出了在筹资过程中风险企业家需做的事情，而财务规划则是对商业计划书的支持和说明。因此，一份好的财务规划对评估风险企业所需的资金数量，提高风险企业取得资金的可能性是十分关键的。

如果财务规划准备得不好，会给投资者以企业管理人员缺乏经验的印象，降低风险企业的评估价值，同时也会增加企业的经营风险。那么，如何制订好财务规划呢？这首先要取决于风险企业的远景规划，是为一个新市场创造一个新产品，还是进入一个财务信息较多的已有市场。

着眼于一项新技术或创新产品的创业企业不可能参考现有市场的数据、价格和营销方式。因此，它要自己预测所进入市场的成长速度和可能获得的纯利，并把它的设想、管理队伍和财务模型推销给投资者。而准备进入一个已有市场的风险企业则可以很容易地说明整个市场的规模和改进方式。风险企业可以在获得目标市场信息的基础上，对企业头一年的销售规模进行规划。

企业的财务规划应保证和商业计划书的假设相一致。事实上，财务规划和企业的生产计划、人力资源计划、营销计划等都是密不可分的。要完成财务规划，必须要明确下列问题：

    （1）产品在每一个期间的发出量有多大？

    （2）什么时候开始产品线扩张？

    （3）每件产品的生产费用是多少？

    （4）每件产品的定价是多少？

    （5）使用什么分销渠道，所预期的成本和利润是多少？

    （6）需要雇用哪几种类型的人？

    （7）雇用何时开始，工资预算是多少？

1.4　写好一份商业计划书及 PPT，做好一个报告

1.4.1　正反两方面评估创业思路的可行性

创业之初，创业者制作商业计划书可以使创业者理清自己的创业思路。一个项目在脑海中酝酿时，经常非常美妙，创业者会有抑制不住的创业冲动，在这时候，创业者可以尽情地把这个思想以商业计划书的形式写出来，然后使头脑冷静下来，把反面的理由也写进去，从正反两个角度反复进行推敲，就可以发现自己的创业理想是否真正切实可行，是否具有诱人的商业前景。通过制作商业计划书，创业者对自己的创业会有比较清晰的认识。

1.4.2　掌握三个原则

（1）开门见山，直切主题。要开门见山地切入主题，用真实、简洁的语言描述你的想法，不要浪费时间去讲与主题无关的内容。

（2）尽可能地搜集更多资料。要广泛收集有关市场现有的产品、现有竞争、潜在市场、潜在消费者等具体信息。

（3）评估商业计划书。要站在一位审查者的角度来评估该商业计划书，或者是寻找有资深经验的创业者进行评估。

1.4.3　做好一份商业计划书 PPT

商业计划书 PPT 页数控制在 20～25 页之间，投资人时间都很宝贵，每天都要审阅大量的商业计划书，因而使观看者 5～7 分钟可以看完比较适宜。

以图表为主，文字为补充。图表要逻辑清晰。文字字体要粗大，便于演示报告时观众看得清楚。

关键是内容，突出主题，或者是标题就显示出主题，介绍清楚满足"刚需、痛点、高频"的创业好项目（产品）。

字节跳动公司 2013 年融资商业计划书 PPT

（资料来源：微信公众号 CareerINIBPEVC）

最懂你的 头条

－ 基于社交挖掘和个性化推荐的新媒体

字节跳动管理层陈述书

2013年1月

投资亮点

投资亮点

1 即将爆发的个性化数字媒体市场

2 独创的个性化资讯发现引擎

3 领先于世界同类产品的功能和技术

4 行业领先的用户粘度和自然增长

5 完善的多产品布局，覆盖移动终端和PC端

6 具有丰富创业经验和技术功底的团队

北京字节跳动科技有限公司
http://www.toutiao.com

移动互联网开启了崭新的个性化数字媒体市场

中国手机网民规模持续稳定增长

	2010	2011	2012e	2013e	2014e	2015e
规模(亿人)	3.6	4.5	5.8	6.9	7.8	8.7

增长率: 54.5%

中国移动互联网广告市场继续高速增长

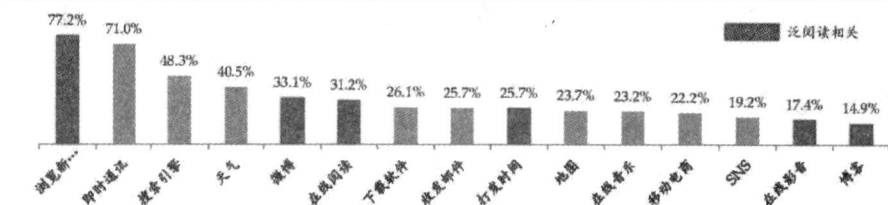

	2010	2011	2012e	2013e	2014e	2015e
规模(亿元)	15.2	29.7	57.2	100.9	162.9	252.2

增长率: 95.5% 92.6% 76.5%

泛阅读类应用已成为移动广告投放重要媒介[1]

- 电子阅读 25.1%
- 手机游戏 23.4%
- 在线影音 14.8%
- 生活助手 13.0%
- 休闲娱乐 7.7%
- 资讯新闻 6.8%
- 系统工具 6.4%
- 其他 2.8%

泛阅读相关

泛阅读是移动互联网最主要的用户行为[2]

泛阅读相关

- 浏览新… 77.2%
- 即时通讯 71.0%
- 搜索引擎 48.3%
- 天气 40.5%
- 微博 33.1%
- 在线阅读 31.2%
- 下载软件 26.1%
- 收发邮件 25.7%
- 行业时间 25.7%
- 地图 23.7%
- 在线音乐 23.2%
- 移动电商 22.2%
- SNS 19.2%
- 在线影音 17.4%
- 博客 14.9%

数据来源:(1)多盟 (2)DCCI《2011中国移动互联网蓝皮书》

北京字节跳动科技有限公司
http://www.toutiao.com

泛阅读市场正经历变革

来源多样化的丰富内容与移动时代的碎片化小屏幕阅读的矛盾

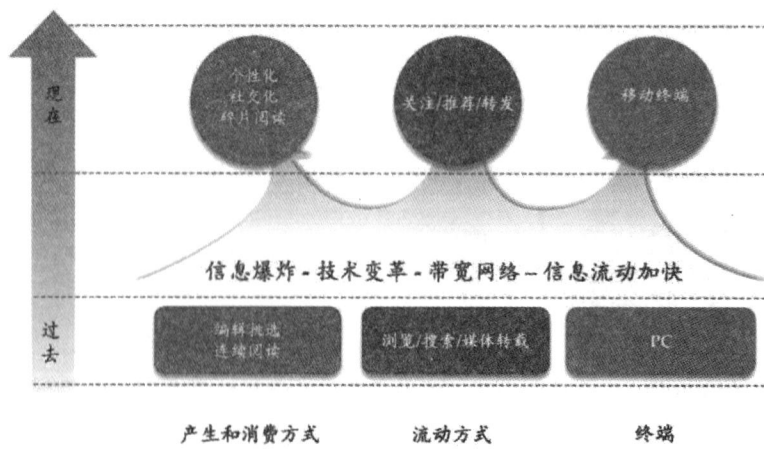

现在

- 个性化 社交化 碎片阅读
- 关注/推荐/转发
- 移动终端

信息爆炸 - 技术变革 - 带宽网络 - 信息流动加快

过去

- 编辑挑选 连续阅读
- 浏览/搜索/媒体转载
- PC

产生和消费方式	流动方式	终端

北京字节跳动科技有限公司
http://www.toutiao.com

头条 - 独创的个性化资讯发现引擎

最好的满足了更个性、更便捷、更互动的阅读体验

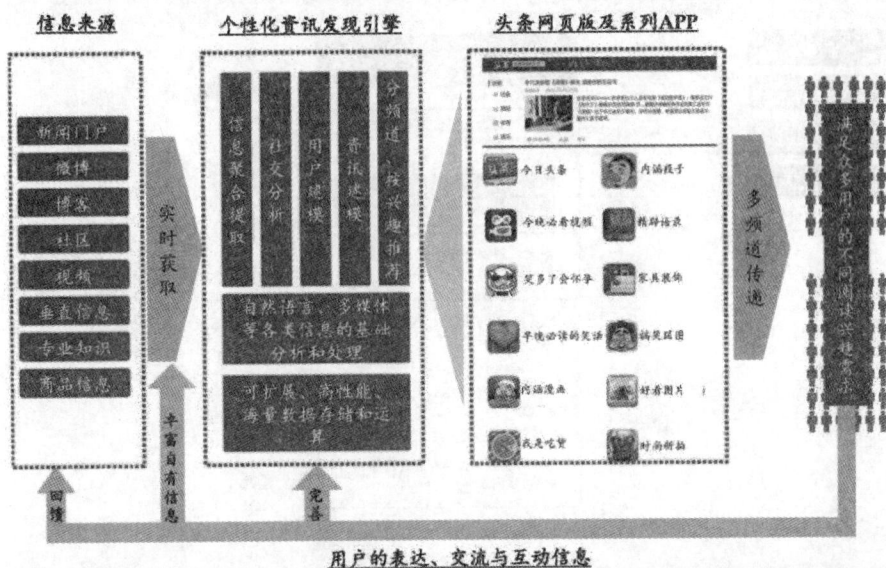

信息来源
- 新闻门户
- 微博
- 博客
- 社区
- 视频
- 垂直信息
- 专业知识
- 商品信息

实时获取

个性化资讯发现引擎
- 信息聚合提取
- 社交分析
- 用户模型
- 资讯建模
- 分频道接兴趣推荐
- 自然语言、多媒体等各类信息的基础分析和处理
- 可扩展、高性能、海量数据存储和运算

头条网页版及系列APP
- 今日头条
- 内涵段子
- 今晚动看视频
- 精辟语录
- 爱了个怀孕
- 家具报价
- 平魄动读的笑话
- 端灵頭图
- 内涵漫画
- 好看图片
- 我是吃货
- 时尚街拍

多频道传递

满足众多用户的不同阅读兴趣系

回馈　　丰富自荐信息　　完善

用户的表达、交流与互动信息

北京字节跳动科技有限公司
http://www.toutiao.com

头条 - 基于兴趣图谱的个性化数字媒体

头条通过推荐技术、个性化、兴趣图谱等，打造下一代数字媒体

陌生的人
以内容为中心
兴趣信息
能够发现新的信息

熟悉的人
以人为中心
生活工作信息
大量冗余、重复信息

媒体属性 ←———————————————→ 社交属性

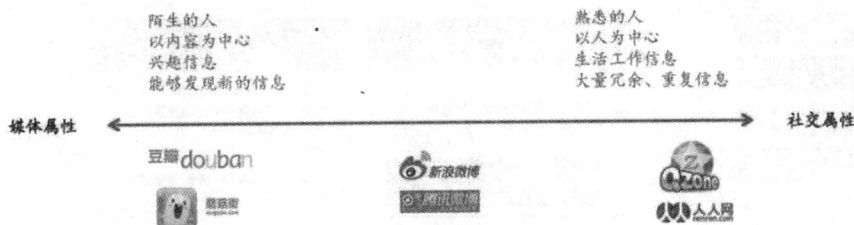

豆瓣 douban　　蔡蔡密　　新浪微博　　腾讯微博　　Qzone　　人人网

- 面向兴趣，基于推荐，社交分析热启动并紧密结合sns
- 内容短，类型丰富
- 移动优先

- 足够大的市场：信息获取消费是足够大的市场，是高频、刚性的需求。领先者能达到千万DAU水平
- 移动将重新洗牌：传统的门户模式在移动终端都不适用
- 建立门槛：1）海量的用户群；2）个性化的用户数据；3）技术积累；4）兴趣图谱

北京字节跳动科技有限公司
http://www.toutiao.com

产品概览 - 简单丰富

无需订制、点选，启动即可阅读最新最热的个性化资讯，丰富综合的资讯内容，不仅仅是新闻

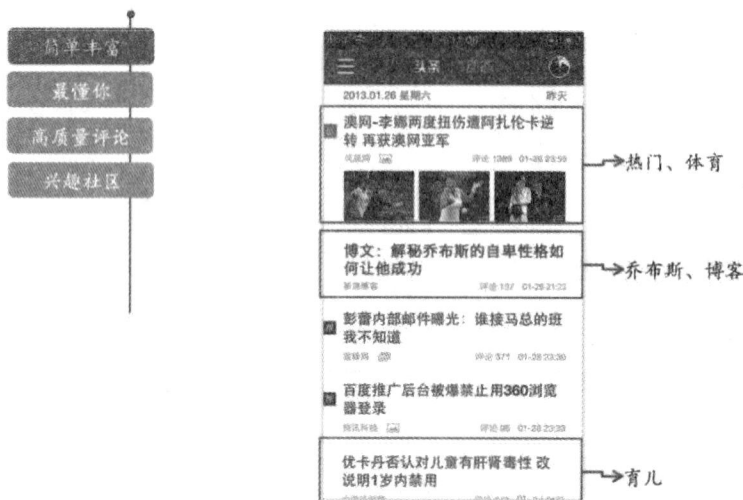

北京字节跳动科技有限公司
http://www.toutiao.com

产品概览 - 最懂你

用户行为和社交分析，基于多种模型挖掘上万维度兴趣特征，发现属于你的头条，用的越多越懂你

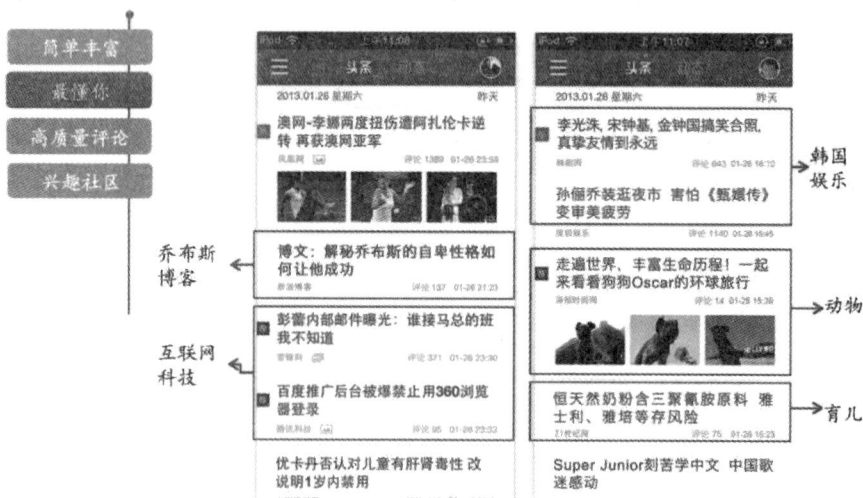

北京字节跳动科技有限公司
http://www.toutiao.com

产品概览 - 高质量评论

具有高质量、丰富及时的评论互动功能，并根据社交关系和影响力及热门程度等属性进行排序

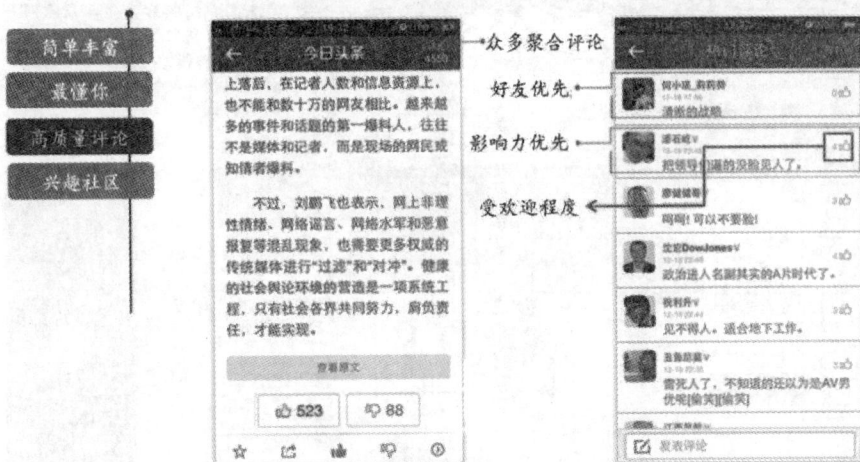

简单丰富
最懂你
高质量评论
兴趣社区

众多聚合评论
好友优先
影响力优先
受欢迎程度

产品概览 - 兴趣社区

和SNS紧密结合每日十几万分享。同时为用户提供邀请，关注、动态，评论排序等功能建设自己的兴趣社区

简单丰富
最懂你
高质量评论
兴趣社区

产品概览 - Web版本实现全平台覆盖

提供Web版本, 用户可以通过任意设备, 随时访问

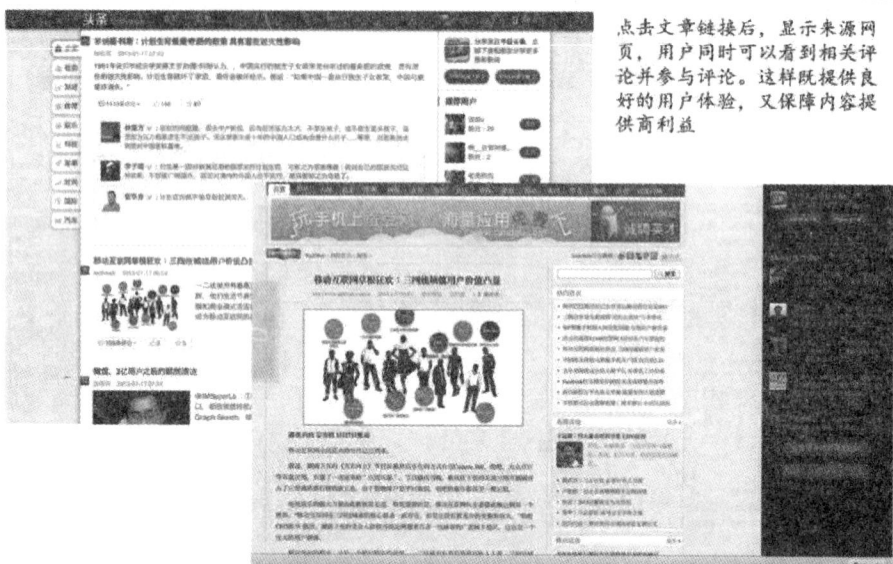

点击文章链接后, 显示来源网页, 用户同时可以看到相关评论并参与评论。这样既提供良好的用户体验, 又保障内容提供商利益

北京字节跳动科技有限公司
http://www.toutiao.com

相关产品 - 资讯内容展示

头条提供泛资讯内容, 覆盖新闻、博客、影评、段子等; 并通过个性化, 精确推荐读者感兴趣内容

新浪微博 社交类媒体, 信息你

编辑推荐新闻

需手工订阅选择喜好

北京字节跳动科技有限公司
http://www.toutiao.com

用户量高速自然增长

依靠高用户粘度和良好的用户口碑，在极小规模的推广投入下，保持了优异用户增长态势

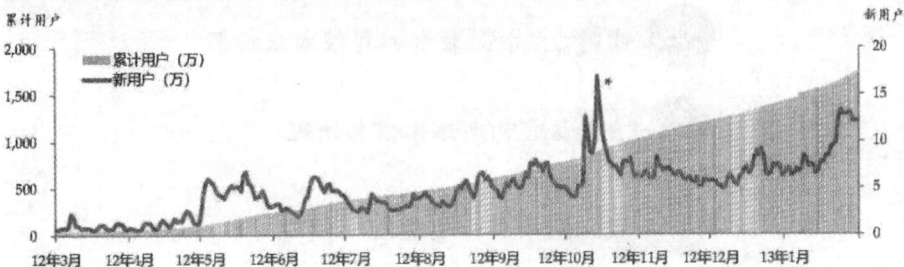

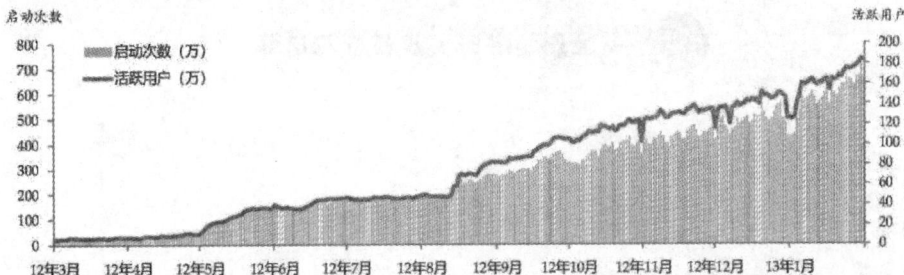

数据来源：友盟统计分析，包含所有周期
*10月友盟统计偏差导致数据偏高

北京字节跳动科技有限公司
http://www.toutiao.com

头条上线5月，留存率和用户活跃度已达行业领先水平

累计用户总数

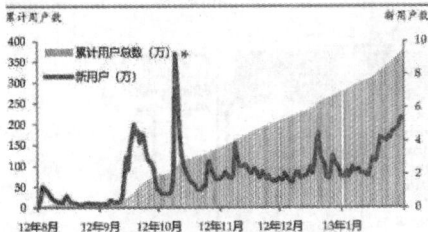

日活跃用户逐月攀升

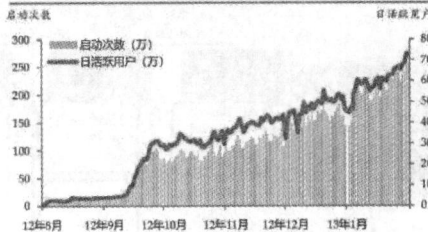

《今日头条》平均次周留存率约60%，8周后留存率约40%

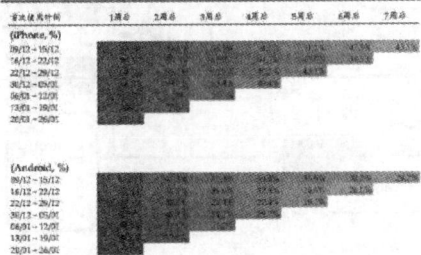

日均启动次数/次使用时长

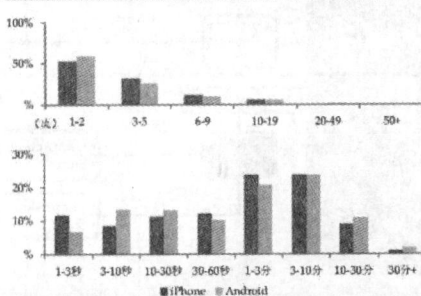

数据来源：友盟统计分析
*10月友盟统计偏差导致数据偏高

北京字节跳动科技有限公司
http://www.toutiao.com

技术亮点

1　独创的数据处理和推荐技术底框架

2　自然语言、多媒体信息处理

3　高维度用户兴趣建模

4　高性能的实时大规模数据运算

技术特点 – 独创的数据处理和推荐技术框架

以满足实时、个性、交互的信息处理，以及WEB和多APP的展示需求

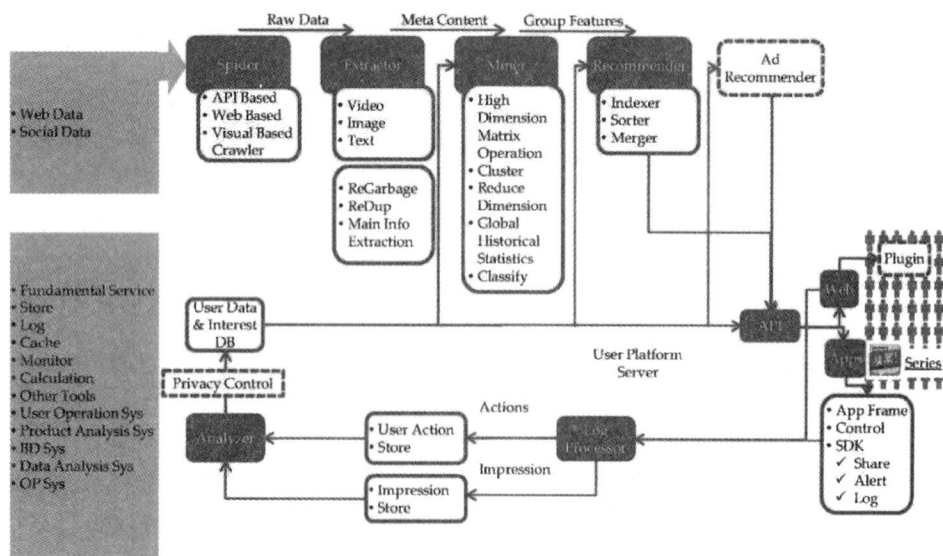

技术特点 - 自然语言处理、多媒体处理

自然语言和多媒体信息聚合能够实现分类去重，极大降低信噪比

- 1.日本发生7.3级地震发布海啸预警 东京震感强烈
- 2.快讯：日本东部地区发生7.3级地震 震源深度33公里
- 3.日本发生7.3级地震
- 4.日本东北部发生7.3级地震 或引发约一米高海啸
- 5.日本7.3级地震 NHK主播大呼快跑！宫城发布海啸警报

日本发生7.3级地震] 东京震感强烈，宫城发布海啸预警

- 我经常会幻想十来年后的有一天，一个人对我大声呵斥："我告诉你，钱不是万能的！！"

我的目标是再干十年后，一会经常有人对我大声呵斥：钱不是万能的！！

对每条信息提取几十个到几百个高维特征，并进行降维、相似计算、聚类、分类等处理

北京字节跳动科技有限公司
http://www.toutiao.com

技术特点 - 社交挖掘分析

根据用户在社交网站的社交关系和内容行为来抽取个性化信息

通过API分析用户的转发、评论、微博、收藏，以及用户之间的关系网络；5秒内，计算出用户几个维度上的兴趣分布

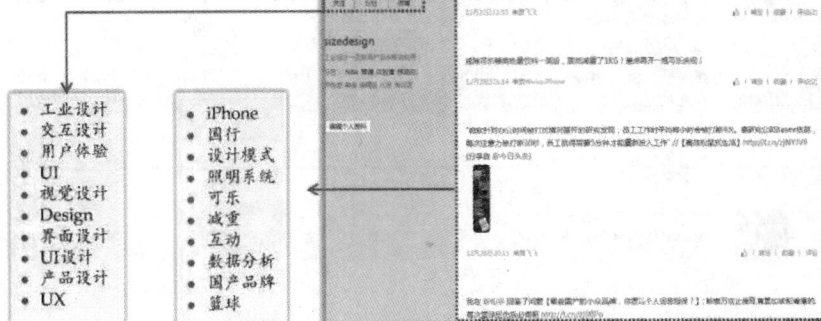

- 工业设计
- 交互设计
- 用户体验
- UI
- 视觉设计
- Design
- 界面设计
- UI设计
- 产品设计
- UX

- iPhone
- 国行
- 设计模式
- 照明系统
- 可乐
- 减重
- 互动
- 数据分析
- 国产品牌
- 篮球

北京字节跳动科技有限公司
http://www.toutiao.com

技术特点 – 综合用户各种属性进行建模

为每一位用户通过多种模型计算上万个维度的兴趣分布，并且每次动作后30秒内就会更新用户的兴趣分布

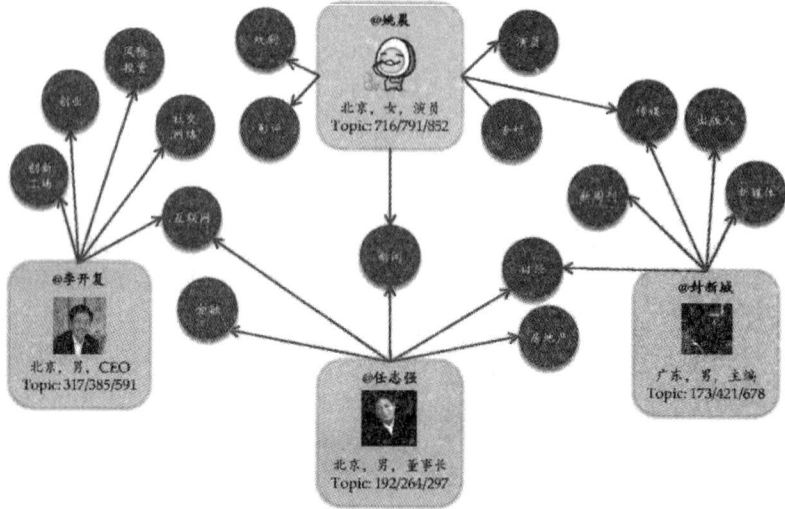

技术特点 – 资讯建模和匹配

将所有文章和用户之间进行模型匹配，实现个性化推荐

属性/文章	北京	创业	房地产	新媒体	影评	互联网
[所有,Topic 716]《泰囧》破华语片票房纪录 13天超《画皮2》	0.12	0.27	0.05	0.13	0.82	0.12
[所有,Topic 192]住房公积金最高与最低超30倍缴存被指教析	0.23	0.11	0.91	0.15	0.19	0.08
[所有,Topic 385]揭秘世纪佳缘创始人谢幕背后	0.08	0.90	0.03	0.12	0.04	0.86
[女,Topic 852]头发侧边放造型大PK 刘亦菲完胜大S	0.06	0.01	0.01	0.02	0.03	0.01
[所有,Topic 678]主持人2013中国新媒体产业十大趋势	0.14	0.35	0.01	0.98	0.01	0.67

高性能的实时大规模数据运算

海量数据处理

- 每日处理存储千万条数据，百万张图片，数万个视频
- 维护所有用户的展示、动作历史，每日存储上亿展示记录，上千万动作记录

行业内顶尖的技术团队，汇集来自微软、腾讯、百度等公司的技术精英

实时信息计算

- 每位用户授权SNS信息后，5秒内计算出兴趣分布
- 每个动作产生后30秒内更新用户兴趣
- 每条信息10秒内完成提取，挖掘，消重，分类
- 每次请求均根据每位用户的兴趣和历史，进行实时推荐和返回

高性能架构

- 使用C++和python开发的分布式系统
- 多年创业公司工程经验，基于开源和自研的高性价比和可靠性的在线系统
- 目前每日近200万DAU(含WEB)，千万条数据处理，上亿次实时请求，使用30台服务器

北京字节跳动科技有限公司
http://www.toutiao.com

拥有丰富创业经验的团队

技术、产品、研发导向的核心成员，在搜索与数据处理，社交网络挖掘，移动产品方向经验丰富

张一鸣 创始人 CEO	• 2012年3月，创立字节跳动，专注在移动新媒体； • 2009年9月，创立九九房，CEO，推出九九房搜索，掌上租房，掌上买房等产品； • 2008年，加入海内/饭否管理团队，合伙人，负责后台技术； • 2006年，加入酷讯，创业成员，搜索团队技术负责人，技术委员会主席； • 2005年，毕业南开大学软件工程专业；
黄河 产品	• 9年经验，九九房移动产品总监，自我创业，北京工业大学；
梁汝波 研发	• 8年经验，艾克赛利主任工程师，九九房研发总监，南开大学；
屠锋锋 商务拓展	• 11年经验，Oracle美国、微软中国高级产品经理，海豚浏览器VP，北京大学、德州大学；

北京字节跳动科技有限公司
http://www.toutiao.com

产品技术实力一流的团队

充满挑战与机会的推荐媒体方向和优秀的团队不断吸引一流的人才加入

产品

- 陈林：5年经验，微软、腾讯工程师，Global Apps创始人，北京大学

技术

- 胡凯伟：5年经验，曾任职微软、腾讯，Global Apps创始人，清华大学
- 李秋良：5年经验，九九房 Android 高级工程师，北航
- 周晶锦：3年经验，九九房高级工程师、研发经理，清华大学
- 银干：6年经验，酷讯高级工程师，乐投科技架构师，北京大学
- 马志刚：7年经验，腾讯研究院高级工程师，北京大学博士
- 张永华：6年经验，微软研究院、腾讯研究院高级工程师，天津大学
- 陈辅：7年经验，华为，伟速科技创始人，南开大学
- 李飞：4年经验，酷讯网、赶集网高级工程师，研发经理，南开大学
- 刘增禄：6年经验，曾就在线手机之家、兴长信达高级工程师、构架师，南京大学
- 白庆奇：3年经验，百度，西安交通大学

行政/人力

- 肖金梅：6年经验，九九房HR经理，人民大学

北京字节跳动科技有限公司
http://www.toutiao.com

业务发展计划

在扎实的技术基础上，2013年产品会不断突破，加强进入壁垒，并尝试国际化和商业化

扩充信息类型和来源

- 扩充数据量，来源，类型：覆盖商品、电影、消费等数据，将更多数据类型融合到头条，数据更丰富，优化重要单款的数据质量，加强UGC的功能
- 数据处理系统升级：加强文本、多媒体的处理能力，让信息质量更高

深挖用户特征，升级推荐系统

- 交互改进：让用户更容易产生动作，积累更多用户行为
- 推荐系统升级：开发更多推荐模型，以及模型的组合，以及模型的测试对比系统
- 用户特征：挖掘用户更多不同类型的兴趣，增加不同的推荐维度

强化社区互动

- 构建兴趣社区：用户搜索，推荐，榜单等功能，让用户更容易发现感兴趣的人
- 加强互动：私信，群组，让用户之间互动交流更流畅
- 打通SNS：强化分享功能和插件，回馈更多数据到SNS和网站，并吸引更多的人加入

国际化和商业化尝试

- 国际化：推出和Facebook、Twitter结合的英文版，获取英语国家用户
- 商业化：推出广告系统，基于用户兴趣和场景的推荐广告

北京字节跳动科技有限公司
http://www.toutiao.com

未来商业化的考虑

高覆盖渗透、极具黏性

- 照顾用户对信息的多种需求，高频使用，很高的启动次数和时长
- 全信息类型，覆盖不同层次用户群，面向所有移动互联网用户

数据精准丰富

- 通过社交网络和行为数据能够采集丰富的兴趣爱好数据
- 强大的数据收集和分析能力，有能力从数据中抽取商业价值
- 移动设备的唯一性和定位的特点，能够提供地理位置属性

广告即内容的最佳载体

- 信息流的展现形式，用户专注的阅读，是广告即内容的最佳载体
- 能够提取用户兴趣爱好，是将广告转换为内容的前提

数据输出

- 强大的信息处理能力，能够与媒体合作构建深入的合作关系，提供评论组件、信息聚合等服务
- 依赖丰富精准的数据，可以为媒体提供更加精准的基于用户的广告投放，通过数据变现

北京字节跳动科技有限公司
http://www.toutiao.com

融资计划与用途

本轮计划融资1250万美元，支持未来2年的发展

	2012	2013	2014
移动DAU	150万	750万	1,500万
人员数量	38	69	100
人员及办公支出($ 000)	950	1,785	2,588
市场费用($ 000)	250	3,960	5,376
服务器支出($ 000)	250	508	1,004
支出总计($ 000)	1450	6,254	8,968
收入($ 000)			6,000

- 人员增长：
  - 技术：工程构架，算法模型
  - 商业和媒体经验人才
- 市场费用主要用于App推广和品牌建设

北京字节跳动科技有限公司
http://www.toutiao.com

【讨论问题】

这份商业计划书PPT好在哪些地方？对你有什么启示？

项目二　创办不同经济组织形式应考虑的因素

◆ 引导案例

　　根据项目一的案例导入,有了一份商业计划书之后,该怎么确定组织形式?应考虑什么因素?

2.1　创办不同经济组织形式应考虑的一般因素

2.1.1　税收

　　不同的企业组织形式所适用的税收政策是不同的,而税收政策对于企业的影响是长期的,也是非常重大的。因此,应比较不同组织形式的税率和征收方法。

2.1.2　承担责任的类型

　　有些组织形式能够对业主及投资人提供一定程度的保护,如公司制企业的有限责任原则,就是对其个人财产的有效保护。选择组织形式时要权衡各种形式赋予业主的法律和经济责任,将责任控制在其愿意承担的范围内。私营独资企业的无限责任以及私营合伙企业的无限连带责任就给投资者的个人和家庭财产带来了风险。

2.1.3　适合行业

　　选择何种企业方式和创业者要进入的行业有很大关系。私营独资企业比较适合于零星分散的小规模经营,在个体农业、建筑手工业、零售商业以及服务行业和自由职业中所占比例较大。一些行业的创业者必须要有合作精神,要建立起合作的团队,这就需要考虑私营合伙企业,如创办律师楼、顾问公司、培训机构等,如果没有合伙人,很难开展业务。而对资金、技术依赖性强的行业,也不适合单干。有限责任公司的行业范围更广,可以考虑贸易、电子、化工等行业。

2.1.4　初创和未来的资本需求

　　不同企业形式在组建时的资本需求是不同的,业主应根据自己的资金情况选择。同时,不同形式的融资能力也不相同,在需要追加投资时的难易程度也是不相同的。私营独资企业的初创成本要求最低,但未来的融资能力也最差;公司制企业的初始投资大,但能募集到的资本也更多。

2.1.5 可控性

在不同的企业形式下,企业主对企业的控制能力是不一样的,有的权力高度集中而有的就相当分散。企业主要权衡他愿意放弃的控制力和想要获取的他人的帮助。在私营独资企业中,业主一人拥有经营决策权;私营合伙企业的每个合伙人都可以参加企业的管理;而在公司中,每个股东都有权力干预企业的经营。

2.1.6 管理能力

企业主要评估自己的管理能力,如果自己不擅长管理就应该选择那些能够将多种人才纳入企业内部的组织形式。私营独资企业基本上全部依赖于业主的个人能力;私营合伙企业的合伙人就可以实现优势互补;而公司制企业中的经营权和所有权的分离,则可以让企业的管理者来经营企业。

2.2 创办不同经济组织形式具体影响因素

企业组织形式是指企业存在的形态和类型,主要有独资企业、合伙企业和公司制企业三种形式。无论企业采用何种组织形式,都应具有两种基本的经济权利,即所有权和经营权,它们是企业从事经济运作和财务运作的基础。企业采用何种组织形式,对企业理财工作有重大的影响。

组织形式是指企业财产及其社会化大生产的组织状态,它表明一个企业的财产构成、内部分工协作与外部社会经济联系的方式。

根据市场经济的要求,现代企业的组织形式按照财产的组织形式和所承担的法律责任划分。国际上通常分类为独资企业、合伙企业和公司。

2.2.1 创办独资企业具体影响因素

独资企业,即个人出资经营、归个人所有和控制、由个人承担经营风险和享有全部经营收益的企业。自然人企业,最古老、最简单的一种企业组织形式,主要盛行于零售业、手工业、农业、林业、渔业、服务业和家庭作坊等。

在现代经济社会中,独资企业发挥着重要作用。独资企业有如下特点:

(1) 企业的建立与解散程序简单。

(2) 经营管理灵活自由。企业主可以完全根据个人的意志确定经营策略,进行管理决策。

(3) 业主对企业的债务负无限责任。当企业的资产不足以清偿其债务时,业主以其个人财产偿付企业债务。有利于保护债权人利益,但独资企业不适宜风险大的行业。

(4) 企业的规模有限。独资企业有限的经营所得、企业主有限的个人财产、企业主一人有限的工作精力和管理水平等都制约着企业经营规模的扩大。

(5) 企业的存在缺乏可靠性。独资企业的存续完全取决于企业主个人的得失安危,企业的寿命有限。

创办独资企业应如下考虑因素：

(1) 税收。采用个人所得税 5%～35% 的五级超额累进税率。

(2) 承担责任。不具有法人资格，不能承担民事责任，承担无限连带责任，但可以以个人独资企业的名义从事商业活动。

(3) 适合行业。适合的行业有零售业、手工业、农业、林业、渔业、服务业和家庭作坊等。

(4) 初创和未来的资本需求。初创的资本需求没有硬性要求，但是一定有投资人申报额。发展经营较好，可扩大经营规模。

(5) 可控性。在独资企业中，业主一人拥有经营决策权。

(6) 管理能力。独资企业基本上全部依赖于业主的个人能力。

一人有限公司、个人独资企业、个体工商户的区别如表 2-6 所示。

表 2-6　一人有限公司、个人独资企业、个体工商户的区别

项　目	一人有限公司	个人独资企业	个体工商户
适用法律基础	《公司法》	《个人独资企业法》	《个体工商户条例》
承担的责任	组织形式为公司，具有法人资格，可以独立承担民事责任	不具有法人资格，不能承担民事责任，承担无限连带责任，但可以以个人独资企业的名义从事商业活动	不具有法人资格，严格来说，它都不算企业，应以投资者个人的名义从事商业活动承担无限连带责任
设立的条件要求	字号、注册资本、注册地址，按照规定建立治理结构（如董事会、监事会等）、健全财务制度，设置会计账簿、进行会计核算，分清公司财产和股东财产的权属	字号、申报出资、生产经营场所地址等信息，无须建立治理结构，但需要设置会计账簿、进行会计核算	要求最为简单，没有最低出资额、治理结构等要求，在法律上也没有对会计核算做出强制规定，原则上，只要税务机关同意，个体工商户无须设置账套
创立者的要求	只有一个自然人股东或者一个法人股东的有限责任公司	只能为一个自然人	可以个人经营，也可以家庭经营
设立分支机构的要求	可以设立分支机构，分支机构产生的民事责任由总机构承担	可以设立分支机构，分支机构产生的民事责任由总机构承担	不能设置分支机构

2.2.2　创办合伙企业具体影响因素

1. 合伙企业的概念和分类

合伙企业指由各合伙人订立合伙协议，共同出资，共同经营，共享收益，共担风险，并对企业债务承担无限连带责任的营利性组织。

合伙企业分为普通合伙企业和有限合伙企业。其中，普通合伙企业又包含特殊的普

通合伙企业。

普通合伙企业由 2 人以上的普通合伙人(没有上限规定)组成。

普通合伙企业中,合伙人对合伙企业债务承担无限连带责任。

特殊的普通合伙企业中,一个合伙人或数个合伙人在执业活动中因故意或者重大过失造成合伙企业债务的,应当承担无限责任或者无限连带责任,其他合伙人则仅以其在合伙企业中的财产份额为限承担责任。

有限合伙企业由 2 人以上 50 人以下的普通合伙人和有限合伙人组成,其中普通合伙人和有限合伙人都至少有 1 人。当有限合伙企业只剩下普通合伙人时,应当转为普通合伙企业,如果只剩下有限合伙人时,应当解散。普通合伙人对合伙企业债务承担无限连带责任,有限合伙人以其认缴的出资额为限对合伙企业债务承担责任。

2. 合伙企业特点

(1)生命有限。合伙企业比较容易设立和解散。合伙人签订了合伙协议,就宣告合伙企业的成立。新合伙人的加入,旧合伙人的退伙、死亡、自愿清算、破产清算等均可造成原合伙企业的解散以及新合伙企业的成立。

(2)责任无限。合伙组织作为一个整体对债权人承担无限责任。按照合伙人对合伙企业的责任,合伙企业可分为普通合伙和有限合伙。普通合伙的合伙人均为普通合伙人,对合伙企业的债务承担无限连带责任。有限责任合伙企业由一个或几个普通合伙人和一个或几个责任有限的合伙人组成,即合伙人中至少有一个人要对企业的经营活动负无限责任,而其他合伙人只能以其出资额为限对债务承担偿债责任,因而这类合伙人一般不直接参与企业经营管理活动。

(3)相互代理。合伙企业的经营活动,由合伙人共同决定,合伙人有执行和监督的权利。合伙人可以推举负责人。合伙负责人和其他人员的经营活动,由全体合伙人承担民事责任。换言之,每个合伙人代表合伙企业所发生的经济行为对所有合伙人均有约束力。因此,合伙人之间较易发生纠纷。

(4)财产共有。合伙人投入的财产,由合伙人统一管理和使用,不经其他合伙人同意,任何一位合伙人不得将合伙财产移为他用。只提供劳务,不提供资本的合伙人仅有权分享一部分利润,而无权分享合伙财产。

(5)利益共享。合伙企业在生产经营活动中所取得、积累的财产,归合伙人共有。如有亏损则亦由合伙人共同承担。损益分配的比例,应在合伙协议中明确规定;未经规定的可按合伙人出资比例分摊,或平均分摊。以劳务抵作资本的合伙人,除另有规定者外,一般不分摊损失。

3. 创办合伙企业具体影响因素

(1)税收。采用个人所得税 5%～35% 的五级超额累进税率。

(2)承担责任。合伙人订立合伙协议,共同出资,合伙经营,共享收益,共担风险,并对合伙企业债务承担无限连带责任。有限合伙人承担有限责任,根据出资的比例承担责任。

(3)适合行业。适合的行业有专业的服务机构,比如律师事务所、会计师事务所;管理咨询服务公司等。

（4）初创和未来的资本需求。注册基本没有最低要求,未来增加资本,可以通过增加合伙人吸收资金。

（5）可控性。合伙企业的每个合伙人都可以参加企业的管理。

（6）管理能力。合伙企业的合伙人可以实现优势互补,根据不同合伙人的能力管理企业。

2.2.3 创办公司具体影响因素

1. 公司的概念和特点

公司,按所有权和管理权分离,出资者按出资额对公司承担有限责任创办的企业。主要包括有限责任公司和股份有限公司。

有限责任公司指不通过发行股票,而由为数不多的股东集资组建的公司(一般由 2 人以上 50 人以下股东共同出资设立),其资本无须划分为等额股份,股东在出让股权时受到一定的限制。在有限责任公司中,董事和高层经理人员往往具有股东身份,使所有权和管理权的分离程度不如股份有限公司那样高。有限责任公司的财务状况不必向社会披露,公司的设立和解散程序比较简单,管理机构也比较简单,比较适合中小型企业。公司有如下特点:

（1）有限责任公司的股东,仅以其出资额为限对公司承担责任。

（2）有限责任公司的股东人数,有最高人数的限制。我国《公司法》规定,有限责任公司由 1 个以上 50 个以下股东共同出资设立。

（3）有限责任公司不能公开募集股份,不能发行股票。

（4）有限责任公司是将人合公司与资合公司的优点综合起来的公司形式。

有限责任公司是享有法人权利的经营公司,由参加者投入的所有权(即资本份额)组成固定资本份额给予参加者参与公司管理的权利,并按份额得到公司的部分利润,即分得红利,在公司破产时,得到破产份额,依法享有其他权利。

有限责任公司(有限公司)是我国企业实行公司制最重要的一种组织形式。其优点是设立程序比较简单,不必发布公告,也不必公布账目,尤其是公司的资产负债表一般不予公开,公司内部机构设置灵活。其缺点是由于不能公开发行股票,筹集资金范围和规模一般都比较小,难以适应大规模生产经营活动的需要。因此,有限责任公司这种形式一般适合于中小企业。

股份有限公司全部注册资本由等额股份构成并通过发行股票(或股权证)筹集资本,公司以其全部资产对公司债务承担有限责任的企业法人。(应当有 2 人以上 200 人以下为发起人,注册资本的最低限额为人民币 500 万元)其主要特征是:① 公司的资本总额平分为金额相等的股份;② 股东以其所认购股份对公司承担有限责任,公司以其全部资产对公司债务承担责任;③ 每一股有一表决权,股东以其持有的股份,享受权利,承担义务。(其本质也是一种有限责任公司)

2．创办公司具体影响因素

（1）税收（见表2-7）。

表2-7　不同类型纳税人企业所得税的征税范围及税率

纳税人			税收管辖权	征税对象	税　率
居民企业			居民管辖权，就其世界范围所得征税	居民企业、非居民企业在华机构的生产经营所得和其他所得（包括非居民企业发生在中国境外但与其所设机构、场所有实际联系的所得）	基本税率25％
非居民企业	在我国境内设立机构、场所	取得所得与设立机构、场所有联系的	地域管辖权，就来源于我国的所得	来源于我国的所得以及发生在中国境外但与其所设机构、场所有实际联系的所得	低税率20％（实际减按10％的税率征收）
		取得所得与设立机构、场所没有实际联系的			
	未在我国境内设立机构场所，却有来源于我国的所得				
居民企业中符合条件的小型微利企业减按20％；国家重点扶持的高新技术企业减按15％税率征税					

② 承担责任：根据出资比例承担责任。

③ 适合行业：适合所有行业。

④ 初创和未来的资本需求：公司企业有多种融资渠道，可以通过上市，吸收股民零散资金，可以发放债券融资等。

⑤ 有限责任公司：有符合公司章程规定的全体股东认缴的出资额。

⑥ 股份有限公司：有符合公司章程规定的全体发起人认购的股本总额或者募集的实收股本总额。

⑦ 可控性：公司中，每个股东都有权力干预企业的经营，股东的权利根据所持有股份比例决定。

⑧ 管理能力：公司制企业中经营权和所有权的分离，则可以让专业的管理者来经营企业。

公司与合伙企业的区别如表2-8所示。

表2-8　公司与合伙企业的区别

项　目	公　司	合伙企业
设立的基础	以章程为基础	以合伙合同为基础，合伙合同是全体出资人意思表示一致达成的协议，他只对合伙的参加人，即合伙合同的订立者有约束力
法律地位	有限责任公司和股份有限公司是企业法人，承担有限责任	不具有法人地位，不能承担民事责任

项 目	公 司	合伙企业
财产	有其区别于股东的独立财产	财产一般被认为属全体合伙人共有
组织机构	有独立、健全的组织机构,这些机构依法律规定对公司的内部及外部事务行使职权	各合伙人对执行合伙企业事务享有同等的权利,可以由全体合伙人共同执行合伙企业的事务,也可以由合伙协议约定或者全体合伙人决定,委托一名或者数名合伙人执行合伙企业的事务
资本	股东出资一经交付公司,即不得主张退股,因此出资或股份的转让就成为股权的重要内容,所不同的仅仅是在不同种类的公司中,转让的自由度不同	根据合伙协议成立的,合伙人之间具有极强的人身信任性质,这决定了合伙人出资份额的转让要受到严格的限制
企业规模及存续期限	一般规模较大,存在其间比较长久、稳定	合伙相对来说则具有短期性,且由于人身性强而不可能成为大企业

我国企业组织形式应寻求多元化发展,在市场经济条件下,生产力的发展水平是多层次的,由此形成了三类基本的企业组织形式,即独资企业、合伙制企业和公司(以有限责任公司和股份有限公司为主)。这三种经济组织形式都属于现代企业的范畴,体现了不同层次的生产力发展水平和行业的特点,但企业形式的法定性不是一成不变、不能变通的。

我国企业组织形式应呈现多元化发展的趋势,可以在法定的形式外寻求并借鉴一些国家的企业形式并以法律的形式固定下来。比如,我国公司法是不承认设立时的"一人公司",但是,对于设立后,公司存续其间,其股东变动不足法定人数时如何,法律没有进一步规定如何处理,似乎可以认为我国公司法并不禁止存续中的一人公司。承认或者拒绝一人公司各有利弊,但总体平衡起来考虑,承认一人公司的好处要大于禁止一人公司的好处。

首先,有利于降低投资者的经营风险。许多投资者,往往既想一人投资,又想利用公司这种形式的特权,尤其是想享受有限责任的特权。如果法律对这种普遍的社会心理加以承认,有助于社会财富的增加。

其次,有利于维持企业,保护交易安全。如果一个企业因为股权转让,股东死亡导致股东人数不符法定要求而被强行要求解散,既是现存企业的重大损失,也导致交易无安全保障可言。

最后,有利于减少纠纷,降低交易成本。比如,在设立公司时或者在公司运行时,为了满足法律上关于股东人数的要求,通常会找一些亲朋好友来挂名,盈利或者负债时若引起纠纷,需要调集证据解决,可能导致持久的诉讼,对于当事人也增加了交易成本。由此可见,只要在承认一人公司的同时对一人公司所存在的弊病加以防范,或者因势利导,其对社会经济的积极效果可能会远远大于负面效应。

项目三　股权设计初步

引导案例

1994年蔡达标和当时好友潘宇海在东莞长安镇107国道边开了一间168蒸品店,由于生意火爆,168蒸品店开始走向连锁。在1997年全面进军城区市场时,168快餐店全部更名为"双种子"。随着公司越做越大,品牌的打造和管理成为蔡达标的新课题,后来蔡达标请来知名营销专家(查看营销专家博客)叶茂中,叶茂中建议他再一次改名,从"双种子"变更为"真功夫",还建议他把"蒸的营养专家"作为"真功夫"的品牌核心价值。

2007年,蔡达标为真功夫规划了上市的蓝图,还引入了两家风投,分别是内资的联动投资和外资的今日资本,两家公司2007年给真功夫3亿元的资金投入。王明指出,为了上市,蔡达标在公司治理上想了很多办法。"公司2007年推行的一项内部管理'精益工程'可能导致了股东之间出现裂痕。"王明称,精益工程的核心是管理的标准化,目标是为了令真功夫成为与麦当劳、肯德基一样精益化管理的现代化企业。"不过由于这个管理工程涉及不少老员工甚至是高层老员工的辞退,令人感觉有点'不近人情'。"王明称,由麦当劳等洋快餐挖过来的高层和新人,的确对企业的管理优化起到较大的作用。"但是,潘宇海作为创业人之一,在这个问题上可能与蔡达标意见不一,再加上此后因为蔡达标与其姐姐的离异,种种因素之下,令两股力量产生较大的碰撞。"

知情人透露,从创业至今,蔡达标和潘宇海两位创始人的持股权非常接近。12日,潘宇海哥哥潘国良手持潘宇海的委托书在真功夫总部大门外,向记者声称其弟弟持有真功夫47%的股份,拥有决策权。潘宇海签名的"委托书"中也表示,"依2007年10月8日真功夫各股东《合作框架协议》项目7.7条'真功夫管理层……总经理由蔡达标方委派,副总经理由潘宇海方面委派'之规定,从即日起本人特委任潘国良先生为本公司副总经理,进驻真功夫总部办公。"

【案例思考】

为避免真功夫股权争夺类似问题,应该怎么进行股权结构设计?

3.1　股权架构设计思路

在创业圈我们会经常听到股权相关的各种八卦,如西少谷股权纠纷、泡面吧分家等,股权架构在创业初期不重视设计是导致发展壮大后纠纷的重要原因。团队分配股权及架构设计,根本上讲是要在分配和讨论的过程中,让合伙人从心眼里感觉到公平合理,赢得创业兄弟的由衷认可。

3.1.1　股权架构设计的目标

创业企业要设计一个股权架构,总的来说,有利于公司整体的快速发展,而不是个别股东利益最大化。

(1)维护创始人控制权。当然这种控制权是有益的,其目的是保障公司有一个最终的决策者。用控制权,对树立创始人在团队内部的影响力和话语权也是很有帮助的。

(2)凝聚合伙人团队。现在,创业竞争的加剧、节奏的加快,联合创业的成功率远高于个人创业。特别是在竞争白热化、智商情商财商遍地、每个团队都要夺命狂奔的 TMT 行业,更不可能在公司发展的过程中再慢慢找人。股权架构的设计,要能够凝聚好合伙人,那样才能让团队更有竞争力。

(3)让员工分享公司财富效应。有创始人和合伙人,对一个快速发展的创业企业来说还不够,需要有积极努力的员工,才能完成创业的使命。

(4)促进投资者进入。现在创业创新,很大一个特点就是有资本的助力,所以股权架构设计要考虑资本如何进入,因为投资人投出巨额资金,但往往只是小股东,所以还要有一些特设的安排。

(5)也不能设计的股权架构构成公司上市障碍。以前在国内 IPO 很难,但是随着证券法的修改,在本土的资本市场,创业创新企业也会更加低门槛的上市,但是合规的要求不会降低,不能有法律的硬伤,特别是在股权架构方面。

3.1.2　股权架构的类型

据实务经验和研究,总结出三种股权架构类型,一是一元股权架构,二是二元股权架构,三是 4×4 股权架构。

(1)一元股权架构是指股权的股权比例、表决权(投票权)、分红权均一体化。在这种架构下,股东的权利是根据股权比例而区别的。这也是最简单的架构,需要重点避免的就是公司僵局的问题。

实务中存在几个表决权"点":一是一方股东持有出资比例达到 33.4% 以上的;二是只有两位股东且双方出资比例分别为 51% 和 49% 的;三是一方出资比例超过 66.7% 的;四是有两位股东且各方出资比例均为 50% 的。在这里,第三种出资比例意味着,公司在任何情形下都不会形成僵局,因为表决权比例已经高达"三分之二"以上,对任何表决事项都可以单方形成有效的公司决议,除非公司章程对股东须"同意"的人数做出最低限制。最为糟糕的是第四种股权结构,在两股东各占 50% 表决权的机制下,意味着公司做出任何决议均必须由双方一致同意方可有效。

(2)二元股权架构是指股权在股权比例、表决权(投票权)、分红权之间做出不等比例的安排,将股东权利进行分离设计。我国的公司法修订后规定,章程可以约定同股不同权,当然,在股份公司下,只有不同类别的股东才能这样设计,同一类股票的权利应该是一致的。这种架构设计,适合那些需要将分红权给某些合伙人,但将决策权给创始人的多个联合创始人的情况。

(3)4×4 股权架构是在二元股权架构的基础上,将公司的股东分为四个类型,即创始人、合伙人、员工、投资人，针对他们的权利进行整体性安排，以实现前面提到的五大目标。

3.2　为什么要设计股权架构

3.2.1　明晰合伙人的权、责、利

合伙创业讲究情怀没错，但最终是要实现实际利益，怎么能够体现你的利益和价值，很重要一点就是股权、股比。后者是你在这个项目中的作用，以及利益的重要体现。

3.2.2　有助于创业公司的稳定

也许我们在创业的时候都是同学、兄弟、闺蜜，大家觉得，什么股比不股比的，先不说，先做下去，把事情做成了再说。这种情况必定会出现问题，因为在刚开始关系好的时候，大家都不能好好谈，出现问题肯定更不能好好谈，最终的结果是创业项目受到影响。

3.2.3　影响公司的控制权

通过开头的案例可以看出，都是控制权的问题，如果他们的股比能形成一个核心的控制权，争议完全可以避免。

3.2.4　方便融资

现在投资人跟你谈投资的时候，会关注你的产品，关注你的情怀，关注你的进展，也一定会关注你的股权架构合不合理。如果看到的是比较差的股权架构，他们是肯定不会投资的。

3.2.5　进入资本市场的必要条件

相信每个创业者的创业项目都有 IPO 这个目标，只要 IPO，资本市场就一定要求你的股权结构要明晰，合理。

3.3　设计股权架构有哪些原则

最差的股权架构是均等。因为不同的合伙人对项目的贡献是不一样的。虽然你出一百我出一百这种出资构成是一样的，但在实际操作过程中，每个人擅长的点不一样，对企业、对创业项目的贡献度是不一样的。如果股权一样，贡献度不一样，在创业的早期可能还好，项目没做成就拉倒，项目做成了肯定会有矛盾。

好的股权结构标准有四个：

（1）简单明晰。

在创始阶段，创业公司一般比较草根，合伙人不是特别多。比较合理的架构是三个

人。有些人会问,投资人在投资的时候会看你的创业团队,那合伙人是不是一定要有完整的组合?这不一定。投资人在投资的时候,首先关注的是你的产品和 CEO 的理念,你有没有 CTO、COO,这些都不重要,所以,不能为了追求创始合伙人的人数而刻意增加。

（2）一定要有"带头大哥"。

有"带头大哥"也就是要有核心股东,一定要有一个人,能够拍板说:"这个事情就这么定了!"

（3）资源互补。

（4）股东之间要信任。

3.4 股权蛋糕该如何切

这个问题,创业团队在早期首先想到的是,我们来分析一下,你多少我多少,你 30% 我 70%,或者是我 60% 你 40%。其实这是不对的,在设计股权架构时,我们得先把别人的切掉,也就是预留一部分股权,最后的才是自己的。

3.4.1 预留股权激励

现在大家都去创业,招人就非常难。如果你在招人的时候没有跟人家讲,我给你多少的股权或者股权激励,一般他是不会轻易来的。

3.4.2 为吸收新的合伙人预留

上面讲到,不能为了刻意追求合伙人的结构硬拉一个人来做 CTO,如果项目已经开始,但还差一个 CTO,或者 CFO,这种情况下一定要预留股权出来,用来吸收新的合伙人。有种做法是放在"带头大哥"的名下,但不建议这样做,因为未来融资时股权是要稀释的。所以一般来说,预留的部分可以放在股权激励池里,新的人进来之后再分配给他。

3.4.3 融资预估

创业项目最终 IPO(首次公开募股)的时候,CEO 如果能有 10% 的股权就不错了。所以在融资的时候一定要适当地预估,这样大家就不会想着:"我辛辛苦苦做的企业,到最后,股权怎么就这么少?"

3.5 股权如何分配

3.5.1 看出资

创业初期,做任何事情都必须要有钱,有钱好办事。如果空对空,事情是很难办的,所以,启动资金非常珍贵。这种情况下,出资就显得非常重要,打比方,做一个项目,需要 500 万,我出 200 万你出 100 万,那我们的贡献是不一样的。假设我们的资源差不多,我出 200 万的话,可能占 40% 的股权,同时可能又担任其他的角色。

3.5.2　"带头大哥"要有比较大的股权

能够分配给合伙人的股权,除了其他合伙人,剩下的就是"带头大哥"CEO,他要有比较大的股权,但同时他也要有更多的担当。

3.5.3　看合伙人的优势

创业过程中,无非就几个资源:资金、专利、创意、技术、运营、个人品牌。一定要充分评估在创业的不同阶段(初创、发展、成熟)出现的变化。在创业的不同阶段,不同人的贡献是有变化的,需要综合考量,不能一下子觉得,这个人运营好像挺不错的,就把那 15% 给他。等到项目的运行过程中发现他的能力也是一般,想把其到手的肉再重新分配,基本上就非常难了。所以在创业初期,不建议把股权分足,应该给股权调整预留空间。比如说,COO 本来应该拿 15%,CTO 是 20% 的,可以把每个人的股比都先降 5% 下来,放在股权池里。合伙人之间进行约定,我们还有这些预留,以后会根据项目开展的不同阶段,每个人的不同贡献进行股权的调整。这里要讲一下,个人品牌也很重要。打个不太形象的比方,如果雷军是我的合伙人,那基本没问题,有他在没有做不成的事情。可以这样说,个人品牌对有些项目的加分是很大的。

3.5.4　要有明显的股权架构的梯次

刚才讲到的,"带头大哥"要拿比较大的股权,比如说按 6∶3∶1 或 7∶2∶1 这样明显的股权梯次,才能形成贡献度的考量以及掌握控制权、话语权。一般来说,比较合理的股权架构是这样的。

3.6　股权退出制度:合伙人中途退出机制

在创业过程中,我们刚开始饮血为盟,要拼出一番事业。但是中间可能会因为主观或客观的因素离开创业团队。几种常见的股权退出模式如下。

3.6.1　按年退出

假设 A、B、C 合伙创业,股比是 6∶3∶1。做着做着,C 觉得不好玩,就走了。他手上还有 10% 的股份,如果项目做起来了,他等于坐享其成,这样对团队里的其他人是不公平的。这个时候,就可以实行股权退出制度,事先约定,股权按 4 年退出来算,我们一起干 4 年,预估 4 年企业能退出。不管以后怎样,每干一年就退出 25%,C 干满一年整离开了,他可以拿走 2.5%(10%×1/4)的股份,剩下的 7.5% 就不是 C 的了。剩下的 7.5% 有几种处理方法:第一种,强制分配给所有合伙人;第二种,以不同的价格按公平的方式给 A 和 B,这样 A 和 B 还可以重新找一个人代替 C。

3.6.2　按项目进度

比如说产品测试、迭代、推出、推广,达到多少的用户数……这种方式对于一些自媒体运营的创业项目比较有用。不过这也要依实际情况而定,有可能一年之内就做到一百万的粉丝,那这种情况下为什么不让我退出?

3.6.3　按融资进度

融资进度可以印证产品的开发完成情况,这是来自资本市场,即外部的评价,可以实现约定完成融资时 A 得多少、B 得多少、C 得多少。

3.6.4　按项目的运营业绩(营收、利润)

因为有些项目离钱比较近,觉得团队能赚钱,那我们就投钱。在这种情况下,可以根据业绩进行约定。

3.7　如何应对合伙人(股东)中途退出

(1) 假如我是 B,占 30％股份,虽然只干了一年,或者刚开始干,但是我的股东权利不受影响,包括分红、表决、选举各方面全都不影响。如果退出,要考虑哪些情况?

主动离职股份必须让出来。股东因为自身的原因,比如身体,能力问题,操守,观念,理念不一样等原因不能履职的,要把股份让出来。

在一些重要的岗位做出伤害运营利益的事情,这种情况下会被解职,肯定要离开。

(2) 在项目推进过程中,会遇到比如合伙人离婚、犯罪、去世等情况,这些都会导致合伙人退出,创业团队应提前设计应对方案,以减少对项目的影响。

离婚,如果合伙人夫妻之间没有做财产约定,那么股权依法属于夫妻共同财产。例如,A 合伙人离婚,他所持有的股权将被视为夫妻共同财产进行分割,这显然不利于项目的开展。这里可以引入"土豆条款"。土豆上市时因为离婚的事情导致 IPO 受到影响,所以有了一个土豆条款——约定股权归合伙人一方所有。在合伙协议里,建议约定特别条款,要求合伙人一致与现有或未来配偶约定股权为合伙人一方个人财产,或约定如离婚,配偶不主张任何权利。

继承公司股权属于遗产,依我国《民法典》《公司法》规定,可以由其有权继承人继承其股东资格和股权财产权益。但由于创业项目"人合"的特殊性,由继承人继承合伙人的股东资格,显然不利于项目事业。《公司法》未一概规定股东资格必须要被继承,假如你的合伙人 C 走了,这个时候的继承人如果是老大爷老大妈,他们跟你做合伙人肯定是不行的。公司章程可以约定合伙人的有权继承人不可以继承股东资格,只继承股权财产权益。因此,一般要求创业团队,为确保项目的有序、良性推进,在公司章程中约定合伙人的有权继承人只能继承股权的财产权益,不能继承股东资格。

||||资料阅读➡

寻找合伙人有标准

（资料来源："嘴神"创业案例，知乎）

徐欢，一位一心创业、性格豪爽且市场嗅觉灵敏的女强人。优势：事业心强；以结果为导向；劣势：缺乏资金且人脉资源较少。李强，一位有钱但锱铢必较的土豪。优势：有钱、有钱还是有钱；劣势：锱铢必较且贪图眼前利益。朱冰，徐欢大学同学，二人同专业，思维严谨的文艺青年。优势：思维严谨，责任心强；劣势：优柔寡断，缺乏决断力。

三人合伙创业结果失败了，以下进行分析和总结。

1. 合伙创业失败原因分析

（1）体系问题——合作就要达到 $1+1>2$。

徐欢作为一位女强人，虽拼命工作，但最终还是一败涂地，原因很多，其中体系问题是她一直忽略的方面。朱冰与她同专业，所具备的技能与徐欢不相上下，同时公司又是以技术为基础的公司，虽然两者关系较好，但却不能优势互补，发挥出最大效应，最终导致公司不仅一败涂地，两人也因此天涯陌路，实在是"赔了夫人又折兵"。

（2）价值观问题——与虎谋皮。

徐欢与朱冰不仅是在学校关系密切的好友，也是想要在社会上实现自我价值的一类人，必定在人生观、价值观方面是有相同之处的。而李强是一位土豪，二人认识时间不长，对于李强的认知仅限于有钱，很有钱，但因为前期没有拟定相关协议，在李强按原定口头承诺该注入第二笔资金的时候，却借口团队成员之间缺乏合作的理由，对之前所做的承诺不予兑现。

（3）规划问题——先小人后君子。

徐欢是一名一心想创业的女强人，因缺乏资金导致迟迟不能行动，很是苦恼，而李强的出现让她欣喜若狂。李强的出手大方加上徐欢的好面子与性格豪爽，这让徐欢在与李强合作的过程中不听朱冰劝告，双方仅仅达成了口头协议，无文字无公正，因而在李强对注入第二期资金的承诺不予承认时，公司只能宣告倒闭。

2. 合伙创业要点

（1）集各人之所长。

徐欢与朱冰最终的分道扬镳着实让人心痛，但原因无外乎以下两点：① 朱冰认为徐欢很难听取自己的建议，得不到尊重；自己引以为豪的技能派不上用场。② 朱冰性格犹豫，所以徐欢感觉很累，难以配合默契。

对于普通老百姓而言，一般有四种合伙人可供选择：一是资金合伙人，二是技术合伙人，三是资源合伙人，四是能力合伙人。只有对自己的专长和自己所需之处定位清晰后，再积极地寻找能够优势互补的合作伙伴才是成功创业的基础。反观本案例，徐欢与朱冰同专业，技术水平也不相上下，在技术型公司内，这样的资源达不成 $1+1>2$ 的效果，反而会使得合伙人存在感低，缺乏激情，得不到尊重，最后合作失败不欢而散。

(2) 排除"坏"合伙人。

合伙人的重要性是不言而喻的,他不仅仅决定了你的梦想是否可以实现,更主要的是决定了这个公司能走多远。徐欢需要资金,所以找到一位土豪,这块的操作是正确的。但李强与徐欢前期不认识,徐欢缺乏对李强的了解,所以最终公司倒闭。我们和不熟悉的人一起创业结果往往不是很好;反之,和自己熟悉的人合作,会有较长的时间信任,对合伙人越了解就越能做出好的选择。因此,创业前期,除了看对方是否有钱外,我们还要在经营理念与价值观方面进行考察,甚至可以说这两者应该放在首要位置;其次,我们必须对合伙人的品德与诚信做出判断。

(3) 丑话说在前面。

创业前期,与合伙人的协议都必须书面化,再把书面协议制度化,就算"亲爹"也要守规矩。本案例中,双方都是口头协议,随后出现的纠纷就很难解决。我们在对合伙人考察过后,确定合伙人经营理念、价值观、个人品德都没问题之后,我们就需要寻找专业人士制定详细的合作协议,明确合伙人之间的责、权、利等关系。如果条件允许,最好去公证处进行公证,以免以后出现不必要的麻烦。

3. 合伙创业思考

(1) 在理念上要正确。

虽然公司最后落败,但从一开始徐欢就抱着合作的心态来创业,这种理念是值得肯定的。

(2) 持续不断的沟通。

开始要沟通,遇到问题也要沟通,解决问题时也要沟通,有矛盾时更需要沟通。在创业过程中,不论自己性格是否强势,我们都要欢迎与包容不同的声音,尤其是合伙人的建议。

(3) 丑话说在前面。

最初创业时就要把该说的话说到,该立的字据一定要立。把最基本的责任、权利说清楚,尤其股权、利益分配更要说清楚,包括增资、扩股、融资、撤资、人事安排、解散等。

(4) 不要紧盯合伙人的资源。

寻找合伙人的时候,我们首先要寻找与我们的经营理念、价值观相合的人;其次,寻找能带来$1+1>2$效应的人,我们必须清楚自己需要的合伙人类型;再次,对合伙人的人品与个人素质必须做到心中有数。

项目四　创办你的企业：创业优惠政策

进一步把大众创业、万众创新引向深入。鼓励更多社会主体创新创业，拓展经济社会发展空间，加强全方位服务，发挥双创示范基地带动作用。强化普惠性支持，落实好小规模纳税人增值税起征点从月销售额3万元提高到10万元等税收优惠政策。改革完善金融支持机制，设立科创板并试点注册制，鼓励发行双创金融债券，扩大知识产权质押融资，支持发展创业投资。

——2019年政府工作报告

【案例思考】

有哪些创业税收优惠政策？除了税收优惠政策还有哪些创业优惠政策？

4.1　创业注册前税收筹划

主要利用地区税收优惠政策、产业税收优惠政策、规模税收优惠政策、创新创业税收优惠政策等结合创业的产品和服务种类、行业特点、未来发展规模进行税收筹划，争取最大的税收利益。

4.2　充分利用创业优惠政策

关于金融机构小微企业贷款利息收入免征增值税政策的通知（财税〔2018〕91号）：

为进一步加大对小微企业的支持力度，现将金融机构小微企业贷款利息收入免征增值税政策通知如下：

自2018年9月1日至2020年12月31日，对金融机构向小型企业、微型企业和个体工商户发放小额贷款取得的利息收入，免征增值税。金融机构可以选择以下两种方法之一适用免税：

（1）对金融机构向小型企业、微型企业和个体工商户发放的，利率水平不高于人民银行同期贷款基准利率150%（含本数）的单笔小额贷款取得的利息收入，免征增值税；高于人民银行同期贷款基准利率150%的单笔小额贷款取得的利息收入，按照现行政策规定缴纳增值税。

（2）对金融机构向小型企业、微型企业和个体工商户发放单笔小额贷款取得的利息收入中，不高于该笔贷款按照人民银行同期贷款基准利率150%（含本数）计算的利息收入部分，免征增值税；超过部分按照现行政策规定缴纳增值税。

金融机构可按会计年度在以上两种方法之间选定其一作为该年的免税适用方法，一经选定，该会计年度内不得变更。

各地都制定了创业支持政策。对行业头部企业、世界500强、大企业总部、战略新兴产业还制定了金融、土地、政府服务等种类优惠政策。

||||**知识拓展**

2018年广州创业扶持政策

近日广州市人力资源和社会保障局、市财政局《关于印发广州市创业带动就业补贴办法的通知》，通知中表示为贯彻落实《国务院关于进一步做好新形势下就业创业工作的意见》（国发〔2015〕23号）和《广东省人民政府关于进一步促进创业带动就业的意见》（粤府〔2015〕28号），进一步加大广州市创业带动就业的扶持力度，广州市政策为部分毕业大学生和创业人群提供项目补贴和就业补贴项目。

一、创业培训补贴

（一）哪些人员创业可以申领创业培训补贴？

在广州市内具有创业要求和培训意愿并具备一定创业条件的城乡各类劳动者（含港澳台学生。非毕业学年内的在穗普通高等学校、职业学校、技工院校在校生除外）。

（二）创业培训补贴的标准是多少？

到市人力资源社会保障行政部门认定的创业培训定点机构参加SIYB创业培训和创业模拟实训，并取得合格证书的，给予SIYB创业培训补贴1 000元和创业模拟实训补贴800元。

二、一次性创业资助

（一）哪些人员创业可以申领一次性创业资助？

1. 在穗普通高等学校、职业学校、技工院校学生（在校及毕业5年内）；

2. 出国（境）留学回国人员（领取毕业证5年内）；

3. 复员转业退役军人；

4. 登记失业人员；

5. 就业困难人员。

（二）创业补贴的标准是多少？

以上人员成功创业（在本市领取工商营业执照或其他法定注册登记手续，本人为法定代表人或主要负责人），正常经营6个月以上的，每户给予一次性创业资助5 000元。

三、租金补贴

（一）哪些人员创业可以申领租金补贴？

1. 在穗普通高等学校、职业学校、技工院校学生（在校及毕业5年内）；

2. 出国（境）留学回国人员（领取毕业证5年内）；

3. 复员转业退役军人；

4. 登记失业人员；

5. 就业困难人员。

（二）租金补贴的标准是多少？

在本市租用经营场地创办初创企业并担任法定代表人或主要负责人的，可申请租金补贴。租金补贴直接补助到所创办企业，每户每年 4 000 元，累计不超过 3 年。

四、创业带动就业补贴

（一）哪些人员创业可以申领创业带动就业补贴？

同时符合以下条件的初创企业：

1. 为招用人员连续缴纳 3 个月以上社会保险；

2. 与招用人员签订 1 年以上劳动合同。

（二）创业带动就业补贴的标准是多少？

按初创企业招用人数给予创业带动就业补贴，招用 3 人（含 3 人）以下的按每人 2 000 元给予补贴；招用 3 人以上的每增加 1 人给予 3 000 元补贴，每户企业补贴总额最高不超过 3 万元。

五、创业企业社会保险补贴

（一）哪些人员创业可以申领创业企业社会保险补贴？

1. 本市户籍登记失业人员；

2. 本市户籍农村劳动力；

3. 本市城镇复员转业军人。

（二）创业企业社会保险补贴的标准是多少？

上述人员创办初创企业领取营业执照正常开展经营，并按规定参加社会保险的，依照"先缴后补"原则，按照养老、失业、工伤、医疗和生育保险缴费基数下限和缴费比例，给予累计不超过 3 年的社会保险补贴（个人缴费部分由个人承担）。

六、创业孵化补贴

（一）哪些人员创业可以申领创业孵化补贴？

为创业者提供 1 年以上期限创业孵化服务（不含场租减免），并由市人力资源和社会保障行政部门认定的创业孵化基地。

（二）创业孵化补贴的标准是多少？

按实际孵化成功（在本市领取工商营业执照或其他法定注册登记手续）户数，按每户 3 000 元标准给予创业孵化补贴。

七、示范性创业孵化基地补贴

（一）哪些人员创业可以申领示范性创业孵化基地补贴？

1. 新认定达到市级示范性创业孵化基地标准的创业孵化基地；

2. 已认定经评估达标的市级创业孵化基地。

（二）示范性创业孵化基地补贴的标准是多少？

对新认定的市级示范性创业孵化基地，认定后给予 10 万元补贴。认定后按规定参加评估并达标的，一次性给予 20 万元补贴。

八、优秀创业项目资助

（一）哪些人员创业可以申领租金补贴？

获得"赢在广州"创业大赛三等奖以上奖次或优胜奖，并于获奖之日起两年内在本市领取工商营业执照或其他法定注册登记手续的优秀创业项目。

（二）优秀创业项目资助的标准是多少？

创业项目按以下标准给予一次性资助：

1. 一等奖：20 万元；

2. 二等奖：15 万元；

3. 三等奖：10 万元；

4. 优胜奖：5 万元。

九、创业项目征集补贴

（一）哪些人员创业可以申领优秀创业项目资助？

完成创业项目征集的单位及个人。

（二）优秀创业项目资助的标准是多少？

面向全社会征集，经专家评审团评估认定后，纳入创业项目资源库的创业项目（连锁加盟类除外），按每个项目 2 000 元标准给予申报者创业项目征集补贴。

十、创业项目对接及跟踪服务补贴

（一）哪些人员创业可以申领创业项目对接及跟踪服务补贴？

各级公共就业创业服务机构。

（二）创业项目对接及跟踪服务补贴的标准是多少？

各级公共就业创业服务机构向创业者推介"广州市创业项目资源库"项目，并提供包括创业培训、创业补贴申领、营业执照办理等"一站式"创业指导服务，直至开业成功，给予对接及跟踪服务补贴 1 000 元/个。

项目五 创办你的企业：融资和注册

5.1 融资

◆ 引导案例

蒙牛的快速成长，得益于以牛根生为代表的蒙牛管理层的果敢和远见卓识。

成立之初，为摆脱资本约束，牛根生大胆引入了"逆向经营"模式，不仅为企业省了宝贵的资金，而且为企业迅速打开市场创造了条件。而当蒙牛小有成就时，牛根生并未满足于在国内市场攻城略地的成就，为迅速壮大企业，他将目光投向了国际资本市场，大胆引入了摩根士丹利等三家国际投资机构的私募股权资金，与国际风险投资之间进行了一次次惊险的博弈，并依靠出色的表现一次次顺利脱险。而后，牛根生又将企业通过重组，改制，成功实现在境外市场上市融资，为企业抢占市场制高点赢得了宝贵的时间，使企业迅速成长为行业的霸主。

【案例思考】

什么是融资？怎么融资？融资应该注意的问题有哪些？

5.1.1 融资的概念

从狭义上讲，融资是一个企业资金筹集的行为与过程，也就是说公司根据自身的生产经营状况、资金拥有状况，以及公司未来经营发展的需要，通过科学的预测和决策，采用一定的方式，从一定的渠道向公司的投资者和债权人筹集资金，组织资金的供应，以保证公司正常生产需要、经营管理活动需要的理财行为。公司筹集资金的动机应该遵循一定的原则，通过一定的渠道和一定的方式去进行。

从广义上讲，融资也叫金融，就是货币资金的融通，是当事人通过各种方式到金融市场上筹措或贷放资金的行为。

5.1.2 融资的渠道

从筹集资金的来源的角度看，筹资渠道可以分为企业的内部渠道和外部渠道。

1. 内部筹资渠道

企业内部筹资渠道是指从企业内部开辟资金来源。从企业内部开辟资金来源有三个方面：企业自有资金、企业应付税利和利息、企业未使用或未分配的专项基金。一般在企业并购中，企业都尽可能选择这一渠道，因为这种方式保密性好，企业不必向外支付借款成本，因而风险很小，但资金来源数额与企业利润有关。

2. 外部筹资渠道

外部筹资渠道是指企业从外部所开辟的资金来源,其主要包括专业银行信贷资金、非银行金融机构资金、其他企业资金、民间资金和外资。从企业外部筹资具有速度快、弹性大、资金量大的优点,因此,在购并过程中一般是筹集资金的主要来源。但其缺点是保密性差,企业需要负担高额成本,因此产生较高的风险,在使用过程中应当注意。

5.1.3　企业融资

1. 债券融资

国内银行贷款——商业银行一般采用抵押、担保贷款;政策性银行采用项目及经营权或财政担保。

国外银行贷款——需要我国官方机构或银行提供担保。

发行债券融资——净资产股份公司大于3 000万元,有限公司大于6 000万元,符合国家产业政策。

民间借贷融资——风险大,成本高,尚不规范,办理简单,操作快捷。

信用担保融资——中小企业不容易取得担保机构的信用担保。

金融租赁融资——适用于不具备贷款条件的中小企业设备更新,也适用于其他融资租赁业务。

2. 股权融资

股权出让融资——是指中小企业出让企业的部分股权,以筹集企业所需要的资金。

增资扩股融资——中小企业根据发展的需要,扩大股本融进所需资金,有溢价扩股、平价扩股。

风险投资融资——投资于极具发展潜力高成长性风险企业并为之提供经营管理服务的权益资本。

投资银行融资——向证券、并购重组顾问、基金管理、风险投资的公司(属投资银行机构)融资。

国内上市融资——为解决企业资金短缺、吸引新股东、防止被兼并、收购企业等而发行股票融资。

此外还有境外上市融资、买壳上市融资、产权交易融资、杠杆收购融资等。

3. 内部融资和贸易融资

留存盈余融资中小企业向投资者发放股利和企业保留部分盈余时,利用留存盈余融资。

资产管理融资属于企业的内源融资,中小企业可以将其资产通过抵、质押等手段融资。

此外还有票据贴现融资、资产典当融资、商业信用融资、国际贸易融资、补偿贸易融资等。

4. 项目融资和政府融资

项目包装融资,按市场规律,经精密构思策划对有潜力的项目进行包装运作融资建设。

　　BOT 项目融资,政府用项目特许权给投资人,项目建成、投资人经营收费期满,将项目归还政府。

　　还有 BT 项目融资、TOT 项目融资、IFC 项目融资(IFC 是国际金融公司简称)、高新技术融资、专项资金融资、产业政策融资。

　　股权融资作为企业的主要融资方式,在资本市场中起着举足轻重的作用;它同样也是企业快速发展应采取的重要手段。较之债权融资,股权融资的优势主要表现在:股权融资吸纳的是权益资本。因此,公司股本返还甚至股息支出压力小,增强了公司抗风险的能力。若能吸引拥有特定资源的战略投资者,还可通过利用战略投资者的管理优势、市场渠道优势、政府关系优势,以及技术优势产生协同效应,迅速壮大自身实力。企业进行股权融资需要有一定的方式与策略。而从融资方式角度来看,股权融资主要表现为吸收风险资本、私募融资、上市前融资及管理层收购等方式。

　　【讨论问题】

　　什么是 A、B、C、D 轮融资？ A、B、C、D 轮融资与天使投资、VC、PE 的关系？(参见单元五项目四)

5.1.4　融资的技巧

　　1. 建立良好的银企关系

　　(1) 企业在与银行的交往中,要使银行对贷款的安全性放心。如何使银行对企业放心呢？

　　企业要有信用。企业信用是企业在市场经济中进行独立自主经营活动,如签订购销合同、参加招投标、申请资质、争取政府采购、向银行贷款等都需要的一个有效的取得对方信任的"身份证",同时是企业进入金融市场必须取得的"通行证"。对所借贷款有信用就是在约定的期限内还本付息,不能违约。

　　(2) 企业要有耐心。在争取贷款时要有耐心,充分理解和体谅银行的难处,避免一时冲动伤和气,以致得不偿失。

　　(3) 要主动、热情地配合银行开展各项工作。例如,积极配合银行开展各种调查,认真填写和报送企业财务报表,贷款到期主动按时履行还款或展期手续,以取得银行对中小企业的信任等。

　　2. 写好投资项目可行性研究报告

　　投资项目可行性研究报告对于争取项目贷款的规模大小,以及银行贷款的优先支持,具有十分重要的作用。中小企业在撰写报告时,要注意解决好以下几个问题:

　　(1) 报告的项目要符合国家的有关政策,重点论证在技术上的先进性、经济上的合理性以及实际上的可行性等问题。

　　(2) 要把重大问题讲清楚,对有关问题做出有力的论证。例如,在论证产品销路时,必须对市场对该产品的需求、当前社会的生产能力及将来的趋势等做出分析和论证。

　　(3) 把经济效益作为可行性的出发点和落脚点。

　　3. 突出项目的特点

　　不同的项目都有各自内在的特性,根据这些特性,银行贷款也有相应的要求。

4. 选择合适的贷款时机

要注意既有利于保证中小企业所需要资金及时到位,又便于银行调剂安排信贷资金调度信贷规模。一般来说,中小企业如要申请较大金额的贷款,不宜安排在年末和每季季末。

5. 争取中小企业担保机构的支持

中小企业由于自身资金少,经营规模小,很难提供银行需要的抵押、质押物,同时也难以取得项目三方的信用担保,因而要取得银行的贷款非常困难。这些固然是不利条件,但如果能和各方面搞好关系,融资工作提前做到位,得到中小企业担保机构这些专门机构的支持,向商业银行贷款就有容易得多。

5.1.5 融资的九大误区

1. 创始人股权分配平均,股权过于分散

很多创业者认为,几个创始人平均分配股权可以让大家共同奋斗,不会产生利益方面的争论。其实不然,创业公司一个最大的优势就在于高效的执行力和灵活性,而创始人在这个过程中往往处于一个中心位置。回望所有成功的企业,我们会发现它们几乎都有一个非常特别的创始人,微软、苹果、Amazon 等无不如此。早期阶段,他们就代表着公司,是他们在驱动着公司不断向前发展。而这种驱动力不仅来自自身的责任,更来自"一切我说了算"的决策权。如果几个创始人股权平均太过分散,那么势必影响其决策效率。此时创业公司最大的优势:"执行力和灵活性"就已丧失。

2. 关注钱而忽视了资金背后的投资人

谈到融资,当然需要关注钱。但是正如我们之前所分析,创业者与投资人的联结就像婚姻,与不适合的投资人联姻,很可能会毁掉创业项目。因此,关注资金背后的投资人,关注他们的行业背景、他们所拥有的资源以及他们投资的项目,看看是否能给自己带来真正价值。投资人看一个项目,往往需要对这个项目及其团队骨干做一个非常详细的尽职调查。同样,作为创业者,在寻找投资时,也需要对资金背后的投资人做个类似的尽职调查。

3. 兼职创业希望融到钱后再全职

创业不仅是一项全职工作,更是一项事业。兼职创业说明对自己的项目没有信心或者对自己没有信心,因为你把它放在了第二的后备位置。同时,兼职创业导致不能专注,无法深入。

4. 团队没有磨合就融资

正如我们上面所说,投资人看一个项目,往往需要对项目和团队进行全面的尽职调查。很多投资人甚至只看团队,团队靠谱,选择的项目也不会太差。因此,在打算融资前,先把团队磨合好是必要的前提。

5. 没有测算自己成本就开始融资

对于创业者来说是融资,但是对于投资人来说就是投资。投资讲求投资回报率,因此了解所投资项目的成本至关重要。同时,对自己项目成本的详细测算,不仅是自身内部管理的必需,更是融资的依据。著名历史学家黄仁宇在总结现代化在中国姗姗来迟原因的时候,认为不能建立在数字上的精确管理是最大原因,这点同样适用于微观企业管理。

6. 在资金流快断掉时才开始融资

如果说资本是社会经济发展的血液,那么资金流就是一个企业继续运转的前提。投资人的投资往往是创业企业在初期阶段的唯一资金来源,因此更应该时刻关注自己的资金流。提前做好融资的准备不仅给予自己更多的选择余地和更大的议价能力,同时给投资人充足的时间。王啸认为,融资应该在资金很充足时就开始打算。

7. 同时向所有认识的投资人融资

这种思想和刚出校门的学生们寻找工作一样,认为广撒网能多捕鱼。然而事实上,广撒网意味着对自己的真实需求不清晰,对投资人的需要不了解。没有目的、没有方向的船无论运行多快,别人永远不知其将抵何方。因此,寻找自己合适的投资人才是真正的王道。

8. 外部股东控股

投资人只会投符合自己投资回报率的项目,如果外部股东控股了一个项目,那么这个项目的前景无疑大打折扣。投资人会想,项目是按照创始团队的方向前进,还是会向控股股东的方向前进?

9. 盲目乐观估值过高

作为寻找投资的创业团队来说,能获得一个较高的估值不仅是对自己价值的一种肯定,更是其前进的驱动力之一。但是对于一个还没有产生收入的早期创业项目来说,其估值往往取决于发展到下一阶段的成本。创业公司最后的价值则更多体现在被收购或者上市阶段。

5.2　注册

◆ 小思考

猴哥陶艺做好了前面环节的所有准备,现在想着手注册成立一个公司,却不知从何做起,公司的注册流程是怎样的?

5.2.1　核准名称

时间:1～3个工作日。

操作:确定公司类型、名字、注册资本、股东及出资比例后,可以去工商局现场或线上提交核名申请。

结果:核名通过;失败则需重新核名。

5.2.2　提交材料

时间:5～15个工作日。

操作:核名通过后,确认地址信息、高管信息、经营范围,在线提交预申请。在线预审通过之后,按照预约时间去工商局递交申请材料。

结果:收到准予设立登记通知书。

5.2.3　领取执照

时间:预约当天。

操作:携带准予设立登记通知书、办理人身份证原件,到工商局领取营业执照正、副本。

结果:领取营业执照。

5.2.4　刻章等事项

时间:1～2个工作日。

操作:凭营业执照,到公安局指定刻章点办理公司公章、财务章、合同章、法人代表章、发票章。

至此,你拥有了你自己的公司。

单元二习题

一、单选题

1. (　　)不属于股权架构的类型。
   A. 一元股权架构 　　　　　　　　 B. 二元股权架构
   C. 三元股权架构 　　　　　　　　 D. 4×4 股权架构

2. (　　)是指投资于极具发展潜力的高成长性风险企业并为之提供经营管理服务的权益资本。
   A. 增资扩股融资 　　　　　　　　 B. 国内上市融资
   C. 投资银行融资 　　　　　　　　 D. 风险投资融资

3. 某企业为国家重点扶持的高新技术企业,其 7 月份的应纳税所得额为 580 万元,那该企业 7 月份应缴纳的企业所得税额为(　　)万元。
   A. 87 　　　　　 B. 116 　　　　　 C. 145 　　　　　 D. 174

4. 公司是企业法人,有独立的财产,享有法人财产权,公司以(　　)对公司债务承担责任。
   A. 股东实缴的出资额为限 　　　　 B. 股东认缴的出资额为限
   C. 公司的全部财产 　　　　　　　 D. 公司的注册资本

5. 公司以(　　)所在地为公司住所。
   A. 主要经营 　　　　　　　　　　 B. 公司登记
   C. 公司主要办事机构 　　　　　　 D. 公司章程确定

6. 有限责任公司由(　　)个以下股东出资设立。
   A. 二十 　　　　　 B. 三十 　　　　　 C. 四十 　　　　　 D. 五十

7. 公司全体股东的首次出资额不得低于注册资本的(　　)。
   A. 百分之二十 　　 B. 百分之三十 　　 C. 百分之四十 　　 D. 百分之五十

二、多选题

1. 下列属于合伙企业特点的是(　　)。
   A. 生命无限 　　 B. 责任无限 　　 C. 相互代理 　　 D. 财产共有

2. 商业计划书中财务规划部分应包括(　　)。
   A. 条件假设 　　　　　　　　　　 B. 预计的资产负债表和利润表
   C. 现金收支分析 　　　　　　　　 D. 资金来源及使用

3. 企业的组织形式有哪些? (　　)。
   A. 独资企业 　　 B. 合伙企业 　　 C. 公司制企业 　　 D. 股份制企业

4. 为什么要设计股权架构?(   )。

  A. 明晰合伙人的权、责、利
      B. 有助于创业公司的稳定

  C. 影响公司的控制权
       D. 方便融资

  E. 进入资本市场的必要条件

三、判断题

1. 企业的财务规划应保证和商业计划书的假设相一致。   ( )

2. 最差的股权架构是均等。   ( )

3. 创办企业时应向公安局提交申请材料。   ( )

4. 合伙企业采用个人所得税 5%～35% 的五级超额累进税率。 ( )

5. 合伙企业是指各合伙人订立合伙协议、共同出资经营、共同享有收益且对企业债务承担有限责任的营利性组织。   ( )

6. 二元股权架构是指股权在股权比例、表决权之间做出不同比例安排,将股东权利进行分离设计的股权设计方式。   ( )

7. 私营独资企业比较适合于零星分散的小规模经营。   ( )

8. 公司制企业中的经营权和所有权的分离,不利于企业的经营管理。( )

9. 一人有限公司适用的法律基础是《个人独资企业法》。 ( )

四、简答题

1. 编写商业计划书应包括哪些内容?

2. 企业在注册时应考虑哪些因素?

3. 简述 IPO 的含义。

4. 列举公司和合伙企业的区别。

5. 商业计划书的内容是什么?

6. 注册不同组织形式应考虑的因素有哪些?

7. 简述独资企业的特点。

8. 简述合伙企业的特点。

9. 简述独资企业、合伙企业和公司企业三者的相同点和不同点。

10. 股权如何分配?

11. 融资的技巧有哪些?

12. 商业计划书的财务规划一般包括哪些内容?

五、讨论题

创办企业时,设计股权架构是至关重要的一步。某新创办企业在分配股权时,A、B、C 三名合伙人产生了分歧。请你列举出三种方法,为企业股权分配出谋划策。

六、案例分析题

案例1

张瑞敏：海尔的发展史，就是一部创业创新史

来源：新广网

2019年12月18日，庆祝改革开放40周年大会在人民大会堂举行，习近平总书记为张瑞敏佩戴改革先锋奖章并颁发证书。我们注意到，在这次表彰中，不同企业家的获奖都有不同侧重和面向，张瑞敏是因为在管理创新上的不断求索而获得嘉奖。

这是实至名归的。张瑞敏曾言：海尔的发展史，就是一部创业创新史。对于海尔来说，创业和创新永远是现在进行时而非完成时。

新皮囊不能装旧酒

《圣经·新约》中说，"也没有人把新酒装在旧皮囊里，若是这样，皮囊就裂开，酒漏出来，连皮囊也坏了。唯独把新酒装在新皮囊里，两样就都保全了。"

这是张瑞敏喜欢引用的一段话。他说，"新酒必须装到新皮囊里，不能装旧瓶。你接触了很多新东西，但不能放在原有的旧思维里，否则是白搭。"

对于企业来说，互联网时代就是一个全新的"皮囊"，很多传统时代的管理理论已经失灵。

比如现代企业管理理论体系的三位先驱：美国人弗雷德里克·泰勒基于动作研究的"科学管理"、德国人马克斯·韦伯的科层制、法国人亨利·法约尔提出的组织内部一般管理理论。在互联网时代，他们的理论都面临颠覆之虞。

为什么？张瑞敏是这样阐述的：首先，互联网带来了零距离，这意味着泰勒的科学管理不灵了。零距离要求从以企业为中心转变为以用户为中心。用户的需求都是个性化的。泰勒的科学管理是大规模制造，现在则要从大规模制造变成大规模定制。

其次，去中心化，没有领导。谁是员工的领导？不是他的上级，而是用户，员工和用户之间要直接对话。这就把马克斯·韦伯的科层制颠覆了。为什么美国汽车商没有竞争过丰田？因为美国汽车制造商有14个层级，而丰田则要少得多。

最后，分布式。所有资源不是在内部，而是在全球，这就颠覆了法约尔的一般管理理论。为什么一定要在内部来做？为什么不可以吸引全球的资源？《维基经济学》有句话说得好，"全球就是你的研发部"。

物联网是移动互联网之后最重大的经济活动，这个判断已经逐渐成为共识。那么，在物联网这个更新的"皮囊"里，又该装什么样的"酒"？

最核心的是实现社群经济。所谓的社群经济就是根据每一个人的需求为他提供场景服务。过去的模式不可能实现。人单合一的"人"就是员工，"单"就是用户需求，要把员工和用户需求结合到一起。

"这应该是创建物联网时代商业模式的一个最基本、最必要的条件。"从这个意义上，人单合一模式是属于物联网时代的商业模式，是新时代的"新酒"。

海尔只有创业，没有守业

2017年，在纪念改革开放三十九周年暨海尔创业三十三周年研讨会上，张瑞敏回顾

了海尔创业创新精神的渊源。海尔正式提出创业精神是在 20 世纪 90 年代。

1995 年,张瑞敏写过一篇文章《海尔只有创业没有守业》,从贞观之治时唐太宗和大臣的一段对话中得到感悟。唐太宗问他的大臣:今天夺取了天下,草创与守成孰难? 大家各抒己见,最后唐太宗说,草创已经过去,今天面对守业,而守业比创业更难。

从这个历史典故推至海尔的发展,张瑞敏说,对于海尔来说,只有创业没有守业。因为守业其实是守不住的,只有永远创业,永远在路上才有可能把事业做大。

后来,创业和创新精神被正式刊登在《海尔报》上,演化成海尔的"双创精神",迄今已经二十多年了。海尔以如此大体量的身躯,把自己变成一个创新创业的驱动平台。"到目前为止,大概世界上的大企业还没有这么做的。既然没有人做,就是一个机会。"

英国作家狄更斯在《双城记》中说:这是最好的时代,这是最坏的时代。诚如张瑞敏所言,"互联网时代就是这样一个时代,如果我们能够创新,互联网对我们就是最好的时代;如果我们不能创新,互联网对我们就是最坏的时代。"

案例讨论:作为一个大学生,基于当今社会发展形势,结合海尔创业经验,如何创业成功?

案例 2

徐小平:合伙人比你想象得更重要

世界上没有永远的朋友,只有永恒的利益。于是很多创业者相信独行侠主义,信奉自己的人生哲学。但回头看那些短命的企业,却往往正是因为在创业初期没有合适的团队结伴而行,才导致了最终的失败。

很多人感叹新东方的成功,羡慕阿里巴巴的地位,惊讶小米的爆发力,但鲜有人意识到这点——如果背后没有联合创始人无论高峰还是低谷的不离不弃,很难说企业会有现在的辉煌。对于初创团队而言,合伙人比商业模式重要得多。

我认为初创企业的合伙人非常重要,重要的程度超过你想做的市场方向。

我最喜爱的演员罗宾·威廉姆斯说过,"这个人不知道是谁,这个人显然是一个奋斗者"。你能否找到马云做合伙人是非常重要的。

创业第一件事是要找合伙人,联合创始人比你的商业方向更加重要。这一点,一般人理解不了。我在多年的工作、创业、投资的过程中遇到过无穷无尽的经验智慧,让我明白了这点。

为什么要找合伙人?

创业为了什么? 当然为了成功。

但在创业路上还应该收获合作伙伴、知己朋友、兄弟情谊。这是跟金钱与成功同等重要的东西。你的生命会因此感到更加充实,更加骄傲。

我在新东方的时候经常出差,一到外地我就感到空虚。当时我的太太孩子在加拿大,父母姐妹都在江苏,北京就是俞敏洪、王强这些共同创业、合作打拼的兄弟们。北京有新东方,也有新东方的学生,有需要我、也有我需要的那些人。

多年以后,我和王强创办真格基金,跟王强一起再次创业。我跟王强也经常会有观点的冲撞。我会收到王强的信,对我提出批评,犹如我当年进场给老俞写信批评他那样。这些信都是关于真格基金的价值观、原则、战略的讨论和争论。

　　有这样的合作者以及互相批评的文化，创业者和他的团队才能保持坚定正确的战略方向，保持旗帜鲜明的价值观，保持激流勇进的战斗力，去打天下。

　　合伙人的重要性我讲过很多，但是我希望讲得再深一点。

　　曾经有一位海外顶级公司的顶级科学家来到我这里融资。他已经得到国内同样行业顶级公司的战略投资，他说徐老师你的品牌好，给我一笔钱，我就启动了。

　　这家公司是一个2B的公司，没有合伙人，创始人拿着100%的股份。他是一位纯科学家，不是那种市场营销管理的角色。

　　我说你得找一个CEO。他说徐老师，我正在找。这时候我说，我说我告诉你，你绝对找不到。他说我给他30%的股份，我说你找不到，他说我给他70%，我说你也找不到。

　　为什么？因为找合伙人，其实比找对象还难。你们都是创业者，想一想，你是跟自己合伙人在一起的时间长，还是跟配偶在一起的时间长？

　　你与合伙人，可能醒过来就通话，到了公司一直干到晚上筋疲力尽才回家，回家可能就睡着了。一天24个小时，16个小时是和创业者合伙人在一起的，而梦中你事实上都是跟合伙人在一起，而不是和配偶在一起。

　　你和合伙人的关系，在某种程度上实际上超过了你和配偶的关系。

　　我告诉这个创始人，说你这么高的地位，100%的股份，你再找一个人，一定找不到。

　　因为你要找的这个人是你的CEO，跟你在一起的时间会超过你的配偶，这么重要的人，你只能在工作生活中“碰到”，而不可能“找到”，即使能够“找到”，你们在一起磨合兼容的过程，也足以让一家初创公司大伤元气。

　　什么样的人才是好的合伙人？

　　这是*Good Will Hunting*里的一句话：什么是你的心灵伴侣？那些可以跟你较劲的，那些能够毫无保留与你沟通的人，触动你心灵的人。

　　只有合伙人，才有这种意愿，才有这个资格，才有这种能力。只有这种人才能在最后，你失败的时候，他跟你一起反败为胜。否则，你百分之百的股份，我干吗要跟你一起承担风险。

　　方法很简单，我要做一件事，已经有了两到三个人，不能太多。股份制，新东方的股份，我也可以讲一讲，老俞50%，我和王强是10%和10%，我们在漫长的新东方的创业的长征当中，我经常说一句话，我为了我的10%而战。

　　当然，我是爱俞敏洪的。如果我们不是合伙人，如果新东方的利益不跟我们捆绑在一起，假如仅仅是为了新东方培养人才的理想，我早就去团中央了，或者是去红杉了。正是因为我们的利益捆绑，我们才能在每一个艰难时刻一起挺过来。

　　情怀是什么？情怀是理想。人不能说我这个值多少钱，明年又值多少钱，这个不够。新东方是为了人才的培养，基金是为了每一个在座朋友创业的梦多了一个可以找的人。

　　做任何一件事都要有情怀，当遇到利益纷争的时候，我们就会用更高的情怀，更高的利益、价值观、责任感，这能够化解许多矛盾。合伙人制度仅仅是利益捆绑还不够，还要有梦想的捆绑，还要有价值观。

　　我经常说两句话。不要用兄弟情义来追求共同利益，这个不长久，一定要用共同利益追求兄弟情义。不能纯粹为了理想去追求事业，但你的事业一定要有伟大的理想。这样的合伙人制度才能长久。

一般来说70、30或者是80、20，或者是6、2、2，在中国应该有控制的，你一定要给你的合伙人1、2个或者是3个。

如何解决没有合伙人的问题？

如果你没有合伙人，没有一两个核心团队成员的话，最好不要成立公司。因为一开始就会注定这家创业公司的基因有问题。

那怎么解决这个问题？

第一，先找人，再找钱。先有人，再有公司。

当你已经找到钱，再去找一个人的话，你已经是被市场定价的人。这时候对于随后加入的合伙人来说，你给他多少都是一种给予、施舍，而不是说两个人一起定价，一起寻找市场的承认。

第二，股权的分配要让合伙人觉得他是你的利益共同体。如果在一个公司里，老大拿着90％的股份，剩下三四个人，每个人一两个点，这家公司基本做不大。

因为这时候那三四个人的心态不是老二、老三，而只是"小二""小三"。他只跟着老大在一起往前走，而不是作为公司的主人。

有一句话，"士为知己者死"。你有这样的合作伙伴当然很棒，但这不是一个团队的最高境界，因为士为知己者死，依然是被雇佣的心态，依然是我在为你干活，就跟黑社会一样。

团队的最高境界是什么？

团队的最高境界是士为自己者死，不是知己，也不是他人，而是自己。

很简单，当你的二把手、三把手，你的团队，把你的事业当成他的事业，把你的身家性命当作他的身家性命，这时候这个团队就会成为战无不胜的铁军，任何利益、任何诱惑都打不垮、任何威胁都无法撼动的团队。

早期在新东方创业时，我基本是每两个月飞一次加拿大看太太孩子，待两周再回来。有一次因为什么危机，我的飞机刚刚落地温哥华，接到俞敏洪电话，我在家住了一个晚上第二天就飞了回来。但那时候，我从没有觉得过累，也不觉得烦，为什么？

因为新东方是我自己的事业，我不是在为俞敏洪干活，我在为自己干活。新东方一路过来这种时刻很多，我和俞敏洪固然有士为知己者死的情结，但最重要的心态，还是"士为自己者死"。三驾马车成为生命共同体。

对于一个创业企业来说，即使已经有一定的规模，几十人、几百人甚至更多，但真的要走得更远，走得更深，就一定要有这样的合伙人：不是创始人给了你活路，给了你机会，而是说，这就是你的事业，这就是你的未来、梦想。

创业者怎么面对失败？

创业本身是个滔滔不绝、生生不息的追逐之旅，和生命的本质一样。

失败之于创业的意义，如同死亡之于生命的意义——你们想想，有多少哲学家是以生命的终结为出发点来寻求生命的价值？又有多少宗教是以"往生"为终极目的来阐述生存之道？

乔布斯就曾说，"记住你即将死去"是他一生中最重要的箴言，在死亡面前，他才消除了一切喧嚣浮华，看清了对自己真正重要的东西。

反思失败是为了找到成功的意义。

对于创业者来说，也只有定义失败、认识失败、反思失败，才能真正去谈论和把握成功。

现在最常见的对于失败的讨论，就是"已经成功"的创业者、企业家嬉笑怒骂中调侃失败的过往，谈笑间失败灰飞烟灭，一笑泯恩仇。

这是人性对于失败的恐惧感和羞耻感使然。但失败的价值不需要成功来背书。

什么时候我们可以在创业成功之前，也就是失败之时就讨论失败，坦然、灿然地面对失败的结果，自信、自在地分析失败的原因，才算是真正获得了创业的勇气和智慧，我们才能真正拜失败为我们的"成功之母"。

刚才说到，反思失败是为了找到创业的意义。那么，在风起云涌的创投浪潮里，我们为什么要创业？创业对于你们每个人，对于社会、国家，究竟意味着什么？我们又应该怎么样征服对于创业风险的恐惧，跨越对于创业失败的沮丧？

我先来讲一个故事：在直播崛起的时候，真格也投资了一家20多人的直播公司。有个朋友是一个传媒界大公司的高管，我鼓励他加入这家创业公司。

朋友听了我的提议，脸上显示出不可思议的表情，他说小平，有没有搞错！我现在工作稳定，家庭幸福安逸，你让我放下"金饭碗"去这么小的一家创业公司，万一倒闭了怎么办？这不是存心坑我吗？

我对他说：这家公司可能会成为下一个花椒、映客，成为10亿美元的独角兽。但它确实也有可能会垮掉，让你流离失所。但记住：从根本意义上，我让你去的不是这家公司，而是一个新兴的行业。

直播行业、流媒体、新媒体、自媒体……新技术革命带来的媒体的变革，将产生远远超过传统媒体的就业机会和财富机会。把我推荐的这家公司，当作进入一个新时代的山门，你会为你的选择庆幸而骄傲。

后来，这个朋友还真的加入了这家创业公司。不久之后，这家公司果真没有如愿做成。但这位朋友告诉我，在他有意离开这家公司之时，直播行业的头部公司纷纷向他发出邀约，请他去做高管。

这个朋友在一家"失败"的创业公司，实现了人生的飞跃。他不是去企业捞金，而是把自己变成了纯金。他不是放弃了传统媒体的过去，而是拥有了新媒体的未来。

个案不足以说明一切。但我这个朋友的故事，代表了这个时代职场人才蜕变和升华的经典模式。

优步中国虽然在共享出行大战中败给了滴滴，但它却成了为共享行业培养顶尖人才的黄埔军校。

一家创业公司倒下，无数行业精英崛起。这样的故事，在电商、团购、共享出行、共享单车、直播等新兴行业都在上演。

思考题：

(1) 为什么要找合伙人？

(2) 什么样的人才是好的合伙人？

(3) 如何解决没有合伙人的问题？

单元三 挑选你的财务资源整合者：财务合作伙伴而不是财务员工

项目一 挑选财务专业机构：不仅仅是记账代理

引导案例

一、养不起"大神"的小公司，老板很头痛

@朱先生：

对于像我们这种中小型或创业型公司来说，要招到懂会计、懂社保、懂税务、熟悉政策法规的知识比较丰富的财务人员，不但价格不菲，而且不容易招到。我曾经花高薪挖来一位财务总监，想着他能帮我管理公司账务，期盼着能适当做些税收筹划。可是一年下来，十多万人力成本花出去了，我却并没有得到自己想要的，人力成本大大增加没有任何回报，着实让人头痛。

今后，我可能会考虑找代理记账公司，我也不图代账公司可以为我筹划节约多少税，只要专业素质过硬，能让我省心、放心、省力，最重要的也省了我的人力成本！

二、被不靠谱的代账公司坑惨的老板

@易先生：

2016年我第一次创业。因为是技术出身，在公司注册和财务管理方面完全是门外汉。公司也没有那么多资金专门请一个会计，于是我在网上找了个最便宜的，一年1 200元，而且还赠送了两个月(1 200元服务14个月)，工商注册免费办理！也没签订合同，我就直接把1 200的费用打给代账公司老板了。

不到半个月的时间，代账公司就把我公司的营业执照办理妥当了，并且税务登记手续也办理好了。刚开始我还挺高兴，觉得钱花得挺值。可就在今年7月，眼看要签约的一个大单，对方说在网上查到我们公司被列入了工商部门的异常经营名录，觉得我们不诚信，因此，取消了与我们合作的计划！

晴天霹雳！工商年报是什么？这些代账公司不管吗？我马上找到了他们销售，结果他告诉我，当时谈的价格，就是只有记账的价格，而且已经免费赠送了工商注册服务，别的就不再管了！如果有其他的需求，需要提前告知并单独增加费用！气愤！原来花了1 200元，就空报了接近一年的账，结果还让自己的公司陷入无法经营的地步！

悔恨当初不该花低价找这个代账公司，更恨自己没有对财务重视起来，导致现在这个地步！生意黄了，流动资金没了，工资也发不出去了。

【案例思考】

在创新创业成为主题的时代，企业和创业者应该如何挑选专业财务服务机构呢？

【案例分析】

近年来由于互联网技术的发展与计算机会计软件的不断成熟，以及传统行业不景气企业急于寻找新的出路，一大批以"互联网＋"为噱头的代理记账公司如雨后春笋般出现。

这些企业，除了震天响的低价宣传口号外几乎没有任何其他真正的专业竞争优势，比如某代账公司，在开业初期甚至报出了"每月几十元即可为企业完成代理记账及报税服务"的口号，期望借此冲击市场。

时至如今，尽管他们的初衷和做出的承诺已经被证明，并将继续被证明只能是空中楼阁虚幻一场，但这些形形色色的代理记账公司，却误导和鼓惑了众多需要代理记账服务的中小企业，并对这些企业的正常经营产生了不利影响。

1.1　创业者寻求财务服务机构服务的必要性

当今社会，创业早已不是遥远的话题。何为创业？创业的本质是创业者把握机会、整合资源、创造新的价值。有了好的创业主意，没能行之有效地执行也不过一纸空谈。财务服务机构可以在企业创立和发展过程中完善财务管理制度，整合各方资源，使企业得到更好更快发展。财务是一个企业的命门，财务运作得好坏，对一个企业的发展至关重要，因此，选择一个好的财务是企业老板最重要的事情。

有这样一个未经证实的统计数据：

5年之内，90％的创业者会倒闭；10年之内，剩下的10％的创业者中的90％也将会退出市场。也就是说，10年之后，只有不到1％的创业者会幸存下来。创业者为什么寿命会如此短？最主要的原因在于他们缺少一支优秀的创业团队。可以说，失败的创业者从创业一开始，就奠定了创业失败的命运。

对于中小企业来说，选择兼职或者代理记账是最佳选择，但是一定要选择适合的代理记账服务机构来作为你的财务合作伙伴。凭借一个人的力量是无法建立伟大公司的，"选择了正确的团队，就是完成了80％的工作"。一个专业的财务服务机构和专业的财务服务团队可以提供专业的财务服务，不仅仅只是代理记账服务，还可以从财务角度进一步在降低生产成本、经营融资和制定公司发展战略等方面提出建议，完善公司的财务制度，保证公司合规运营，提高公司的经济效益。

1.2　财务专业机构不等同于记账代理

财务专业机构是指对企业经济活动进行连续、系统、全面、综合的核算和监督，以促进企业加强经济管理、提高经济效益的职能部门，并非仅仅只是代理记账。四大会计师事务所，即普华永道（PWC）、德勤（DTT）、毕马威（KPMG）、安永（EY）。其部门分布如表3－1所示。

表 3-1　四大会计师事务所部门分布

普华永道	审计、SPA、税务、ADVISORY、其他后台支持部门
毕马威	审计、税务、财务顾问部、其他后台支持部门
德勤	审计、ERS、税务、CORPORATEFINANCE、DC、其他后台支持部门
安永	审计、TSRS、税务、MAS(财务咨询)、其他后台支持部门

其各自服务理念如表 3-2 所示。

表 3-2　四大会计师事务所服务理念

普华永道	全球最具规模的专业服务机构,在全球 142 个国家拥有超过 125 000 名专业人士。 具备渊博知识与丰富经验,以最高的职业操守为客户提供高质量的服务。对中国内地、香港及澳门的本土营商环境有透彻的认识。致力于和客户忠诚合作,提供解决方案,协助客户应付千变万化的营商环境所带来的挑战
毕马威	网络遍布全球的专业服务机构,设有由优秀专业人员组成的行业专责团队,致力提供审计、税务和咨询等专业服务。成员机构遍及全球超过 140 个国家 717 个地区,拥有近 94 000 名员工。目标是把所掌握的知识升华增值,裨益客户、员工,贡献资本市场。专家队伍由多个领域的专业人员组成,以专注了解客户所处的行业情况和独特需求。尤其重视以行业专责团队整合行业知识,提供优质服务。在国内已经建立起银行、金融、电讯、石化、消费品和工业品行业划分的专责团队。同时,来自日本、美国、英国和德国的资深毕马威人员能够处理各国的特殊专业问题,并依据当地的公认会计准则出具报告。凭着对各行业和各国实际情况的深入认识,向客户提供的专业人员不仅能够洞悉客户所在行业的具体商业问题,而且还能够专心致志地提供一流服务。服务贯通各行各业,跨越各国各洲,务求满足客户的每一项需求
德勤	在其国际化的战略指引下,在近 150 个国家和地区内拥有下属企业,汇集了 12 万多的专家,并致力于为客户提供卓越的专家服务和咨询,其主要业务集中在四个领域:审计、税务规划、咨询和财务顾问。全球有一半以上的大型企业、国有企业、公共机构、本地重要客户以及成功的成长期企业都在享受着德勤的服务。企业采纳了合伙制的形式,本身不直接提供服务,而是通过其全球的会员企业来聚敛财物。作为美国一家领先的专业服务公司,其下属企业在多达 80 个城市里提供审计、税务规划、咨询和财务顾问业务,并拥有 3 万多名员工
安永	世界上最大的专业服务公司之一,它的前身是 1903 年成立于美国克利夫兰的恩斯特·恩斯特(1979 年后合并为恩斯特·惠尼)会计师事务所和 1906 年成立于美国纽约的阿瑟·杨会计师事务所。安永在全球 140 个国家、700 个城市拥有服务据点,共有员工 135 000 位。在福布斯的排行榜上,安永位列私人企业的第九位。总部位于伦敦

从“四大”的部门设置和服务理念不难看出,专业的财务服务机构在人员配置、软件配置以及业务范围都力求专业全面。仅仅代理记账并未能满足现代企业的财务服务需求。初创企业应谨记专业财务服务机构并不仅仅指代理记账,在挑选财务服务机构的时候更应该慎重,毕竟完善的财务制度对于企业的发展是如虎添翼。若敷衍了事,反受其害,总归得不偿失。

1.3　挑选专业财务服务机构和财务服务人员

◆ 引导案例

网利宝聘请安永 EY 会计师事务所为财务审计机构

众所周知，健全的财务管理制度对于高速成长中的公司极为重要。近日，网利宝与四大会计师事务所之一的安永会计师事务所（EY，以下简称安永）达成合作，正式聘请安永担任公司审计机构。

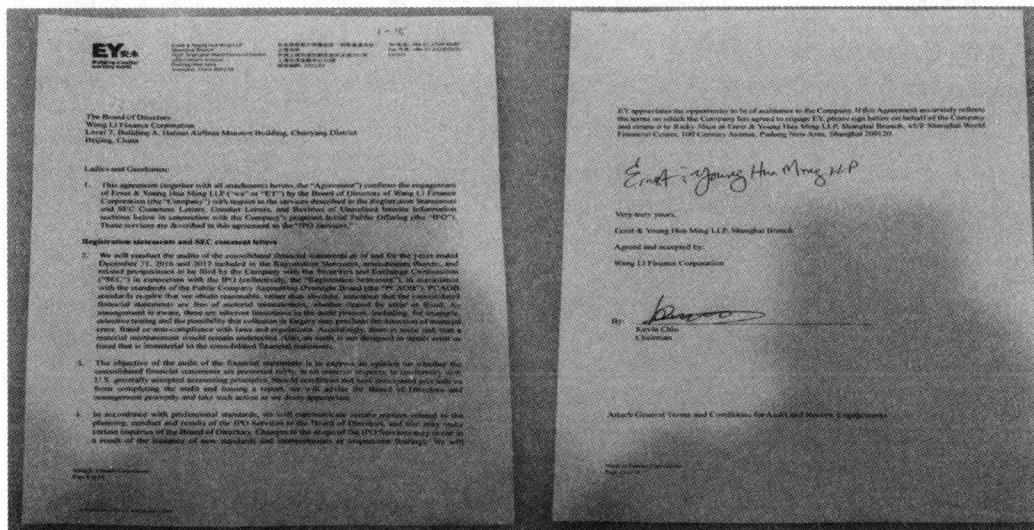

安永是全球领先的审计、税务、财务交易和咨询服务机构，是全球著名的四大（Big 4）会计师事务所之一，主要客户有英特尔、可口可乐、沃尔玛、麦当劳、英国石油、中国银行、中国人寿、中信证券、中兴通讯、百度、东方航空等。

聘请安永担任审计机构，彰显了网利宝完善的公司财务制度、加强平台合规工作的决心，安永将为网利宝带来国际一流的财务规则，公司的审计工作也将更加全面、客观。

截至 7 月 15 日，网利宝累计成交 208.14 亿元，注册用户 276.12 万人，待偿余额 30.06 亿元。去年年末，网利宝凭借"过去 3 年 1 145％的收入增长率"的突出表现，被全球四大会计师事务所之一的德勤评选为"2017 年中国高科技高成长 50 强"及"2017 亚太区高科技高成长 500 强"。

网利宝尤为注重合规工作，这也获得了业内认同。《网利宝合规进度报告》显示，目前平台的合规工作已基本完成。在行业项目三方机构发布的合规榜单中，网利宝合规评分连续半年位列行业前 25 名。

近年来，互金行业掀起了上市潮，这些上市平台的审计机构中不乏安永的身影。网利宝 CEO 赵润龙表示，健全的财务管理制度对规范企业行为、降低经营风险、提高企业竞争能力都起着至关重要的作用，同时也是企业经营活动决策、控制和考核的依据。

我们相信,聘请"四大"之一的安永作为公司的审计机构,不仅将进一步提升公司财务管理及平台合规水平,更能加速推进公司与资本市场的对接。

关联方基本情况

企业名称:华金证券股份有限公司

统一信用代码:91310000132198231D

注册资本:345 000.00 万人民币

企业性质:其他股份有限公司(非上市)

住所:中国(上海)自由贸易试验区杨高南路 759 号 30 层

法定代表人:宋卫东

成立日期:2000 年 9 月 11 日

经营范围:证券经纪,证券投资咨询,与证券交易、证券投资活动有关的财务顾问,证券自营,证券承销与保荐,代销金融产品,证券资产管理,融资融券,证券投资基金销售,为期货公司提供中间介绍业务。

最近一年财务状况(经审计):截至 2017 年 12 月 31 日,华金证券资产总额 129.15 亿元,所有者权益 39.06 亿元;2017 年度华金证券实现营业收入 3.45 亿元,公司净利润 0.45 亿元。

定价依据

本次聘请承销机构的收费定价充分参照了行业的平均收费水平,确定有关定价遵循了公平、公正、公开的原则。

【案例思考】

网利宝为什么聘请安永 EY 会计师事务所为财务审计机构?网利宝选择安永关注了哪些方面的信息?

1.3.1 挑选财务专业服务机构或人员应关注事项

(1) 财务服务机构的营业执照,这是最基本的配置;

(2) 工商部门颁发的"代理记账许可证",这是代理机构职业配置;

(3) 自有固定的办公场所;

(4) 公司员工配备齐全,如外勤会计、记账会计、税务会计、审核会计等;

(5) 公司财务人员资质高,一般是拥有多年行业经验的会计师或注册会计师,熟悉各个行业财务;

(6) 软件、硬件设施配备齐全,比如公司应该配备打印机、读卡器等,电脑应该安装财务做账软件等;

(7) 业内口碑比较好,选择代理记账公司也需要公司口碑,口碑好的公司,在税局和工商办理事情比较畅通;

(8) 对价支付费用,签署相关协议时,关于服务费用,应保留提供服务的相关证据。财务服务应有支付对价对应的具体服务内容和质量,以确保其合理性,切勿反追求低价。

1.3.2 挑选财务服务机构或人员应遵守的原则

(1) 适应性。能和企业的经营类型和业务规模相适应,了解企业的运营情况,为创业者提供专业的知识指导。

（2）效率性。各个岗位有明确职责分工，财务人员各司其职，协调一致，同时有团队优化机制，学习氛围浓厚。

（3）灵敏性。了解国内外的形势与政策，把握经济发展脉搏，为创业者的战略决策及时提供帮助。

1.3.3　挑选财务服务机构或人员注意事项和建议

不管是机构还是财务人员，都需要对方能把工商、税务方便地处理好，带动创业者明白相关的税务知识基础，把公司风险、成本、费用等控制好。

注意事项：

（1）服务范围、没有隐性收费；

（2）税务申报及账力的及时性；

（3）明确两方数据和资料对接权利和义务；

（4）代理记账机构是否人员流动性大，可能会造成公司的账目、税务混乱等。

建议：

（1）确定有资质、服务质量高、信用度好的机构，确定具有专业资格、专业能力和信誉及名声高的专业人士；

（2）合同要注明服务范围、明确收费明细和服务质量；

（3）支付与服务内容和服务质量相当的服务报酬；

（4）规定时间内向财务服务机构提供税务申报表、财务报表（可以以此信息确定机构有没有及时申报税务、账务的及时性）；

（5）双方对接交流工作及提供资料数据的人员明确好，可以防止信息外漏，资料的准确性等；

（6）公司业务、收入大的，不建议创业者聘请代理记账机构。

项目二　寻找财务事业合伙人:找到你的"蔡崇信"

蔡崇信——阿里巴巴的千里马

蔡崇信,男,1964年生于台湾,持有耶鲁大学经济学士及耶鲁法学院法学博士学位。

蔡崇信于1999年加入公司,并于当年作为先遣部队成立阿里巴巴集团香港总部。2005年,蔡崇信负责协商收购雅虎中国及雅虎对阿里巴巴集团的投资。此次谈判中,阿里巴巴集团获得了雅虎在中国的运营权,同时雅虎美国以十亿美元现金入股,获得阿里巴巴集团40%的股份。

蔡崇信为阿里巴巴伊始做三件事:

(1)为阿里巴巴在开曼群岛注册公司;

(2)为阿里巴巴18为合伙人制定一份按国际惯例英文的合同,让马云与18位合伙人签字画押,使18位创始人的利益用合同的形式捆绑在一起,为日后阿里巴巴的稳健发展打下坚实基础;

(3)为阿里巴巴带来高盛500万美金的天使投资。

阿里巴巴传奇伊始,中国互联网已进入"战国"时代

1997年5月丁磊做网易;

1998年4月张朝阳做搜狐;

1998年10月王志东做新浪;

1998年10月周鸿炜做3721;

1999年3月马云做阿里巴巴;

1999年11月陈天桥做盛大;

1999年11月1日,"光棍"那天,马化腾做腾讯;

1999年12月圣诞前,李彦宏做百度;

阿里巴巴发展历程

2000年获得软银投资2 000万美元;

2003年个人电子商务网站淘宝成立;

2003年发布个人在线支付系统——支付宝;

2005年阿里巴巴集团与雅虎美国成立战略合作伙伴关系,同时执掌雅虎中国;

2006年阿里巴巴战略投资口碑网;

2007年11月阿里巴巴网络有限公司(B2B)在香港联交所挂牌上市;

2007年11月阿里巴巴成立网络广告平台阿里妈妈;

2009 年 9 月阿里巴巴庆祝创立十周年,马云宣布 18 位创始人全部"辞职",从 2010年起进入合伙人时代,同时宣布成立阿里云计算;

2010 年,支付宝从阿里巴巴集团剥离出来;

2010 年 11 月,淘宝商城启动独立局域名:Tmall. com;

2011 年 1 月,阿里巴巴宣布将在中国打造一个仓储网络体系,投资中国物流业;

2011 年 6 月,阿里巴巴集团将淘宝拆分成三家独立公司:淘宝(Taobao. com)、淘宝商城(Tmall. com)、一淘(etao. com);

2012 年 1 月,淘宝商城宣布正式更名为天猫商城;

2012 年 6 月,阿里巴巴网络有限公司正式从香港退市;

2012 年 7 月,阿里巴巴集团宣布现有子公司业务升级为阿里国际业务、阿里小企业业务、淘宝网、天猫、聚划算、一淘、阿里云 7 个事业部;

2012 年 9 月,阿里巴巴完成对雅虎初步的股份回购并重组与雅虎关系;

2012 年 11 月,淘宝网与天猫商城平台共在本年度突破交易额人民币:10 000 亿元;

2013 年 5 月马云辞任 CEO 之职,由陆兆禧接任;

2013 年 9 月 30 日,阿里巴巴赴港上市之路由于没有得到港交所开出绿灯而宣告终止,终止原因主要是阿里巴巴上市只能采用"合伙人"的形式,这是现行港交所的《上市规则》所不能允许的;

2014 年 5 月 6 日,阿里巴巴向美国证券交易委员会提交了首次公开招募申请,根据阿里巴巴招股说明书介绍,阿里巴巴在纽交所上市仍然实行"合伙人制度"

2014 年 9 月 19 日,阿里巴巴登录美国纽约证券交易所,股票代码:BABA;

随着上市钟声的敲响,阿里巴巴成功踏上造福之路,也成就了无数人的梦想;

阿里巴巴成为 IPO 公司中总体估值最大的公司,阿里市值 2 314 亿美元;

成为初始筹资规模最大的公司,筹资达到 218 亿美元;

缔造了新的世界首富——孙正义,54 岁,韩裔日本人,因阿里巴巴上市,成为世界首富。

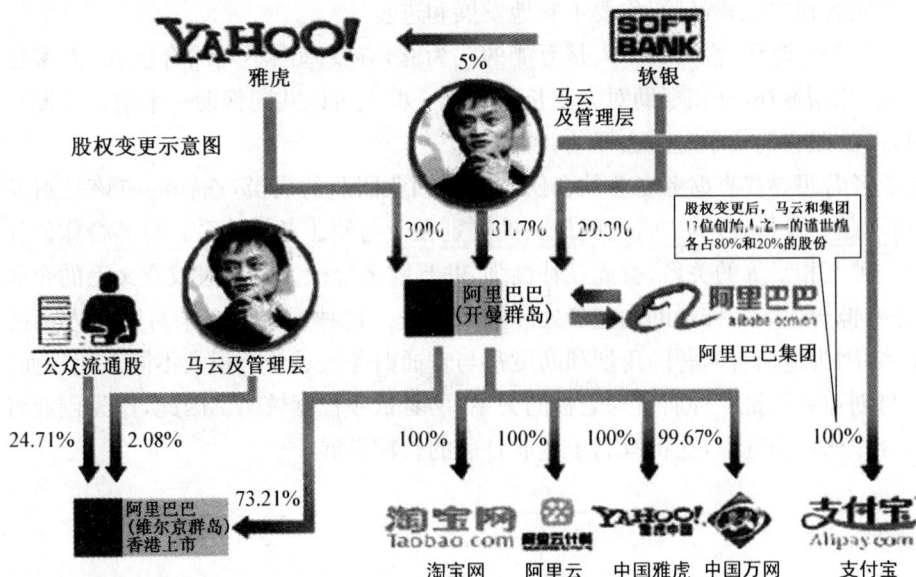

股权变更示意图

【案例思考】

作为企业老板,理想的状态是创业者提供优质的商业模式,CFO负责融资,以及对资金进行合理有效的配置。只是,怎样才算得上合适的事业合伙人? 我们怎样才能找到专业的财务合伙人? 找到后应该如何留住他们呢?

分析:

阿里巴巴的成功有目共睹,有人评论说马云的成功之处是他能够让比他聪明的人为他工作。

孙正义曾多次强调:"为什么会选择马云,关键是我们觉得马云这个团队很特殊,居然有18位创始人,我们创建的公司几乎没有一个是这样的。想一想,能把18个人团结一起已经很不容易,更何况他们都是综合素质高、精力旺盛、很有干劲的年轻人,团结在一起,更是具备了不起的能力。马云身上有别人没有的东西!"孙正义:"马云是一位具有特殊领导力、影响力的人物。第一,他能说服大家认同一个目标并一起向着这个目标而努力;第二,他一定有很大的胸怀,能够和别人分享,特别是财务上的回报,更重要的是分享梦想,能把大家的梦想都集中在一起,这是一种了不起的能力;第三,马云竟然能够吸纳到像蔡崇信这样顶尖的人才做阿里巴巴的CFO,马云具有超凡脱俗的格局和视野!"

可以说蔡崇信是上天送给阿里巴巴团队的。毕竟蔡崇信决定加入阿里巴巴团队前,一直在香港工作,是瑞典投资公司Investor AB的高管,而那时的马云名不见经传,且每月只能支付蔡崇信500元的工资。连蔡崇信的家人也不甚理解蔡崇信的此番做法。但是蔡崇信却毅然加入马云的团队,并与马云并肩,一步步实现那个伟大的愿景。

2.1 财务合伙人的重要性

今天我们进入移动互联网创业时代,它跟传统工业化时代和传统行业的区别在于,传统行业、传统的做法靠的是经验,移动互联时代企业的发展是靠学习,学习速度非常快,几乎没有时间容你去积累经验,你要不断地发展和进步。

在这样一个时代,没有一个人是万能的。为此,寻找基因不同的合伙人,大家在一起互相成就、互相弥补,互相帮助对方成长。这样一群人可以共同帮助一个组织不断向新平台迈进,以及跟它的竞争对手去竞争。

创业者若想寻找有财务专业的合伙人作为创业团队的成员,选择的应该是财务合作伙伴,而不是财务员工,其二者之间最大的区别在于与创业者的关系。财务合作伙伴与创业者是一种互相平等的关系,彼此互补性强,并且财务合伙人不是股权意义上的企业合伙人,而是要像合伙人一样帮助创业者处理财务事务。这种观念看起来对财务人员的要求高了很多,因为他们看问题的角度和高度都与普通财务人员会有很大不同。相较而言,财务员工与创业者则是一种雇员与老板的关系,两者依赖程度较弱。因此,作为创业者要重视财务合作伙伴的选择,这将有利于企业日后的长期发展。

2.2　合适的财务合伙人的特征

（1）要有职业道德和责任感。高尚的职业道德和强烈的责任感是一切工作的前提条件，能直接影响企业能走多远。

（2）要有综合分析能力和财务管理能力。通过对企业经营情况进行全面透彻的分析，协助企业投资理财，为企业创造价值。

（3）要有内外协调能力和沟通能力。能对企业建立内部规范控制体系进行规范和指导，善于处理与其他部门的关系，建立良好的人际关系。

（4）要有不断创新的精神。根据经济活动的变革，创造新的经营模式，能使企业的发展适应经济的发展。

合作伙伴之间的互相信任、互相支持，是公司正常运营的关键。创业者提供好的商业模式，财务合作伙伴负责融资并花费融到的资金，互相配合，整合企业内部资源，执行战略决策，从而为企业赢取持久的竞争优势，共同推进企业的发展与进步。同时，合伙人之间一定要彼此尊重，互相谅解。合伙人之间的关系比我们普通人之间的关系更复杂，更难以处理，缺乏信任与尊重，彼此之间有可能形成陌路，最后不欢而散，各走各的。所以，选择能够和你共同成长的财务合作伙伴非常重要，亦弥足珍贵。

2.3　找到合适的财务合伙人，搭建一支优秀的创业团队

搭建一支优秀的财务合作团队对任何创业者而言，都是一项至关重要的工作。那么，我们应该如何搭建一支优秀的创业团队呢？

首先，要找到自己创业的初衷。只有了解自己的创业初衷，才能更好地寻找财务合作伙伴，才知道什么样的财务机构更适合自己的创业项目。如果这一点都搞不清楚，很难找到合适的财务合伙人。

其次，知道自己的优点和缺点是什么。作为个人，创业是有困难的，需要合伙人的原因就是强大团队的能力，而知道自己的优点和缺点就能找到和自己互补的合伙人，知道该从哪些人才上着手。

最后，不要盲目，不要着急，要慢慢寻找。不管是现在公司的发展还是以后公司的管理，都和这个财务合伙人息息相关，找到适合的合伙人能帮助你解决很多困难。所以，寻找合伙人要静下心来，用更多的时间去找到更加适合你、能对企业发展有更大助力的财务合作伙伴。

单元三习题

一、单选题

1. 一种稀缺的资源禀赋，一般自然人普遍缺乏的素质，而创业者独有的特质是（　　）。

    A. 创新   B. 风险承担   C. 融资   D. 行动

2. 挑选财务机构要遵守（　　）原则。

    A. 利益化   B. 服务性   C. 专业性   D. 灵敏性

3. 财务机构的职责是（　　）。

    A. 筹集资金   B. 追求利益最大化

    C. 制定利润分配方案   D. 制定弥补亏损方案

4. 最为一个中小企业的创业者，在财务方面选择（　　）是最佳选择。

    A. 自己做财务

    B. 高薪聘请全职财务人员入职

    C. 兼职或者代理记账

二、多选题

1. 创业的本质是（　　）。

    A. 整合资源   B. 获取利润

    C. 创造新的价值   D. 把握机会

2. 财务合作伙伴的共同特点有（　　）。

    A. 领导能力   B. 凝聚力   C. 创造力   D. 长远目标

3. 合适的财务合伙人的特征有（　　）。

    A. 共同的使命   B. 良好的职业道德

    C. 高度的责任感   D. 较强的竞争能力

4. 世界上的四大会计师事务所包括（　　）。

    A. 普华永道   B. 毕马威   C. 德勤   D. 安永

5. 一个专业的财务服务机构，拥有（　　）是最基本的配置。

    A. 固定的办公场所   B. 资质高的财务人员

    C. 营业执照   D. 软件硬件配备设施齐全

6. 创业者在挑选财务服务机构时应遵守（　　）原则。

    A. 适应性   B. 效率性   C. 目的性   D. 灵敏性

7. 合作伙伴之间拥有（　　），是公司正常运营的关键环节。

A. 互相信任，互相支持　　　　　B. 各走各的

C. 相互竞争　　　　　　　　　　D. 互相利用

8. 在对代理记账机构进行日常监督管理时，发现采取欺骗、贿赂等不正当手段取得代理记账资格的，由审批机关做出以下哪种惩处？（　　　）。

A. 责令其限期进行正常程序登记

B. 撤销其代理记账资格

C. 暂停其代理记账资格并限期整改

D. 注销其代理记账资格

9. 县级以上人民政府财政部门及其工作人员在代理记账资格管理过程中，下列哪种行为会将其移送司法机关处理？（　　　）。

A. 滥用职权　　　B. 玩忽职守　　　C. 徇私舞弊　　　D. 涉嫌犯罪

10. 甲企业于 2013 年 10 月成立，因经营规模较小，故不设置会计机构，将会计工作委托新兴财务咨询公司代理。新兴财务咨询公司于 2010 年 9 月成立，并通过工商行政部门核准登记，负责人贾某为持有会计从业资格证书的高级会计师，另外 10 名专职员工（其中 3 名持有会计从业资格证书）。

(1) 根据《会计法》对设置会计机构的相关规定，以下说法中正确的有（　　　）。

A. 实行企业化管理的事业单位，应当设置会计机构

B. 社会团体和其他组织，可以不单独设置会计机构

C. 不单独设置会计机构的单位，应当在有关机构中设置会计人员并指定会计主管人员

D. 不具备设置会计机构和会计人员条件的单位，应当委托会计类中介机构代理记账

(2) 从事代理记账业务的机构，应当具备的条件包括（　　　）。

A. 具有 4 名以上持有会计从业资格证书的兼职从业人员

B. 具有 3 名以上持有会计从业资格证书的会计师

C. 具有 3 名以上持有会计从业资格证书的专职从业人员

D. 经县级以上财政部门批准，并取得部门统一印制的代理记账许可证书

(3) 关于甲企业准备委托新兴财务咨询公司为其代理记账，以下说法中正确的是（　　　）。

A. 新兴财务咨询公司已经具备代理记账的资格

B. 新兴财务咨询公司尚不具备代理记账的资格

C. 新兴财务咨询公司应当到当地财政部办理批准手续

D. 新兴财务咨询公司至少再增加 1 名持有会计从业资格证书的兼职从业人员

(4) 甲企业委托中介机构代理记账，必须做到（　　　）。

A. 对本单位发生的经济业务事项，委托中介机构填制符合国家统一的会计制度规定的原始凭证

B. 配备专人负责日常货币收支和保管

C. 对代理记账机构提供真实完整的原始凭证和其他相关资料

  D. 对于代理记账机构退回的,要求按照国家统一的会计制度规定进行更正、补充的原始凭证,应当及时予以更正、补充

 (5) 代理记账机构及其从业人员做到( )。

  A. 按委托合同办理代理记账业务,遵守有关法律、行政法规和国家统一的会计制度规定

  B. 对在执行业务中知悉的商业秘诀,应当保密

  C. 对委托人示意其做出不当的会计处理,应当拒绝

  D. 对委托人提出的有关会计处理原则问题,应当予以解释

三、判断题

 1. 选择项目时,创业者必须清楚,重要的是"我想干什么"。 ( )

 2. 提高创业者素质的途径是:一靠学习,二靠实践。 ( )

 3. 一切经济活动必须依照市场的需求,遵循市场经济规律进行。 ( )

 4. 代理记账机构设立分支机构时,应由分支机构向所在地的审批机关申请设立。

  ( )

 5. 代理记账机构接受委托人对外提供财务报表时,需要经代理记账机构负责人和委托人负责人签名并盖章。 ( )

 6. 审批机关接受申请人申请代理记账资格时,其审批程序为:受理、审核和决定。

  ( )

 7. 主管代理记账业务的负责人只要具有会计师以上专业技术职务资格,兼职或者专职均可。 ( )

 8. 代理记账机构需要对委托人会计资料的真实性、完整性承担全部责任。 ( )

四、简答题

 1. 简述创业者寻求财务服务机构服务的必要性。

 2. 四大会计师事务所指的是哪四个?

 3. 代理记账机构有哪些?

 4. 代理记账机构需要具备哪些条件?

 5. 简述代理记账机构的服务内容。

五、讨论题

 1. 当你作为一家中小企业领导者时,从公司的情况出发,你应如何选择一家正规、专业的代理记账公司? 考虑的因素有哪些?

 2. 对于一个创业者,怎样去找到一个合适他的财务事业合伙人? 具体看重的是哪些方面,为什么?

 3. 对中小企业来说,自己记账、兼职或代理、找全职、财务人员,哪个是最佳选择?

 4. 创业者寻求财务服务机构的必要性是什么?

 5. 财务信息管理是当下企业的要务之一,良好的财务信息不仅能够帮助企业有效规

避财务风险而且有利于实现可持续发展。如今,随着创业热流和"互联网＋"计划的出台,小型企业不断发展,代理记账的商业价值不断体现。但我们也需要关注代理记账的问题,慎重谨慎地挑选代理记账机构。请谈谈创业公司选择代理记账会遇到哪些问题。

六、案例分析题

案例1

"狗"的会计处理

天下事有难易乎! 我做会计好几年了,会计师也考过了,自认为没有会计业务能难倒我的! 还有一句常挂在嘴边的话"会计是为经营业务服务的,没有处理不了的会计事项",但在一次审计中遇到的一个关于狗的问题彻底让我变得谨慎了。

那是一次在粮食储备库的社会审计中,我负责固定资产和费用类科目,在抽查凭证中发现一笔买狗的会计分录,财务人员把买狗的支出计入了管理费用! 慢慢地我发现关于狗的业务很多,除了买狗的业务外,还有买肉买奶粉的养狗费,有狗咬人的赔偿费,有给狗治病的医疗费,还有大狗死后卖狗皮的收入……

在中午吃饭时,我把狗的问题在饭桌上提出,粮库主任先是一愣,然后解释了买狗的理由:"狗的问题是这样的,我们粮库的重要职责是为国家看管好粮食,但粮库太大,增加保安人员费用太高又不经济,经研究决定买两只藏獒,一是它夜间可以进行巡逻,如有响动可以充当报警系统;二是狗有一种威慑力,小偷不敢来。"

财务主管接着主任的话说:"狗买回来了,难题也出来了,该如何入账呢?"就此问题我们财务人员展开了讨论,有人认为应入固定资产,因为狗的寿命和受益期较长,且两只狗能代替五六名保安;有人认为,应计入低值易耗品,因为狗的单位价值在 2 000 元以下,应作存货处理;有人说,进固定资产需要计提折旧,价值会随着使用期限的延长而减少,而狗的价值会随着时间而增加,这不符合客观性原则,低值易耗品也一样,建议将狗计入管理费用进入当期损益。我认为第三种说法有道理,就把它计入管理费用,再说狗也是服务于管理嘛!

"以后关于狗的问题就更多了,因为买的是小狗,害怕养不活,就买奶粉买肉给它们吃,这些支出入账又作了难,是进'福利费'还是'业务招待费'合适呢? 显然因买狗没做固定资产这也不能进'修理维护费'。"

"狗慢慢长大了,夜晚放在院子里值班,白天拴在大门口,让过往行人都知道我们粮库有狗,起到威慑作用。但意外发生了,有一天一个人到粮库办事,不小心让狗咬了一口,我们承担了所有医药费不说,还赔了人家 1 500 块钱。"

"以后有关部门又下文件,说养狗必须有户口,我们又花了 1 万多元,为狗办了户口。"

"以后母狗生了一群小狗,因为母狗是花国家的钱买的,是国有资产,小狗当然是国有资产的孳息了,也是国有资产,为了实现国有资产的保值增值,不能使国有资产游离于账外,我们对小狗的入账问题也费了不少心。"

"还有,去年秋后,一只大狗突然病了,我们找医生打针吃药多天,医治无效死亡,因狗是病死的,肉不能吃,埋了,但狗皮卖了 60 多元,算是减少点国家损失吧! 但国家财务制度一再要求收支两条线,卖狗皮的钱和医药费又让我们作难!"

"现在想来还不如计入固定资产这样可以记入'固定资产清理'。但又不能做固定资产,怎么最后能记固定资产清理呢?"

案例2

<h3 style="text-align:center">帮康美药业审计,正中珠江被调查!</h3>

广东正中珠江会计师事务所于 2000 年 8 月 22 日经广东省财政厅批准设立,是一家具有证券期货相关业务执业资格、金融相关审计业务资格的大型事务所。本所自成立以来,经过十多年的发展,公司现已拥有一批既有专业知识又有丰富实践经验的专业技术人员队伍。截至目前,正在本所审计的上市公司共有 62 家。在 2011 年全国会计师事务所综合排名中为 39 名。

康美药业股份有限公司成立于 1997 年,于 2001 年在上交所上市。在国家振兴中医药事业战略指引下,率先布局中医药全产业,以中药饮片为核心,以智慧药房、智慧药柜为抓手,以"药葫芦"为服务平台,全面打造"大健康＋大平台＋大数据＋大服务"体系,成为中医药全产业链精准服务型"智慧＋"大健康产业上市企业,国家高新技术企业。公司位列中国企业 500 强、全球企业 2 000 强、广东纳税百强,是 MSCI 中国指数成分股。

从 2001 年起,正中珠江已连续为康美药业审计了 19 年的财报。但在 2018 年年底证监会发现康美药业财报真实性存疑,涉嫌虚假陈述等一系列违法违规情况。据调查,康美药业在 2018 年年报和"前期会计差错更正"公告中,追溯调整了 2017 年年报。5 月 28 日晚间,康美又改口称要连着 2016 年和 2017 年年报一起追溯调整。具体来看,康美药业追溯调整主要涉及大量的已支付采购款未入账,以及已支付但未入账工程等涉及的存货和在建工程科目。

其中,追溯调整 2016 年年报:调增未入账存货(中药材)179.34 亿元;调增未入账存货(开发成本)8.55 亿元;调增未入账在建工程 2.79 亿元。追溯调整 2017 年年报:调增未入账存货 4.09 亿元;调增未入账存货(开发成本)9.49 亿元;调增未入账在建工程 3.53 亿元。

仅上述存货和在建工程两项,2016 年调整金额即达 190 亿元,而 2016 年总资产不过548 亿元。2017 年调整金额达 17.11 亿元。

而未调整之前,2016 年和 2017 年年报,正中珠江认为康美药业公允反映了公司的财务状况和经营成果,给予了康美药业"标准无保留意见"的审计报告,如今的重大追溯调整,"打脸"了正中珠江此前给出的审计意见。但正中珠江在致呈上交所的专项说明中,只字未溯及 2016 年和 2017 年审计意见是否公允。

正中珠江是康美药业 2001 年 IPO 时的中介机构,直至 2018 年年报的 19 年间,正中珠江均为康美药业年报审核会计师事务所。2018 年年报,是 19 年来正中珠江所第一次为康美药业出具非标审计意见,且仅为"保留意见"。

而 2016 年和 2017 年,正中珠江给予康美药业的年报审计意见,均为"标准无保留意见。"但是,数以百亿计的资产科目调整,已经占到总资产的近二分之一。如此重大的"会计差错",正中珠江未对 2016 年和 2017 年审计意见进行更正,反而重申了对 2018 年年报会计差错更正,没有任何质疑意见。

"虽然在我们审计圈看来,保留意见就是相当于否定意见,但正中珠江一方面给了康美内控否定意见,另一方面也承认康美单据造假,再加上这么大范围的追溯调整和'现金消失',已经表明康美在整个财务报表层面,而不是某个科目存在重大风险,事务所应该推翻此前的保留意见,至少给个无法表示意见。康美现在的问题,显然已经比今年年报38家无法表示意见的上市公司都要严重得多。"上海立信会计学院某教授对第一财经记者表示。

在回复上交所的函件中,正中珠江将责任推给了企业。正中珠江称,经康美药业自查,由于公司治理、内部控制存在重大缺陷,公司存在使用不实单据和业务凭证造成货币资金及收入成本等项目核算未如实反映款项收付情况。

在工程项目调整、关联方往来支付等金额重大的科目审计上,正中珠江表示未能获取充分、适当、有效的审计证据,但仍然坚持对整体财务报表只给出"保留意见"。

上述情形,表明公司的财务报表存在重大报表级风险,但正中珠江仍然咬定:经核查,我们认为,除2018年度审计报告保留意见所涉及事项外,未发现公司前期会计差错调整是不恰当的。除此之外,正中珠江还波及了约莫25家IPO在会企业等。

思考题:

(1) 如果你是康美公司的财务总监,当正中珠江在为2018年年报出具非标审计意见,且仅为"保留意见"时,你应怎么做?

(2) 对于该事件,你认为正中珠江和康美各应负哪些责任? 对于创业者自身有何启发?

单元四 透视财务报表：了解企业的现状和过去

聚美优品的成功秘籍

2014 年 5 月 16 日，纽交所迎来一群中国年轻创业者，这些平均年龄只有 30 多岁的大男孩所创办的公司竟然在这里上市了。他们是当时中国最大的化妆品电商之一——"聚美优品"的管理者（以下简称"聚美"），当年年仅 32 岁的公司创始人兼 CEO 陈欧，也是目前为止中国赴美上市公司中最年轻的 CEO。

相比之前上市的公司，聚美在纽约受到更多的关注，主要是因为聚美已经连续 8 个季度盈利，这在大多亏损的中国 IPO 公司中并不多见；其次，聚美的上市让"电商股"这一概念兴起，聚美的表现也被看成是接下来京东、阿里巴巴上市的风向标。

聚美的 CEO 陈欧将聚美的成功归结为"执行力"和"细节"，他曾经说过："其实你看团购网站当时有那么多，有的有资源，有的有钱，商业模式也基本都一样，为什么有的生存有的倒闭，其实就是执行力和细节，成功的往往都是在这些方面，靠商业模式很少有人能赢"。

在策略上，聚美则考虑采用"特卖＋商城"模式。虽然聚美是从美妆团购为基本盘入场，但中间曾尝试向商城化倾斜，这一举措无疑让聚美与淘宝、京东出现雷同状况。后来唯品会的成功，让陈欧认定了"化妆品特卖"的发展战略，于是他决定进一步将"特卖"作为企业特色，在维持商城售卖的基础上，大力发展"化妆品特卖"这一特色化路径。在商城方面，聚美主要遵循以美国戴尔、雅芳等公司的直销策略为主，和第三方卖家合作进行售卖，商品并不需要入库。在特卖方面，2013 年聚美总计和第三方合作策划了 9 100 场特卖活动，逐渐提高了市场占有率。而在人气和口碑都形成以后，聚美开始进入自有品牌领域，这部分给聚美贡献了相当高的利润。

财务报表披露的数字显示：聚美 2013 年营业收入 8.16 亿美元，同比增长 150%；2013 年活跃用户 1 053 万人，同比增长 188%；2013 年老客户占活跃用户的比重为 64%，重复购买率为 93%；2013 年总订单为 3 596 万元，同比增长 129%。

对于电商行业来说，最重要的三个指标是收入、成本和费用。根据《天下网商》整理的数据，聚美平台上每笔订单贡献的毛利为 33.6 元，仅次于唯品会的 51 元，当当只有 17.3 元，但由于化妆品标准化小件易配送，聚美的物流成本是三家最低，每单仅为 11.8 元；唯品会和当当分别是 24.7 元和 11.4 元。这三个指标无疑表明聚美是成功的！

【案例思考】

作为上市公司的创始人，陈欧是通过何种手段判断公司是否盈利和提升价值的？当公司在纽交所成功上市之后，是否又能为企业带来大量的资金流？

　　财务处理是每个企业必不可少的，不佳的财务处理必然最终会给企业经营、发展、融资以及申报项目带来巨大隐患。创业者必须通晓一些基本的财务知识，因为企业的财务状况能最直接地展示企业的运营情况。而产品、销售、人力等企业运营的方方面面都与财务紧密相关。创造利润是企业发展中最重要的目标，而利润的实现离不开财务工作的指导和保驾护航。财务工作包括基本的记账、会计、各种收入和支出的处理、银行和现金、票据、工商税务、投资融资等。如果创业者无法从财务报表中对财务数据进行分析，那么企业会处处被动。

　　财务报表是对企业财务状况、经营成果和现金流量的结构性表述。一套完整的财务报表至少应当包括资产负债表、利润表、现金流量表、所有者权益（或股东权益）变动表以及附注。资产负债表、利润表、现金流量表和所有者权益变动表分别从不同角度反映企业的财务状况、经营成果和现金流量。资产负债表反映企业特定日期所拥有的资产、需偿还的债务以及股东（投资者）拥有的净资产情况；利润表反映企业一定期间的经营成果即利润或亏损的情况，表明企业运用所拥有资产的获利能力；现金流量表反映企业在一定会计期间现金和现金等价物流入和流出的情况；所有者权益变动表反映构成所有者权益的各组成部分当期的增减变动情况。企业的净利润及其分配情况是所有者权益变动的组成部分，相关信息已经在所有者权益变动表及其附注中反映，企业不需要再单独编制利润分配表。附注是财务报表不可或缺的组成部分，是对在资产负债表、利润表、现金流量表和所有者权益变动表等报表中列示项目的文字描述或明细资料，以及对未能在这些报表中列示项目的说明等。

项目一 资产负债表:企业有多大家底

◆ 引导案例

根据前面的案例,聚美优品创始人陈欧应该如何看懂资产负债表? 从中可以得出什么信息?

1.1 资产负债表的含义

资产负债表是反映企业某一特定日期财务状况的财务报表。资产负债表属于静态报表,主要提供有关企业财务状况方面的信息。它是由资产、负债和所有者权益三个会计要素组成,根据"资产=负债+所有者权益"这一会计等式,按照一定的分类标准和一定的顺序,把企业一定日期的资产、负债和所有者权益各项目进行适当分类、汇总、排列后编制而成。它表明企业在某一特定日期所拥有或控制的经济资源、所承担的现有义务和所有者对净资产的要求权。通过编制资产负债表,可以反映企业资产的构成及其状况,分析企业在某一日期所拥有的经济资源及其分布情况;可以反映企业某一日期的负债总额及其结构,分析企业目前与未来需要支付的债务数额;可以反映企业所有者权益的情况,了解企业现有的投资者在企业资产总额中所占的份额。通过对资产负债表项目金额及其相关比率的分析,可以帮助报表使用者全面了解企业的资产状况,分析企业的长短期偿债能力,从而为未来的经济决策提供信息。例如,通过资产负债表可以计算流动比率、速动比率,以了解企业的短期偿债能力;又如,通过资产负债表可以计算资产负债率,以了解企业偿付到期长期债务的能力。

1.2 从资产负债表中你要读懂什么

作为一名创业者,首先要懂得从资产负债表中了解企业的基本状况。

表4-1是中国上市公司贵州茅台酒股份有限公司(上市股票代码600519)2017年12月31日的资产负债表。该表的左边列示了各项资产,右边列示了各种负债及所有者权益。资产、负债、所有者权益构成了资产负债表的会计要素。

如上文所述,资产负债表反映企业组织在特定时点(如2017年12月31日)的财务状况。因此,资产负债表是一副企业组织财务状况的静态写照。但是它只能展现财务报表编制日(如2017年12月31日)之前的企业财务状况。而在这一天之后或之前的资产负债表可能与之不同。

表 4-1 资产负债表

2017 年 12 月 31 日

编制单位：贵州茅台酒股份有限公司　　　　　　　　　　　　　　　　　会企 01 表　单位：元

资　产	年末余额	年初余额	负债和所有者权益（股东权益）	年末余额	年初余额
流动资产：			流动负债：		
货币资金	15 534 560 153.45	16 513 169 211.26	短期借款		
以公允价值计量且其变动计入当期损益的金融资产			以公允价值计量且其变动计入当期		
衍生金融资产			衍生金融负债		
应收票据		1 380 240.00	应付票据		
应收账款	5 259 884 003.02	529 071 000.99	应付账款	989 023 627.50	1 110 375 243.98
预付款项	695 510 200.43	824 617 116.00	预收款项	20 369 278 441.99	18 025 957 472.92
应收利息	736 596 486.64	689 490 375.29	应付职工薪酬	1 852 895 099.66	1 578 625 139.60
应收股利			应交税费	3 025 340 288.90	2 449 117 073.23
其他应收款	80 717 852.98	81 103 614.00	应付利息		
存货	21 252 235 862.47	19 543 009 963.46	应付股利		
持有待售资产			其他应付款	745 447 500.47	678 526 578.80
一年内到期的非流动资产			持有待售负债		
其他流动资产		5 020 705.81	一年内到期的非流动负债		
			其他流动负债		
流动资产合计	43 579 054 497.22	38 186 862 226.81	流动负债合计	26 981 984 958.52	23 842 601 508.53
非流动资产：			非流动负债：		
可供出售金融资产	29 000 000.00	29 000 000.00	长期借款		
持有至到期投资			应付债券		
长期应收款					

续　表

资　产	年末余额	年初余额	负债和所有者权益（股东权益）	年末余额	年初余额
长期股权投资	753 028 429.80	753 028 429.80	长期应付款		
投资性房地产			长期应付职工薪酬		
固定资产	14 723 530 554.86	13 927 360 894.01	专项应付款	15 570 000.00	15 570 000.00
在建工程	2 003 989 056.78	2 735 565 169.24	预计负债		
工程物资			递延收益		
固定资产清理			递延所得税负债		
生产性生物资产			其他非流动负债		
油气资产			非流动负债合计	15 570 000.00	15 570 000.00
无形资产	3 458 390 453.18	3 531 208 292.36	负债合计	26 997 554 958.52	23 858 171 508.53
开发支出			所有者权益：		
商誉			股本	1 256 197 800.00	1 256 197 800.00
长期待摊费用	177 500 000.09	187 500 000.05	其他权益工具		
递延所得税资产	349 252 367.26	310 195 906.38	资本公积	1 374 303 082.72	1 374 303 082.72
其他非流动资产			减：库存股		
			其他综合收益		
			专项储备		
			盈余公积	8 215 595 509.69	7 135 649 963.12
			未分配利润	27 230 094 008.26	26 036 398 564.28
非流动资产合计	21 494 690 861.97	21 473 858 691.84	所有者权益合计	38 076 190 400.67	35 802 549 410.12
资产总计	65 073 745 359.19	59 660 720 918.65	负债和所有者权益总计	65 073 745 359.19	59 660 720 918.65

法定代表人：袁仁国　　主管会计工作负责人：何英姿　　会计机构负责人：陈华

从总体上看,企业组织过去的经营活动、投资活动和筹资活动的结果都会反映在资产负债表上。可以说,资产负债表在一定程度上反映了企业组织全部交易或事项及其影响结果。创业者需要从资产负债表中了解以下几个方面。

1.2.1 企业资产有多少

对于一个不懂财务知识的创业者来说,一个完整的资产负债表略显晦涩。由此,我们可以把它简单化,如表4-2所示。

表4-2 简要的资产负债表

单位:元

项 目	年末总额	项 目	年末总额
资产总额	65 073 745 359.19	负债总额	26 997 554 958.52
		所有者权益总额	38 076 190 400.67

资产负债表清楚地反映了企业组织中总资产(如65 073 745 359.19元)、总负债(如26 997 554 958.52元)和所有者权益(如38 076 190 400.67元),创业者可以直观地看到自己手中有多少资产。

资产负债表的左边告诉我们:任何企业都必须拥有一定数量的资产,作为从事经济活动的基础。这些资产往往分为不同形态,如有形、无形资产;固定资产、非固定资产等,具体内容有房屋、建筑物、机器设备、原材料、库存商品、货币资金、土地使用权、专有技术等。资产负债表左边的内容也预示着投资者的钱被拿去做了什么,如有哪些资金变成了应收款?哪些资金变成了原材料、产成品、在产品?哪些资金变成了厂房设备、汽车、计算机?哪些资金变成了土地使用权、专利、专有技术?资产负债表的右边告诉我们:企业的资产都是从一定的来源取得。资金取得或形成的来源渠道,即资金来源,在会计上称为权益,即负债(债权人权益)和所有者权益。企业的资金若来自债权人,即称为负债;若来自所有权投资者及企业在生产经营过程中产生的效益,则称为所有者权益。换言之,资产负债表右边可以明确告诉管理者或投资者企业的资金流向:哪些是创业者(投资者)投入的?哪些是从银行借的?哪些是欠员工的?哪些是欠供应商的?哪些是欠税务局的?等等。

1.2.2 资产对应着负债和所有者权益

资产是创造盈利的基础,而融资购置资产的目的就是为了给企业创造价值。在负债和所有者权益融资的来源与结构方面,负债是企业需要偿还的债务,根据偿还的时间长短划分为长期负债和短期负债。一家经营状况好的企业,其展现长短期偿债能力的指标也是优秀的,流动资产需对应着短期偿债能力,非流动资产需对应着长期偿债能力,这样才能够按时地偿还债务,避免影响公司的信用,反映企业的偿债能力。如果流动资产无法对应短期负债,企业无法及时还款,导致企业的诚信下降;反之,如果企业流动资产偿还债务后还有较多的流动资金,说明企业投资少,还有资金没有流动起来,说明企业的资金闲置下来。如表4-1所示,该企业流动资产(43 579 054 497.22元)大于流动负债(26 981 984 958.52元);非流动资产(21 494 690 861.97元)大于非流动负债(15 570 000.00元),从该财务指标来看,说明该上市公司的流动资产足够偿还其流动负债,企业的流动资金能够支持企业继续经营下去。所有者权益是企业当投资人投入固定资产或某项专利权,即所有者权益的股本增加了,相对应地增加了资产中的固定资产。

1.2.3 所有者权益增减变动

所有者权益的增减表现为股东的权益的增减。而引起权益的增减变化的原因有利润增减、接受投资增减、用盈余公积金弥补亏损、借款增减、向所有者分配现金利润、提取盈余公积、资本公积转资本等因素。如表 4-1 所示,该公司的未分配利润和盈余公积总共增加了 2 273 640 990.55 元,其他的科目与上年一样没有变化,说明 2017 年该上市公司利润增加,展现了良好的经营态势。根据资产负债表可以很直观地看出企业是否盈利,是否有新的投资者加入,是否向外投资等。

1.2.4 资产的质量和结构

资产质量的好坏,主要表现在资产的账面价值量、变现价值量、潜在价值量(可以用资产的可变现净值或公允价值来计量)之间的差异上。高质量的资产,应当表现为高于或等于相应资产账款的价值变现或被企业进一步利用,或该资产展现了较高的与其他资源组合增值的潜力;反之,低质量的资产,则表现为按照低于相应资产的账面价值变现或被企业进一步利用,或难以与其他资源组合增值。在传统的财务分析模式中,无论是定量分析还是定性分析,都撇开了资产质量这个根本问题。资产质量分析是通过对资产负债表的资产进行分析,了解企业资产质量状况,分析是否存在变现能力受限,如呆滞资产、坏账、抵押、担保等情况,以确定各项资产的实际获利能力和变现能力。资产质量的好坏是指企业对资产的安排和使用程度上的差异,资产质量的好坏会直接影响企业利润、创造价值水平等方面。不断优化资产质量,促进资产的新陈代谢,保持资产的良性循环,是决定企业是否能够长久保持竞争优势的源泉。通过对企业资产质量的分析,能使各利益相关者对企业经营状况有一个全面、清晰的了解和认识。

资产结构是指企业在投资中各种资产的结构比例,可以分为固定投资、证券投资、流动资金投放的比例。如果没有处理好固定资金和流动资金投入的比例,那么企业会产生流动资金不足的问题。如企业的资产结构比例失衡导致净营运资金减少,意味着企业以较大份额资金运用到盈利能力较高的固定资产上,从而使整体盈利水平上升;但从风险性看,企业的营运资金越少,意味着流动资产和流动负债的差额越小,则到期无力偿债的危险性也越大。在实际工作中,如果过多的资金投入到前期的固定资产上,极有可能出现流动资金紧张,无力进货,拖欠职工工资,短期偿债能力下降等恶果。资产结构管理的重点,在于确定一个既能维持企业正常开展经营活动,又能在减少或不增加风险的前提下,给企业带来更多利润的流动资金水平。

1.2.5 分析企业的盈利模式

企业没有资产,就没有资源创造利润。因此,若想分析企业的盈利模式,首先要了解并分析企业靠什么产品盈利的,公司有哪些盈利资产、是否有竞争优势,高端的固定资产、专利权、企业的管理能力水平都是能够为企业创造利润的直接因素。例如，在 A 企业生产出来的 A 产品成本跟 B 企业生产出来的 B 产品成本差不多、售价基本相同的情况下，消费者更愿意去购买 A 企业生产出的 A 产品，则可能 A 产品的工艺、质量等因素比 B 产品的好，这其中可能是企业的管理制度完善、管理水平较高、有效地控制产品生产流程等原因所导致。

其次，分析企业的盈利模式还要了解企业有没有表外资产，表外资产是不是企业的核心竞争力资产等问题。有些企业的核心技术、垄断技术等无形资产没有在资产负债表里表现出来，这就是公司的表外资产，这也可能是一个企业的核心竞争资产。一般情况下，企业的表外资产占小部分。

项目二 利润表：企业经营状况如何

◆ 引导案例

华泰汽车入主曙光股份浮亏 16 亿元

曙光股份近日披露的公告显示，其已与年泰汽车达成股权转让协议。曙光股份控股股东曙光集团将其持有的 14 371.33 万股中的 9 789.5 万股股份（占公司总股本的 14.49%）作价 22.72 亿元转让给华泰汽车集团，每股转让价格达到了 23.21 元，而停牌前曙光股份的股价仅为 9.02 元，溢价率高达 157.3%。

如此高溢价，让曙光股份在发布公告两日后即收到上交所的问询函。曙光股份于 2017 年 1 月 17 日回复解释称，华泰汽车是因综合考虑了曙光股份现有业务、品牌及技术研发能力等方面所导致。但事实上，曙光股份 2013 年归属母公司股东的净利润就出现了亏损，此后其利润空间也在不断压缩。

拟入主曙光股份的华泰汽车是以新能源汽车业务为核心，集整车和动力总成研发、设计、制造、销售以及汽车金融为一体的汽车行业公司，成立于 2008 年 5 月 29 日，注册资本 3 亿元人民币。

截至 2017 年 1 月 24 日收盘，曙光股份报 11.39 元/股，以华泰汽车入股价格 23.21 元/股计算，华泰汽车本次入股曙光股份浮亏将高达 15.79 亿元。

华泰汽车并非钱多得没地方花，现实情况是企业资金紧张。与目前已经上市的其他 6 家民营整车制造上市公司相比，华泰汽车集团的资产负债率水平（69.66%）高出了平均值逾 11 个百分点。

华泰汽车资产负债率居高不下，堪称汽车界的一颗定时炸弹，入主曙光股份股民并不买单，最终几个交易日下来浮亏巨大。汽车行业里被边缘化的华泰汽车此举意欲何为呢？是否在并不景气的 A 股市场捞"稻草"？

曙光股份的主营业务为整车、车桥及零部件，拥有"黄海"汽车和"曙光"车桥两大产品品牌，整车产品方面主要以客车（包含新能源客车）、皮卡为主。资料显示，2012 年曙光股份营业收入为 55 亿元，截至 2016 年第三季度，其营业收入仅为 23 亿元。其中，2013 年归属母公司股东的净利润出现了亏损，此后其利润空间也在不断缩窄，2012 年其归属公司股东的净利润为 1.6 亿元，截至 2016 年第三季度其利润仅为 3 458.6 万元。

【案例思考】

针对以上华泰汽车入主曙光股份浮亏 16 亿元，请问我们如何从利润表中了解企业的经营状况？曙光股份是否是一家值得投资的好公司？

2.1 利润表的含义

利润表能够清楚地解释"企业经营状况如何"这个问题。利润表又称损益表，是反映企业组织在一定期间的经营成果的财务报表。它反映了企业组织经营绩效的主要来源及其构成。根据《企业会计准则——基本准则》中的相关定义，收入是指企业组织在日常活动中所形成、会导致所有者权益增加的、与所有者投入资本无关的经济利益的总流入。费用是指企业组织在日常活动中发生的、会导致所有者权益减少的、与向所有者分配利润无关的经济利益的总流出。利润是指企业组织在一定会计期间的经营成果。利润包括收入减去费用后的净值、直接计入当期利润的利得和损失等。直接计入当期利润的利得和损失是指应当计入当期损失、会导致所有者权益发生增减变动、与所有者投入资本或者向所有者分配利润无关的利得和损失。

2.2 从利润表中你要读懂什么

如表 4-3 所示，中国上市公司贵州茅台酒股份有限公司（上市股票代码 600519）2017 年度的利润表。利润表主要为我们提供企业在一定时间内的经营成绩（业绩）。通常利润表能够告诉企业经营管理者两个信息：企业是否赚了钱？企业在哪里赚了钱？利润表还能够使企业经营管理者在一定程度上了解企业未来的盈利状况。此外，利润表将可持续的营业利润与不可持续的营业外收支和补贴收入分别展示，又可以帮助企业推断出自己在未来一段时间内的收益。值得注意的是，利润表是一个时段的概念。如下例中茅台的利润表上显示出，企业获得净利润为 10 799 455 465.74 元，说明该企业在财务报表中的这一时间段内一共赚了为 10 799 455 465.74 元。上文已经叙述，资产负债表相当于是给企业整个的财务状况拍了一张照片，那么利润表就相当于是给企业的盈利状况录了一段视频，忠实地记录了企业利润的实现过程。

表 4-3 利润表

会企 02 表

编制单位：贵州茅台酒股份有限公司　　　　2017 年度　　　　　　　　单位：元

项　目	本期发生额	上期发生额
一、营业收入	21 922 286 976.36	12 897 811 607.61
减：营业成本	5 579 815 460.67	4 012 955 224.27
税金及附加	7 625 145 909.79	5 948 957 026.49
销售费用	249 125 739.30	229 398 121.06
管理费用	3 882 475 951.83	3 434 561 022.14
财务费用	−407 277 861.20	−405 246 106.88
资产减值损失	1 020 293.44	246 072.17

项　目	本期发生额	上期发生额
加：公允价值变动收益（损失以"－"号填列）		
投资收益（损失以"－"号填列）	7 107 904 706.58	9 637 078 444.28
其中：对联营企业和合营企业的投资收益		
资产处置收益（损失以"－"号填列）		
其他收益		
二、营业利润（亏损以"－"号填列）	12 099 886 189.11	9 314 018 692.64
加：营业外收入	731 087.21	3 648 915.30
减：营业外支出	68 942 408.37	166 346 557.65
三、利润总额（亏损总额以"－"号填列）	12 031 674 867.95	9 151 321 050.29
减：所得税费用	1 232 219 402.21	－99 933 605.52
四、净利润（净亏损以"－"号填列）	10 799 455 465.74	9 251 254 655.81
（一）持续经营净利润（净亏损以"－"号填列）	10 799 455 465.74	9 251 254 655.81
（二）终止经营净利润（净亏损以"－"号填列）		
五、其他综合收益的税后净额		
（一）以后不能重分类进损益的其他综合收益		
1. 重新计量设定受益计划净负债或净资产的变动		
2. 权益法下在被投资单位不能重分类进损益的其他综合收益中享有的份额		
（二）以后将重分类进损益的其他综合收益		
1. 权益法下在被投资单位以后将重分类进损益的其他综合收益中享有的份额		
2. 可供出售金融资产公允价值变动损益		
3. 持有至到期投资重分类为可供出售金融资产损益		

项　目	本期发生额	上期发生额
4. 现金流量套期损益的有效部分		
5. 外币财务报表折算差额		
6. 其他		
六、综合收益总额	10 799 455 465.74	9 251 254 655.81
七、每股收益		
（一）基本每股收益(元/股)	8.60	7.36
（二）稀释每股收益(元/股)	8.60	7.36

法定代表人：袁仁国　　　　　　主管会计工作负责人：何英姿　　　　　会计机构负责人：陈华

2.2.1　销售毛利率

毛利是反映企业单品利润的重要指标，销售商品或产品获得的收入（销售额）与产品的成本（销售成本）之间的正差额，就是"销售毛利"（简称"毛利"）。比如说，产品的购入成本是 100 万元，卖了 150 万元，毛利就是 50 万元。它所表达的就是销售这种产品或服务产生的附加价值的大小。而毛利率是体现公司产品是否能盈利最好的指标。毛利率越高，说明企业的盈利能力越强，企业竞争力越强。计算毛利率的公式为：

$$毛利率 = （营业收入 - 营业成本）÷ 营业收入 × 100\%$$

如表 4 - 3 所示，该上市公司 2017 年的毛利率为：

$$(21\ 922\ 286\ 976.36 - 5\ 579\ 815\ 460.67) ÷ 21\ 922\ 286\ 976.36 × 100\% = 74.55\%$$

说明该上市公司的销售毛利率极高，说明企业有足够多的毛利额来补偿期间费用后的盈利水平较高，也说明企业盈利能力较强。最后，我们还需要用毛利率与自己不同年限比较，同行业比较，找出我们的毛利率与其相差多少，差异的原因是什么，也许是成本较高、质量较其他企业较差等。找出问题在哪之后，就需调整企业的盈利模式和竞争策略。

2.2.2　收入、成本的增减变化

通过横向对比利润表可以比较同一企业不同年度的收入和成本。收入的增加或减少反映企业在一定期间内销售情况如何，成本的增加或减少反映企业的成本控制情况如何和产成品的多少，然后可以结合企业的发展期、经济周期、行业周期，分析收入、费用的增加、减少的原因是什么，提出哪里需要改进。

2.2.3　净利润是怎样得来的

从利润表里可以看出净利润是由三步计算得出。首先是营业收入减去营业成本、税金及附加、销售费用、管理费用、财务费用、资产减值等要素，再加上公允价值变动损益、投资收益得出营业利润；其次是营业利润加上营业外收入，减去营业外支出得出利润总额；最后是利润总额减去所得税费用得出净利润（即税后利润）。如果营业利润比净利润小，说明企业的主营业务经营不理想，而是靠营业外收入（利得和损失）。这样的话，可能下一

年度的利润没有今年的多,甚至出现亏损。因此,经营好自己公司的主营业务,才能长久稳定地发展。

2.2.4　利润表和资产负债表的联系

资产负债表中的"未分配利润"的相关内容能反映企业期末尚未分配的利润数额(含提取的各项盈余公积、分配的股息红利、以利润转增资本等)。

期末未分配利润＝期初未分配利润＋本期实现的净利润－本期分配的利润

因此,资产负债表中的期末未分配利润,并不能直接与利润表中的本期净利润核对相符,但是,与利润分配表中的期末未分配利润应当核对相符。对于本期无利润分配业务的企业,资产负债表中期末期初未分配利润之差,与利润表本期净利润核对相符;同时,如果该企业期初未分配利润为零(如当期新办企业),此时,资产负债表中期末未分配利润,方能与利润表本期净利润核对相符。因此,资产负债表的期末未分配利润,要与利润表本期净利润核对相符,且必须同时满足两个条件:一是期初没有未分配利润,也没有未弥补亏损。二是当期未进行任何的利润分配业务,包括提取各项盈余公积、向股东分配股息红利、以利润转增资本等业务。由此可以看出,在一般情况下,包括新办企业在内,同时满足上述两个条件的情形并不多见。因此,资产负债表中的期末未分配利润与利润表中的本期净利润核对相符的情形是不多见的。

项目三 企业有多少"真金白银"

引导案例

乐视陷资金链紧缺危机

"要么伟大，要么死亡"。2016 年 11 月 9 日，在召开的投资者交流会上，乐视控股集团 CEO 贾跃亭喊出了这样的豪言壮语。面对近期业界盛传的乐视资金链紧张问题，贾跃亭也坦然承认；但对于乐视被收购的可能，贾跃亭直截了当地否认了这一说法。

近几年，乐视极速扩张，已经从互联网产业跨界到汽车制造业，然而资金紧张等问题也随之出现。目前，是继续在手机、智能电视等终端市场搏杀，还是接着培养电动汽车这样的潜力市场？如何抉择将考验乐视高层的智慧。

近期，业界盛传乐视集团内多款产品出现资金链紧张问题。之前，在 2016 年 11 月 6 日乐视控股集团 CEO 贾跃亭致全体员工信中也提到了资金链压力的问题。"近几个月以来，供应链压力骤增，再加上一贯伴随 LeEco 发展的资金问题，导致供应紧张，对手机业务持续发展造成极大影响。"贾跃亭表示，"一方面乐视汽车前期投入巨大，陆续花掉 100 多亿元的自有资金，直接导致我个人对 LeEco 的资金支持不足；另一方面我们的融资能力不强，方式单一、资本结构不合理，外部融资规模难以满足快速放大的资金需求"。

2016 年 11 月 9 日，在乐视召开的投资者交流会上，贾跃亭并不回避目前存在的资金问题，并表示只要团队能够齐心协力地处理这件事，就不会是个大问题。因为资金问题，自然引发了市场对于乐视是否存在被收购的猜测。对此，贾跃亭也表示，乐视绝不会委身于任何一个第三方，"乐视要么伟大，要么死亡"。

据最新的消息称，乐视高管拟不低于 3 亿元增持公司的股份。业界认为，此举是乐视高管向市场展示管理层对公司前景认可的一种态度，有一定的积极影响，但这对于体量巨大的乐视来说还是杯水车薪。

【案例思考】

贾跃亭作为乐视控股集团的 CEO，针对这一次的乐视危机，有着什么样的教训？如何避免危机再次发生？

3.1 现金流量表的含义

现金流量表，属于动态报表，是反映企业一定会计期间现金和现金等价物流入和流出情况的报表。通过现金流量表提供的信息，报表使用者可以了解和评价企业获得现金及现金等价物的能力，并据以预测企业未来现金流量。现金不仅包括库存现金，还包括企业

"银行存款"账户核算的随时可以用于支付的存款,也包括"其他货币资金"账户核算的外埠存款、银行汇票存款、银行本票存款等其他货币资金。现金等价物是指企业持有的期限短、流动性强、易于转换为已知金额现金、价值变动风险很小的投资。这些投资期限较短,一般是指从购买日起三个月内到期。现金等价物虽然不是现金,但其支付能力与现金的差别不大,可视为现金。

前述的资产负债表和利润表都不能反映一个企业的真实现金流动情况,唯有现金流量表才能反映企业的现金流量情况。它揭示了企业组织在一定时期里创造的现金数额。在同一时期内现金流入量减去现金流出量,就得出现金净流量。因此,现金流量表揭示了企业组织在满足所有现金流量支出之后还创造出多少的超额现金。

3.2 从现金流量表中你要读懂什么

现金流量表主要为我们提供企业在一定时间内的现金流量的流入和流出情况,通常,现金流量表能够告诉企业经营管理者以下信息:企业是否有足够的现金流来满足企业日常的生产经营活动,以及是否能够满足企业的投资需求? 企业获取现金的能力如何? 现金流量表还能够使企业经营管理者在一定程度上预测企业未来的现金流量情况。

要读懂现金流量表,首先就要了解现金流量的概念。所谓的现金流量,是指现金流入和流出两个方向。什么叫现金的流入呢? 很显然,企业收到了钱意味着流入了现金。什么叫现金的流出呢? 很明显,就是企业付钱给别人。所以现金流量表描述现金的流向,也就是企业收到钱和付出钱的情况。

其实,现金流量表就跟我们自己家里日常记的流水账差不多。譬如,这个月,我发了多少工资,生活费花了多少钱,购买衣服花了多少钱,给搞卫生的钟点工付多少钱等,本月的所有收入和花销全都一一记录在案。但是,现金流量表和我们自己记的流水账还是有显著区别的。因为在现金流量表上,我们是按照企业所进行的不同类型的经济活动,对现金流进行了相应分类。

表4-4为中国上市公司宜宾五粮液股份有限公司(上市股票代码000858)2017年度的现金流量表。

表4-4 现金流量表

会企03表

编制单位:宜宾五粮液股份有限公司　　　　2017年度　　　　　　　　单位:元

项　目	本期发生额	上期发生额
一、经营活动产生的现金流量:		
销售商品、提供劳务收到的现金	1 421 957.00	1 503 221.61
收到的税费返还		
收到其他与经营活动有关的现金	799 087 605.39	1 325 059 969.46
经营活动现金流入小计	800 509 562.39	1 326 563 191.07

项　目	本期发生额	上期发生额
购买商品、接受劳务支付的现金		
支付给职工以及为职工支付的现金	56 286 556.24	77 621 758.41
支付的各项税费	66 257 603.84	46 284 921.13
支付其他与经营活动有关的现金	178 193 482.82	123 475 887.35
经营活动现金流出小计	300 737 642.90	247 382 566.89
经营活动产生的现金流量净额	499 771 919.49	1 079 180 624.18
二、投资活动产生的现金流量：		
收回投资收到的现金		98 713 538.00
取得投资收益收到的现金	5 547 728 515.42	5 170 468 232.00
处置固定资产、无形资产和其他长期资产收回的现金净额	14 650.90	5 307.13
处置子公司及其他营业单位收到的现金净额		
收到其他与投资活动有关的现金		
投资活动现金流入小计	5 547 743 166.32	5 269 187 077.13
购建固定资产、无形资产和其他长期资产支付的现金	12 125 936.91	7 023 130.59
投资支付的现金		
取得子公司及其他营业单位支付的现金净额		
支付其他与投资活动有关的现金		
投资活动现金流出小计	12 125 936.91	7 023 130.59
投资活动产生的现金流量净额	5 535 617 229.41	5 262 163 946.54
三、筹资活动产生的现金流量：		
吸收投资收到的现金		52 288.85
取得借款收到的现金		
发行债券收到的现金		
收到其他与筹资活动有关的现金	491 047 150.00	2 139 760.00
筹资活动现金流入小计	491 047 150.00	2 192 048.85
偿还债务支付的现金		
分配股利、利润或偿付利息支付的现金	3 416 370 048.00	3 036 773 376.00
支付其他与筹资活动有关的现金	512 787 500.00	

项　　目	本期发生额	上期发生额
筹资活动现金流出小计	3 929 157 548.00	3 036 773 376.00
筹资活动产生的现金流量净额	−3 438 110 398.00	−3 034 581 327.15
四、汇率变动对现金及现金等价物的影响		
五、现金及现金等价物净增加额	2 597 278 750.90	3 306 763 243.57
加：期初现金及现金等价物余额	13 264 383 625.69	9 957 620 382.12
六、期末现金及现金等价物余额	15 861 662 376.59	13 264 383 625.69

法定代表人：刘中国　　　　　　主管会计工作负责人：罗伟　　　　　　会计机构负责人：李家奎

如表 4 - 4 所示，现金流量表的现金流入量与现金流出量分为经营活动产生的现金流量、投资活动产生的现金流量和筹资活动产生的现金流量。现金流入量和现金流出量的金额就是现金净流量。创业者了解现金流量表的结构后，还需从中懂得一些信息。

3.2.1　观察现金流入流出的分布

企业经营管理者可以了解企业目前的资金情况，并对企业的现金流入和现金流出做到心中有数，能够帮助企业经营管理者了解到企业经营活动、投资活动和筹资活动分别为企业带来的现金流入量和发生的现金流出量情况。如果用现金流量表上记录的所有现金的流入减去现金流量表上记录的所有现金的流出，就会得到现金净流量。因为现金流入会让企业的现金增加，而现金流出则会让其现金减少，所以现金净流量也就是企业现金的增减变化。从现金流量表可以很清楚地看出钱从哪里得来，花到哪去，然后结合企业的发展策略分析现金流出是否合理，从而避免不必要的现金支出。

3.2.2　现金流量与净利润

很多企业家都为"为什么利润多现金少"这个问题头疼。净利润是企业一定时期实现的用货币表现的最终财务成果，反映了企业的经营业绩和财务能力。它是以权责发生制为基础，依据收入和费用的配比和因果关系而形成的；而现金流量反映的是企业现金的实际进出。所以净利润和现金流量没有直接联系，公司可能赊销产品，虽是收入，但是没有收到钱，则计入应收账款，不是现金，这是导致现金少的其中一个原因。也正因为利润表是根据权责发生制来编制，现金流量表根据收付实现制来编制，才会有利润和现金金额不一致的情况出现。

3.2.3　赚了钱不等于有钱用

我们都听过这样一句话："企业的经营目标是追求利润最大化。"但是同时，我们还听过另外一句话："现金为王。"这两句话分别在强调利润和现金流对企业的重要性。如果一个企业的利润是正的，我们说它是赚钱的；而如果一家企业的现金流丰富，我们会说它是有钱的。任何一家企业都希望自己既是赚钱的又是有钱的，但是现实中却常会有赚钱的却没有钱的企业。

一般情况下，如果企业销售的产品没有完全收回现金，或者生产的产品出现了库存积压就会出现这种情况。比如很多汽车企业，在消费者对汽车要求越来越高、国家行业规范越来越明确的情况下，很多汽车企业并没有立刻出现亏损，而是负的经营活动现金流，就是因为竞争的加剧使得这些汽车企业很快地把产品生产出来，但是却造成了库存积压。目前国内的日韩系汽车（如起亚、现代）就是一个很好的例子。它们虽然能把东西生产出来，但是却卖不出去，或者卖出去了却收不回钱。一旦企业销售了产品就会记录收入，但是如果货款没有收回来，就不会产生现金流。另一方面，企业生产产品是需要投入现金的，如果生产出的产品没有卖出去，就只是花钱，却不会对利润产生影响。所以，卖出去但未能收回的钱的和存货的增加往往是造成企业"赚钱"却没有钱的主要原因。

现在我们知道了利润和现金流出现差异的原因，那么利润和现金流到底是什么关系呢？它们之间又究竟是哪个更重要？其实在企业正常经营的情况下，从长远来看，利润和现金流的总量是相同的，重要性也基本一致，只是这两个要素在不同阶段的分布是不同的。它们只是在各个阶段的分布不同。因为如果企业经营正常，生产出来的产品即使在某一阶段没有卖掉，也会在不久的将来被卖掉。客户欠款即使今年没有收回，也会在不久的将来被收回来，这些钱终究还是企业的。在这种情况下，我们没必要为企业某一阶段的现金流不足而担心。

可是并不是所有的存货都能卖掉，也不是所有的欠款都能收回，特别是在竞争比较激烈的行业更是如此。如果存货卖不掉，卖出去产品的钱收不回来，已经记录的利润实际上企业未来是很难得到的，那么此时的利润本身也就失去了意义。比如在竞争比较激烈的汽车行业经常会出现这种情况。尤其是一些销售量较差的汽车品牌。因此，对于竞争激烈的行业来说利润并不能反映企业的真实情况，现金流对企业发展至关重要；而对一个竞争并不十分激烈的行业，比如机械设备，利润就能够反映企业的真实情况，现金流的作用反而退居其次。可见回答是"有钱"重要还是"赚钱"更重要，是"利润最大化"还是"现金为王"，必须看行业特点对于竞争激烈的行业来定，企业日常经营的风险特别巨大，欠款和存货风险就大，现金流就比利润更重要；而对于竞争不那么激烈的行业来说，企业日常经营的风险并不大，欠款和存货的风险也不大，利润就比现金流重要。

3.2.4　现金流量表和资产负债表的联系

现金流量表的净现金流量和资产负债表的货币资金应相一致。可以说，现金流量表是反映现金从哪里来，到哪里去，详细说明货币资金的来源、用途；资产负债表只是粗略地说明货币资金的多少。现金流量表与资产负债表表面上并不存在公式关系，但是存在一定的财务钩稽关系。一般来说，资产负债表的货币资金期末余额应该等于现金流量表的期末余额。

项目四 所有者权益变动表:企业利润如何分配

4.1 所有者权益变动表内容及作用

所有者权益是所有者对企业资产的剩余索取权,它是企业的资产扣除债权人权益后应由所有者享有的部分,既可反映所有者投入资本的保值增值情况,又体现了保护债权人权益的理念。

所有者权益变动表是反映公司本期(年度或中期)内截至期末所有者权益变动情况的报表。其中,所有者权益变动表应当全面反映一定时期所有者权益变动的情况。具体来说,所有者权益变动表的作用是反映构成所有者权益的各组成部分当期的增减变动情况的报表。通过所有者权益变动表,既可以为报表使用者提供所有者权益总量增减变动的信息,也能为其提供所有者权益增减变动的结构性信息,特别是能够让报表使用者理解所有者权益增减变动的根源。

4.2 创业者关注权益变化的项目及大小

创业者不需要掌握所有者权益变动表,只需要关注所有者权益变动表的基本内容及有关科目的增减变化。表4-5是中国上市公司贵州茅台酒股份有限公司(上市股票代码600519)2017年度的所有者权益变动表。对于创业者来说,只需从所有者权益变动表里看出股东权益的金额因什么而增加了。以表4-5为例,该上市公司的未分配利润增加了1 193 695 443.98元,盈余公积增加了1 079 945 546.57元,说明造成该上市公司的股东权益增加是未分配利润和盈余公积。所有者权益变动表详细展示了股东权益的变化,创业者只需了解这个知识就可以。

为了准确与完整分析财务报表,创业者还要关注表外事项、相关附注和非财务信息。

表外事项包括表外融资、或有事项、期后事项等。这些事项往往也会给企业带来很大的风险,投资者需要对此予以关注。表外融资是指不需列入资产负债表的融资方式。目前国际上常用的表外融资方式主要有四种:长期租赁、合资经营、证券化和创新金融工具。当前我国证券市场还不很发达,金融管制也较严格,所以后三种方式使用得较少。大量存在于企业中的是经营租赁、售后租回等表外融资方式。

或有负债主要包括已贴现商业承兑汇票形成的或有负债;未决诉讼和仲裁形成的或有负债;为其他单位提供债务担保形成的或有负债。这三种或有负债在企业中都很普通。

资产负债表日后事项主要说明在资产负债表日后发生的一些重大的非调整事项,例如股票和债券的发行、对一个企业的巨额投资、自然灾害导致的资产损失等。

表 4 - 5 所有者权益变动表

编制单位：贵州茅台酒股份有限公司　　2017 年度　　本　期

会企 04 表

单位：元

项目	股本	其他权益工具			资本公积	减：库存股	其他综合收益	专项储备	盈余公积	未分配利润	所有者权益合计
		优先	永续	其他							
一、上年期末余额	1 256 197 800. 00				1 374 303 082. 72				7 135 649 963. 12	26 036 398 564. 28	35 802 549 410. 12
加：会计政策变更											
前期差错更正											
其他											
二、本年期初余额	1 256 197 800. 00				1 374 303 082. 72				7 135 649 963. 12	26 036 398 564. 28	35 802 549 410. 12
三、本期增减变动金额（减少以 "-" 号填									1 079 945 546. 57	1 193 695 443. 98	2 273 640 990. 55
（一）综合收益总额										10 799 455 465. 74	10 799 455 465. 74
（二）所有者投入和减少资本											
1. 股东投入的普通股											
2. 其他权益工具持有者投入资本											
3. 股份支付计入所有者权益的金额											
4. 其他											

续表

项目	本期								
	股本	其他权益工具			资本公积	减:库存股	其他综合收益	专项储备	盈余公积	未分配利润	所有者权益合计
		优先	永续	其他							
(三)利润分配									1 079 945 546.57	−9 605 760 021.76	−8 525 814 475.19
1. 提取盈余公积									1 079 945 546.57	−1 079 945 546.57	
2. 对所有者(或股东)的分配										−8 525 814 475.19	−8 525 814 475.19
3. 其他											
(四)所有者权益内部结转											
1. 资本公积转增资本(或股本)											
2. 盈余公积转增资本(或股本)											
3. 盈余公积弥补亏损											
4. 其他											
(五)专项储备											
1. 本期提取											
2. 本期使用											
(六)其他											
四、本期期末余额	1 256 197 800.00				1 374 303 082.72				8 215 595 509.69	27 230 094 008.26	38 076 190 400.67

法定代表人:袁仁国　　　　主管会计工作负责人:向英姿　　　　会计机构负责人:陈华

非财务信息包括背景信息、经营业绩说明、管理部门的分析讨论、前瞻性信息、社会责任、核心竞争力及持续发展。

（1）背景信息。企业经营总体规划和战略目标；企业经营活动和资产的范围与内容，所处行业的特点、产品寿命周期及产品结构。

（2）经营业绩说明。经营活动指标、成本指标、关键经营业务指标、关键资源数量与质量指标。

（3）管理部门的分析讨论。企业财务状况、经营业绩变化的原因和未来的发展趋势。

（4）前瞻性信息。企业面临的机会与风险；管理者的计划，包括影响成功的关键因素；将实际经营业绩与以前披露的机会与风险进行比较。

（5）社会责任。环境责任指标，包括处理废水、废渣、废气的情况，对社会环境治理提供的服务，减少耗用稀有及不可再生资源的措施与效果；人力资源信息，如企业员工构成情况信息、员工安全和健康信息、员工培训、员工福利和社会保障信息；企业经营对当地社会影响，包括对带动地区经济发展的积极作用，为当地提供就业机会情况，对居民居住环境和社会稳定的影响及措施。

（6）核心竞争力及持续发展。研究与开发创新能力；员工能力；资源利用情况。

单元四习题

一、单选题

1. 资产负债表的附表是（　　　）。
   A. 利润分析表
   B. 分部报表
   C. 财务报表附注
   D. 应交增值税明细表

2. 对资产负债表的初步分析，不包括（　　　）。
   A. 资产分析
   B. 负债分析
   C. 所有者权益分析
   D. 收益分析

3. 当企业的流动资产小于流动负债，即流动负债不仅作为全部流动资产的来源，而且还将一部分流动负债用于非流动资产，这种资产与资本的对称性结构属于（　　　）。
   A. 稳健型对称性结构
   B. 中庸型对称性结构
   C. 风险型对称性结构
   D. 保守型对称性结构

4. 资产占用形态结构是企业总资产中两类资产各占的比重或比例关系，这两类资产是（　　　）。
   A. 流动资产和非流动资产
   B. 短期资产和长期资产
   C. 固定资产和非固定资产
   D. 有形资产和无形资产

5. 减少企业流动资产变现能力的因素是（　　　）。
   A. 取得商业承兑汇票
   B. 未决诉讼、仲裁形成的或有负债
   C. 有可动用的银行贷款指标
   D. 长期投资到期收回

6. 下列关于利润表的说法，错误的是（　　　）。
   A. 可直接了解企业的盈利状况和获利能力
   B. 解析企业获利能力高低的原因
   C. 评价企业是否具有可持续发展能力
   D. 净利润＝息税前利润＋利息费用和税费

7. （　　　）能反映企业一定期间的经营成果。
   A. 资产负债表
   B. 利润表
   C. 现金流量表
   D. 所有者权益变动表

8. 2019年6月，某企业发生以下交易或事项：支付诉讼费用10万元，固定资产出售净损失8万元，对外公益性捐赠支出5万元，支付税收滞纳金1万元。不考虑其他因素，该企业2019年6月利润表"营业外支出"项目的本期金额为（　　　）万元。
   A. 6
   B. 14
   C. 13
   D. 9

9. 下列各项中，不影响利润表中的营业利润的是（　　　）。

　　A. 企业销售商品发生的现金折扣

　　B. 行政管理部门的办公费

　　C. 固定资产毁损报废净收益

　　D. 出售原材料的成本

10. 下列各项中，不属于利润表"利润总额"项目的内容的是(　　　)。

　　A. 确认的资产减值损失

　　B. 无法查明原因的现金溢余

　　C. 确认的所得税费用

　　D. 收到政府补助确认的其他收益

11. 编制现金流量表时，企业的罚款收入应在(　　　)项目反映。

　　A. 销售商品、提供劳务收到的现金

　　B. 收到的其他与经营活动有关的现金

　　C. 支付的其他与经营活动有关的现金

　　D. 购买商品、接受劳务支付的现金

12. 应收票据贴现属于(　　　)。

　　A. 经营活动产生的现金流量　　　　　B. 投资活动产生的现金流量

　　C. 筹资活动产生的现金流量　　　　　D. 不涉及现金收支的筹资活动

13. 我国企业编制所有者权益变动表的列示方式是(　　　)。

　　A. 账户式　　　　　B. 多步式　　　　　C. 报告式　　　　　D. 矩阵式

14. 下列各项中，不属于所有者权益变动表中单股列示的项目是(　　　)。

　　A. 所有者投入资本　　　　　　　　　B. 综合收益总额

　　C. 会计估计变更　　　　　　　　　　D. 会计政策变更

二、多选题

1. 资产负债表的作用表现在(　　　)。

　　A. 揭示资产总额及其分布　　　　　B. 揭示负债总额及其结构

　　C. 了解偿还能力　　　　　　　　　D. 反映现金支付能力

　　E. 预测财务状况发展趋势

2. 资产负债表分析的目的是(　　　)。

　　A. 了解企业财务状况的变动情况

　　B. 评价企业会计对企业经营状况的反映程度

　　C. 修正资产负债表的数据

　　D. 评价企业的会计政策

3. 货币资金存量变动的原因有(　　　)。

　　A. 资金调度　　　　　　　　　　　B. 信用政策变动

　　C.销售规模变动　　　　　　　　　　D. 会计政策变更

　　E. 为大笔现金支出做准备

4. 进行负债结构分析时必须考虑的因素有(　　　)。

    A. 负债规模　　　　　　　　　　B. 负债成本

    C. 债务偿还期限　　　　　　　　D. 财务风险

    E. 经营风险

5. 应收账款变动可能的原因有(　　)。

    A. 销售规模变动　　　　　　　　B. 信用政策改变

    C. 收账政策不当　　　　　　　　D. 收账工作执行不力

    E. 应收账款质量不高

6. 我国企业的利润表填制的步骤包括(　　)。

    A. 计算营业利润　　　　　　　　B. 计算利润总额

    C. 计算净利润　　　　　　　　　D. 计算每股收益

    E. 计算所有者权益

7. 下列各项中,应列入利润表"营业成本"项目的有(　　)。

    A. 出租非专利技术的摊销额

    B. 转让无形资产所有权的成本

    C. 经营出租设备计提的折旧额

    D. 销售材料的成本

8. 下列各项中,应在企业利润表"营业成本"项目列示的有(　　)。

    A. 出租无形资产摊销额

    B. 出售不需用原材料成本

    C. 出售固定资产发生的清理费用

    D. 出售无形资产取得的收入

9. 下列各项中,属于利润表期间费用的有(　　)。

    A. 制造费用　　　B. 财务费用　　　C. 销售费用　　　D. 管理费用

10. 下列各项中,应列入利润表"营业收入"项目的有(　　)。

    A. 营业外收入　　　B. 其他业务收入　　　C. 投资收益　　　D. 主营业务收入

11. (　　)属于筹资活动产生的现金流量。

    A. 借款收到的现金

    B. 用固定资产清偿债务

    C. 偿付利息所支付的现金

    D. 取得债券利息收入所收到的现金

12. "收回投资所收到的现金"项目反映(　　)。

    A. 企业出售长期股权投资收到的现金

    B. 企业收回长期债权投资本金收到的现金

    C. 企业收回长期债权投资利息收到的现金

    D. 企业收回用于长期投资的固定资产

13. 下列各项中,属于筹资活动产生的现金流量的有(　　)。

    A. 购买固定资产所支付的现金

    B. 工程交付使用前的利息支出

C. 融资租赁所支付的现金

D. 经营租赁所支付的现金

14. （　　）不会影响现金流量净额的变动。

  A. 将现金存入银行　　　　　　　　B. 用现金对外投资

  C. 用存货清偿债务　　　　　　　　D. 用原材料对外投资

15. 下列各项中，影响经营活动现金流量的项目有（　　）。

  A. 发行长期债券收到的现金　　　　B. 偿还应付购货款

  C. 支付生产工人工资　　　　　　　D. 支付所得税

16. 在所有者权益变动表上，企业至少应当单独列示反映的信息有（　　）。

  A. 综合收益总额　　　　　　　　　B. 向所有者分配利润

  C. 所有者投入资本　　　　　　　　D. 提取的盈余公积

17. 企业财务报表的附注中应当包括的内容有（　　）。

  A. 所有会计政策和会计估计

  B. 报表所有项目的说明

  C. 会计政策和会计估计变更以及差错更正的说明

  D. 遵循企业会计准则的声明

三、判断题

1. 资产负债表中某项目的变动幅度越大，对资产或权益的影响就越大。（　　）

2. 增产增收的同时减少资产会形成资金相对节约。（　　）

3. 如果本期总资产比上期有较大幅度增加，表明企业本期经营卓有成效。（　　）

4. 只要本期盈余公积增加，就可以断定企业本期经营是有成效的。（　　）

5. 固定资产比重越高，企业资产的弹性越差。（　　）

6. 如果不存在纳税调整事项和递延所得税，利润表中的"所得税费用"项目金额可以直接根据"利润总额"项目金额乘以所得税税率计算得到。（　　）

7. 企业出售生产经营用固定资产实现的净收益，应列入利润表的"营业收入"项目。

（　　）

8. 购买商品支付货款取得的现金折扣列入利润表"财务费用"项目。（　　）

9. "综合收益总额"项目，反映净利润和其他综合收益扣除所得税影响后的净额相加后的合计金额。（　　）

10. 企业利润表中，"资产处置收益""公允价值变动收益"和"投资收益"项目金额均可能以"－"列示。（　　）

11. 企业销售商品，预收的账款不在"销售商品、提供劳务收到的现金"项目反映。

（　　）

12. 作为现金流量表编制基础的现金是指现金及现金等价物。（　　）

13. 企业一定期间的现金流量可分为经营活动的现金流量、投资活动的现金流量和筹资活动的现金流量。（　　）

14. 现金流量表是反映一定时期现金及其等价物流入和流出的报表。（　　）

15. 融资租入固定资产支付的租赁费,在经营活动产生的现金流量反映。 （　）

16. 企业的会计政策变更和差错更正的积累影响金额不需要在所有者权益变动表中列示。 （　）

17. 所有者权益变动表是反映构成所有权益各组成部分档期增减变动情况的报表。
（　）

四、分析计算题

1. 根据下列数据计算存货周转率及周转天数并得出分析结论:流动负债 40 万元,流动比率 2.2,速动比率 1.2,销售成本 80 万元,毛利率 20％,年初存货 30 万元。

2. 某企业全部流动资产为 20 万元,流动资产比率为 2.5,速动比率为 1,最近刚刚发生以下业务:

（1）销售产品一批,销售收入 3 万元,款项尚未收到,销售成本尚未结转。

（2）用银行存款归还应付账款 0.5 万元。

（3）应收账款 0.2 万元,无法收回,做坏账处理。

（4）购入材料一批,价值 1 万元,其中 60％ 为赊购,开出应付票据支付。

（5）以银行存款购入设备一台,价值 2 万元,安装完毕,交付使用。

要求:计算每笔业务发生后的流动比率与速动比率。

单元五 财技——锤炼你的炼金术

项目一 复利:宇宙间最强大的力量

引导案例

一个爱下象棋的国王棋艺高超,从未遇到过敌手。为了找到对手,他下了一份诏书,说不管是谁,只要下棋赢了国王,国王就会答应他任何一个要求。

一个年轻人来到皇宫,要求与国王下棋。紧张激战后,年轻人赢了国王,国王问这个年轻人要什么奖赏,年轻人说他只要一点小奖赏:就是在他们下棋的棋盘上放上麦子,棋盘的第一个格子中放上一粒麦子,第二个格子中放进前一个格子数量的一倍的麦子,接下来每一个格子中放的麦子数量都是前一个格子中的一倍,一直将棋盘每一个格子都摆满。

国王没有仔细思考,以为要求很小,于是就欣然同意了。但很快国王就发现,即使将自己国库所有的粮食都给他,也不够百分之一。因为从表面上看,青年人的要求起点十分低,从一粒麦子开始,但是经过很多次的翻倍,就迅速变成庞大的天文数字(1公斤麦子约4万粒,把18 446 744 073 709 600 000粒米换算成吨的话,约等于4 611亿吨,而我国2010年粮食年产量5.4亿吨,相当于我国高产量的853年的总产量)。

第1个小格子米数　1

第2个小格子米数　2

第3个小格子米数　4

第4个小格子米数　8

……

第64个小格子米数　9 223 372 036 854 780 000

总共米粒数　18 446 744 073 709 600 000

【案例思考】

你知道国王棋盘上小米粒增长的奥秘吗？

1.1 基本知识

> 复利是世界第八大奇迹——爱因斯坦

复利是一种计算利息的方法。按照这种方法，利息除了会根据本金计算外，新得到的利息同样可以生息，因此俗称"利滚利""驴打滚"或"利叠利"。计算利息的周期越密，财富增长越快，而随着年期越长，复利效应也会越来越明显。

F：终值（Future Value），或叫未来值，是指一定量的本金按复利计算的若干年后的本利和。

P：现值（Present Value），或叫期初金额，是指将来某一特定时间取得或支出一定的资金，按复利折算到现在的价值。

i：利率或折现率。

N：计息期数。

复利终值的计算公式：

$$F = P \times (1+i)^n = P \times (F/P, i, n)$$

复利现值的计算公式：

$$P = F \times (1+i)^{-n} = F \times (P/F, i, n)$$

1.2 复利计算

[例5-1] 李老板最近做生意赚了不少钱，他想把10万元存入银行，以便将来退休时使用，李老板还有10年退休，如果银行存款年利率为2%，李老板退休可获得多少钱？

解：$F = 100\,000 \times (1+2\%)^{10}$

$\qquad = 100\,000 \times (F/P, 2\%, 10)$

$\qquad = 100\,000 \times 1.219$

$\qquad = 121\,900（元）$

式中，$(F/P, 2\%, 10)$ 表示利率为2%，期限为10年的复利终值系数。将单利终值和复利终值比较发现，在第1年，单利终值和复利终值是相等的，从第2年开始，每年应以上期本利和为计息基础计算本期利息。

[例5-2] 甲公司要在3年后购买10万元的生产设备，银行年利率为8%，甲公司现在要存多少钱进银行3年后是10万元？

解：$P = F \times (P/F, i, n)$

$\qquad = 100\,000 \times (P/F, 8\%, 3)$

$\qquad = 100\,000 \times 0.793\,8$

$\qquad = 79\,380（元）$

式中，$(P/F, 8\%, 3)$ 表示利率为8%，期限为3年的复利现值系数。

[**例 5 - 3**]　甲公司一次投资 200 万元购置 12 辆小轿车用于出租经营。预计在未来 8 年中,每年可获现金净流入量 45 万元,则该项投资的内含报酬率是多少?

由于内含报酬率是使投资项目净现值等于零时的折现率,因而

$$NPV = 45 \times (P/A, i, 8) - 200$$

令 $NPV = 0$,则

$45 \times (P/A, i, 8) - 200 = 0$

$(P/A, i, 8) = 200/45 = 4.444\ 4$

查年金现值系数表,确定 4.444 4 介于 4.487 3(对应的折现率 i 为 15%)和 4.343 6(对应的折现率 i 为 16%)之间,可见内部收益率介于 15% 和 16% 之间。

此时,可采用插值法计算内部收益率:

$$IRR = 15\% + \frac{4.487\ 3 - 4.444\ 4}{4.487\ 3 - 4.343\ 6} \times (16\% - 15\%) = 15.30\%$$

[**例 5 - 4**]　甲公司融资租赁一台 180 万元设备,开始支付 45 万元,在第一个月支付 3 万。以后 23 个月每月等额支付 8 万元,共 24 个月。甲公司第二年期末收回 30 万元。计算承租方实际年利率。

解:$180 + 30 \div (1+i)^{24} = 45 + 3 \div (1+i) + 8 \div (1+i)^2 + 8 \div (1+i)^3 + \cdots + 8 \div (1+i)$

$i^{24} - 135 + 3 \div (1+i) + 8[(p/A, i, 24) - 1] - 30 \div (1+i)^{24} = 0$

设 $i = 1\%$

$-135 + 2.970\ 3 + 8 \times 20.243\ 4 - 30 \div 1.269\ 7 = 6.29$

设 $i = 2\%$

$-135 + 2.941\ 2 + 8 \times 17.913\ 9 - 30 \div 1.608\ 4 = -7.40$

$$\frac{0 - (-7.40)}{i - 2\%} = \frac{6.29 - (-7.40)}{1\% - 2\%}$$

$-0.074 = 13.69i - 0.273\ 8$

$i = 0.014\ 59$

承租方实际年利率为:$(1+i)^{12} - 1 = 18.98\%$

[**例 5 - 5**]　某贷款公司打电话推销时说贷款月息低至 7.9 厘,如果贷款 1 万元分 12 期还,每月本金等额还款,按初始本金每月付息。那么年利率是多少?

解:每月还款的金额为:

$10\ 000 \div 12 + 10\ 000 \times 0.79\% = 912.33$

设 i 为年利率,令现金流入现值=现金流出现值,则:

$10\ 000 = 912.33 \times [(1+i/12)^{-1} + (1+i/12)^{-2} + (1+i/12)^{-3} + (1+i/12)^{-4} + (1+i/12)^{-5} + (1+i/12)^{-6} + (1+i/12)^{-7} + (1+i/12)^{-8} + (1+i/12)^{-9} + (1+i/12)^{-10} + (1+i)^{-11} + (1+i)^{-12}]$

$$10\ 000 = 912.33 \times \frac{1 - (1+i/12)^{-12}}{i/12}$$

采用上几例用过的插值法,得出利率:

$i = 17.19\%$

||| 知识拓展 ➡

在民间借贷中贷款利息多说的是月息,比如常见的月息 8 厘、月息 1 分 5,对应的月利率就分别为 0.8%、1.5%,并且每月大都按初始本金计息。在申请贷款之前,切记要看清合同上拟定的是年利率还是月利率、计息方式、还款方式,并且统一换算成实际年复利率进行比较高低,不要因为一时疏忽误解名义利率而导致高息借贷。

银行信用卡分期的实际利率也可参照[例 5-1]~[例 5-5]进行计算。

所有的实际利率或内含报酬率问题,均可根据现金流入现值=现金流出现值,采用插值法计算。

项目二　现金为王:财务战略匹配经济周期、经营周期、财务周期

◆引导案例

错误的时间加杠杆,从当初的买买买到现在卖卖卖——海航集团

2014 年年末,海航总资产仅有 3 226 亿元,到了 2017 年年末,这个数字变成了 1.232 万亿元,增幅达 282%。两年多的时间海航扩张了原来的近三倍。海航系盲目扩张后遗症带来了近 6 000 亿债务。当 2018 年还债潮来临的时候,公司出现流动性问题。

陈峰曾于 2018 年下半年透露,为了解决流动性问题,在"聚焦航空运输主业、健康发展"的战略要求下,海航从 2017 年下半年便大举出售旗下资产。2018 年以来,海航已累计售出 3 000 亿元规模的资产。后续还会有第二批、第三批资产出售。还债、借债、卖资产,海航集团 2018 年忙得马不停蹄。"海航系"尽管有大量资产可以出售,但找到买家并不容易。2019 年又爆出史上最大规模抛售:海航集团处置 3 000 亿资产清单。海航集团正在将更多的航空和房地产资产投入市场,在中国企业集团竞相减少债务负担的背景下出售超过 400 亿美元的国内和国际资产。

陈峰:这次危机的根本原因,是我们在走出去过程中对宏观形势判断失误,加之自身发展偏离主业,节奏把握不好、严重性估计不足,等到反应过来的时候已经来不及了。内因是主因,我们自身修养不够、欲望太大、速度过快、步伐不稳、偏离主业。我们资产处置时间估计比预计的要慢。国内外经济形势不好,有些签完协议拿不出钱了。多好的楼,都卖不动。怎么办呢?我也不能降成萝卜白菜价,慢慢卖。

——《财经》

【案例思考】

为了保证有充沛的现金流,避免债务违约,公司财务战略需要和经济周期、经营周期、财务周期怎样匹配? 加杠杆和去杠杆时机怎么转换和选择?

去杠杆和强监管背景下,债务风险加速暴露,债务违约事件频发,那么该如何看待上市公司的债务风险?

【案例启示】

整体而言,本轮违约潮是在去杠杆和强监管的宏观环境下发生的,违约主体的主要融资渠道普遍受到限制。前几年金融环境较为宽松,投资者风险偏好较高,对低资质企业具有更高的"包容性",这些企业的债券、非标等融资渠道较为畅通。但其实较为丰富的融资来源,并不一定会让企业经营得更好,反而可能在一定程度上导致企业"过度投资""过度杠杆经营"。

而在金融环境转向去杠杆、强监管时,一方面,投资者的风险偏好明显下降,对风险的防范心理大幅提高,更加关注和思考"谁在裸泳",债券市场融资通道明显收紧;另一方面,监管政策全面封堵各类表外和非标通道,非标转标过程中,非标债务滚续难度上升,企业需要依靠表内或者自身经营现金流对接到期债务。金融强监管难放松,水位还将持续降落,未来或许还将有更多的"裸泳者"出现,重点关注表外杠杆高、融资渠道明显收窄的主体。

经济周期的变化会导致宏观政策和监管环境的改变。风起于青蘋之末,谁能见微知著,选择合适的加杠杆与减杠杆时机,谁就能在经济大潮中游得更好更远。

2.1 经济周期、财政政策与货币政策

经济周期(Business Cycle)指经济活动沿着经济发展的总体趋势所经历的有规律的扩张和收缩。它是国民总产出、总收入和总就业的波动,它是国民收入或总体经济活动扩张与紧缩的交替或周期性波动变化。经济周期主要划分为经济紧缩期和扩张期两个阶段。经济紧缩期是以国内生产总值(GDP)出现连续两个季度的下降为主要特征,主要表现形式是:生产力的持续扩张而导致通货紧缩压力增大,银行采取紧缩的货币政策上调利率来抵御通货膨胀的压力,由此带来产业生产能力的下降而生产成本却上升的不利影响,房地产、投资等相关产业也大幅降低支出,从而整个市场经济陷入低迷状态。经济扩张期是以国内生产总值(GDP)出现连续两个季度的上涨为主要特征,它的主要表现形式是:市场经济由低迷逐渐恢复到正常水平的过程中过剩产能逐渐被清出市场,市场的就业机会增加,顾客的可支配收入有所增长,从而消费水平不断提高。

财政政策则是由财政部及地方各级财政部门起草、拟订和执行,其主要是通过调整财政支出,配合税收政策来调控市场的流动性,之后的影响链条和货币政策一致,最终影响总需求。财政政策主要通过税收、补贴、赤字、国债、收入分配和转移支付等手段对经济运行进行调节,是政府进行反经济周期调节、熨平经济波动的重要工具,也是财政有效履行配置资源、公平分配和稳定经济等职能的主要手段。财政政策根据具有调节经济周期的作用来划分,可分为自动稳定的财政政策和相机抉择的财政政策;根据在调节国民经济总量方面的不同功能,可分为扩张性财政政策和紧缩性财政政策。

货币政策,其由央行制定并实施,央行运用各种工具调节货币供应量,通过货币供应量的变化调节市场利率,再通过市场利率的变化来影响资本市场的投资,最终来影响总需求。货币政策主要是通过调整准备金率、调节存贷款利率来实现。

2.1.1 我国经济周期与货币政策

一般来说,我国实施的是稳健的货币政策,当经济出现了异常的波动,货币政策就会开始转向。例如,2007 年,从经济周期来看,当时处于经济过热阶段,GDP 同比增速从 2004 年开始一路高涨直冲到 2006 年年中的 13.7%,CPI 也一路上涨到接近 7%,面对银行体系流动性偏多、货币信贷扩张压力较大、价格涨幅上升的形势,货币政策从"稳健"转为"从紧",也就是说,央行认为市场上钱太多,准备收收钱。

2008 年,全球金融危机爆发,我国面临雪灾和汶川地震后的灾后重建,在 GDP 同比增速和 CPI 双双下挫的情况下,货币政策由"从紧"转为"适度宽松",通俗地说,就是经济形势不好,为了刺激经济,央行准备放钱出来。

2011 年,国际金融危机极端动荡状态已经有所缓和,我国经济增长势头也进一步巩固,货币政策从"适度宽松"回归"稳健"。

其实,对于货币政策基调的"从紧"和"适度宽松"都比较好理解,"从紧"显然是要收紧流动性,降低货币扩张的能力,"适度宽松"则是相反,对于"稳健"的理解,着实是个难题。

2016 年的中央经济工作会议确定 2017 年货币政策要保持稳健中性,从"稳健"到"稳健中性"也是一个值得斟酌的事。从 2011 年货币政策回归稳健到 2016 年,已经连续 6 年,期间,M2 一直保持着两位数的同比增长。结构性去杠杆和金融监管逐步加强背景下,银行资金运用更加规范,金融部门内部资金循环和嵌套减少,由此派生的存款减少,2017 年 M2 增长下降到 8.17%,2018 年 M2 增长 8.94%,M2 增长均下降到个位数。

2019 中央经济工作会议决定:宏观政策要强化逆周期调节,继续实施积极的财政政策和稳健的货币政策,适时预调微调,稳定总需求;稳健的货币政策要松紧适度,保持流动性合理充裕,改善货币政策传导机制,提高直接融资比重,解决好民营企业和小微企业融资难融资贵问题。

2.1.2　我国经济周期与财政政策

1998 年以来,中国财政政策从积极走向稳健,又从稳健走向积极,经历了中国政府在市场经济体制下的探索历程。

1. 亚洲金融危机后的积极财政政策

1997 年,东南亚金融危机爆发,国际市场需求萎缩,中国经济出现外贸负增长、通货紧缩现象。国内,较全面的买方市场造成商品库存积压;"软着陆"后社会总需求疲软。虽然央行先后七次降低存贷款率,以期用货币政策扩大企业贷款需求、刺激投资,但消费和投资需求均缺乏弹性,政策失灵。

1998 年,针对上述背景,中国政府采取积极财政政策,其内容主要包括以下四个方面:

(1) 增发 1 000 亿元国债用于农田水利、交通通信、城市基础设施、城乡电网、中央直属储备粮库、经济适用房等方面;向国有独资商业银行发行 2 700 亿元特别国债,提高国有商业银行资本充足率和抗风险能力。

(2) 调整税收政策。对涉及房地产业的营业税、契税、土地增值税给予减免;就增值税、营业税、进出口税收、企业所得税、外商投资企业和外国企业所得税及科研机构转制政策等做出新规定;对涉外税收政策做出适当调整,鼓励外商投资;恢复征收居民储蓄存款利息所得税,拉动居民即期消费需求。

(3) 增加中低收入者收入。提高社会保障"三条线"、机关事业单位职工收入、离退休人员待遇;解决国有企业养老金拖欠问题;多渠道增加农民收入。

(4) 对国民经济进行战略性调整。直接投入国债资金,发展高新技术产业,改造传统产业;支持重点行业和企业的技术改造;促进国企改革和产业结构优化。

此次积极财政政策的成效有:遏制了经济增速下滑和通货紧缩;推动了经济结构调整和升级;失业率上升趋势变缓;区域经济发展更加均衡;总体上实现了经济增长由被动向主动的转变。

2. 由积极财政政策向稳健财政政策的转变

2003 年下半年,受世界经济复苏和中国加入 WTO 等因素影响,中国经济进入新一轮周期上升阶段。此时,我国经济的深层结构性矛盾凸显:部分行业固定资产投资规模盲目扩张,以致煤电油运供应紧张;农业发展滞后,粮食播种面积急缩、产不足需;CPI 波动大,生产资料价格持续攀升。而积极财政政策无法减轻固定资产过快投资和通货膨胀的压力。在此背景下,国家采用了稳健的财政政策。

稳健财政政策的内容有如下四点:

(1) 控制赤字。适当减少中央财政赤字,松紧适度,防止通货膨胀扩大和通货紧缩重新出现。

(2) 推进体制改革和制度创新。适当调减国债项目资金规模,改变依靠国债项目资金拉动增长为自主增长的长效经济增长模式。

(3) 调整结构。调整财政支出结构和国债项目资金投向结构,财政支出总量基本不变。

(4) 增收支。一方面,在总体不增税负或略减税负的基础上应收尽收,确保财政收入稳定增长;另一方面,严格控制支出,提高财政资金使用率。

稳健财政政策的实质可概括为三点:一是政府总量扩张的调减和淡出;二是注重结构优化,"有保有控"区别对待;三是抓住时机深化改革、完善管理。可见,中央实施稳健财政政策以代替积极财政政策的选择是客观的、必然的和符合现实的。

3. 2009 年重回积极财政政策

受美国金融危机影响,国际市场疲软、外需不振。国内出口行业承受巨大压力,加之投资萎缩,企业盈利能力下降。中国经济经历 8 年快速增长后,于 2008 年发生逆转:以当年前 10 个月为例,社会消费品零售总额同比增长 22%,CPI 涨幅达到 6.7%,故扣除价格因素,消费增长速度减弱;当年前三季度,我国出口增长率为 22.3%,出口增量比 2007 年同期回落 4.8%。

2009 年,面对经济下滑,中国政府重拾积极财政政策,主要体现在以下两个方面:

(1) 扩大财政公共支出。用于"三农"支出、民生支出、保障性住房和灾后重建支出、铁路、公路和机场等重大基础设施建设支出等,带动地方投资和消费。

(2) 税收和减费政策。实施结构性减税,促进税收制度改革;实施出口退税政策;实施自主创新和中小企业税收优惠政策;推进减费政策。

在积极财政政策的刺激下,经济增速下滑的局面放缓:2009 年增速 8.7%;国内需求强劲;出口总额由降转升。

4. 2019 中央经济工作会议决定

宏观政策要强化逆周期调节,继续实施积极的财政政策和稳健的货币政策,适时预调微调,稳定总需求;积极的财政政策要加力提效,实施更大规模的减税降费,较大幅度增加地方政府专项债券规模。我国市场经济确立至今时间不长。因此,在重新审视我国政府为促进经济增长所做的努力时，必须持一种客观的态度：当前中国经济面临的压力，实际上是经济转型的压力；政府运用财政手段来调控经济的经验是值得肯定的。

从计划经济体制转为市场经济体制的同时，政府对经济的宏观调控的主要手段从行政手段向经济手段转变，财政政策、货币政策的运用得到长足发展。在财政政策方面，不仅税收制度、社会保障制度在不断完善，自动稳定器的作用越来越强，而且，相机抉择的财政政策也经历了从被动到主动、从顺经济周期调到逆经济周期调的转变，还在政策出台的时机、力度、工具选择上表现得越来越成熟。

2.2　经营周期

经营周期亦即营业周期，它是指公司从取得存货开始到销售存货并收回现金为止的时期。

2.3　财务周期

财务周期是经济组织的价值运行周期，财务活动的客观独立性使财务周期有其客观存在的相对独立性。财务周期有其自身的机制、规则、模型和理论体系。

2.4　经济周期、经营周期和财务周期的关系

经济周期、企业生命周期和公司财务周期三者之间存在层级关系，三种周期相互交织密切相连。公司财务状况起伏波动的时间周期，也是公司财务价值运行波动的周期。其次，分析财务周期与经济周期之间的关系是互为作用与反作用关系，并且后者是前者的外生变量。财务周期与经营周期之间的关系，后者是前者的内生变量，并且互为作用与反作用关系。财务周期还受经济周期、产业周期、企业生命周期等周期共同作用的影响。

2.5　处于不同周期中企业财务战略的选择

◆ 引导案例

神奇到荒谬的杠杆——安邦保险的"野蛮人"式激进扩张

安邦保险是安邦保险集团股份有限公司的简称，是中国保险行业大型集团公司之一。2004 年安邦以财险起家，初始注册资本只有 5 亿元，经过短短 10 多年发展，2016 年末总资产达到 2 万亿元左右，2017 年，安邦保险集团入选《财富》世界 500 强企业，排名 139位。其规模已经快赶上老牌央企中石化，手握财险、寿险、健康险、养老险、银行、金融租赁、资管牌照的安邦，金控帝国呼之欲出。

安邦保险集团下属保险公司在全国 31 个省市自治区总计拥有 3 000 多个服务网点、

2 000多万名客户,是分支机构最全的保险集团之一。

安邦是中国保险公司的后起之秀,在短短十年时间这家小财险公司发展成为总资产规模超过19 000亿元的金融集团,从安邦发展历程来看,一路的增资扩股,不停地全球买买买。一个狂飙突进的安邦金融帝国需要资金的支持,首先是股东的增资。2004年成立时不过5亿元注册资本金,随后的2005年、2006年、2008年、2009年、2011年及2014年都进行了增资,注册资本金的迅速大量增加为其提供了大量的可用资金。

而安邦保险投资资金的另一个来源或为安邦保险旗下子公司安邦财险的储金业务。所谓储金,是指保险企业在办理保险业务时,不是直接向投保人收取保费,而是向投保人收取一定数额的到期应返还的资金(称为储金),以储金产生的收益作为保费收入的业务。安邦保险的储金业务很大。储金业务的规模和财产险公司的注册资本金以及偿付能力紧密相关,注册资本金越高偿付能力越充足,储金业务的规模就可以做得越大。

安邦通过举债在全球大举收购资产之后,已经成为中国金融体系的一个巨大威胁。其收购对象包括纽约的华尔道夫酒店,而资金来源则是出售高收益保单。安邦大肆海外收购将大批资产转移至中国国外,给中国国内银行留下巨大的债务风险。

2018年2月23日起,中国保监会决定对安邦集团实施接管,接管期限一年。

2018年5月10日,安邦保险集团原董事长吴小晖集资诈骗、职务侵占一案,在上海市第一中级人民法院,进行了一审公开宣判。依法对吴小晖以集资诈骗罪判处有期徒刑15年,剥夺政治权利4年,并处没收财产人民币95亿元;以职务侵占罪判处有期徒刑10年,并处没收财产人民币10亿元,决定执行有期徒刑18年,剥夺政治权利4年,处没收财产人民币105亿元,并追缴违法所得及其孳息。

【案例思考】

安邦保险采用的是什么类型的财务战略,这种财务战略与经济周期、经营周期、企业竞争战略相匹配吗?

一个注册资本为5亿元的保险公司,在不到14年的时间里,发展成为一个资产2万亿的金融控股集团,你认为安邦保险的财务战略有哪些值得借鉴的经验和应吸取的教训?

财务战略(financial Strategy),是指为谋求企业资金均衡有效的流动和实现企业整体战略,为增强企业财务竞争优势,在分析企业内外环境因素对资金流动影响的基础上,对企业资金流动进行全局性、长期性与创造性的谋划,并确保其执行的过程。

2.5.1 财务战略分类

财务战略可以按照职能类型和综合类型进行分类。按职能类型分类可分为投资战略、筹资战略、营运战略和股利战略;按综合类型分类可分为扩张型财务战略、稳增型财务战略、防御型财务战略和收缩型财务战略。

1. 按职能类型分类

(1)投资战略。投资战略是涉及企业长期、重大投资方向的战略性筹划。企业重大的投资行业、投资企业、投资项目等筹划,属于投资战略问题。

(2)筹资战略。筹资战略是涉及企业重大筹资方向的战略性筹划。企业重大的首次发行股票、增资发行股票、发行大笔债券、与银行建立长期合作关系等战略性筹划,属于筹资战略问题。

（3）营运战略。营运战略是涉及企业营运资本的战略性筹划。企业重大的营运资本策略、与重要的供应商和客户建立长期商业信用关系等战略性筹划，属于营运战略问题。

（4）股利战略。股利战略是涉及企业长期、重大分配方向的战略性筹划。企业重大的留用利润方案、股利政策的长期安排等战略性筹划，属于股利战略问题。

2. 按综合类型分类

（1）扩张型财务战略。扩张型财务战略一般表现为长期内迅速扩大投资规模，全部或大部分保留利润，大量筹措外部资本。

（2）稳健型财务战略。稳健型财务战略一般表现为长期内稳定增长的投资规模，保留部分利润，内部留利与外部筹资相结合。

（3）防御型财务战略。防御型财务战略一般表现为保持现有投资规模和投资收益水平，保持或适当调整现有资产负债率和资本结构水平，维持现行的股利政策。

（4）收缩型财务战略。收缩型财务战略一般表现为维持或缩小现有投资规模，分发大量股利，减少对外筹资，甚至通过偿债和股份回购归还投资。

2.5.2　企业不同生命周期中财务战略

1. 创建期财务战略

在创建期，企业的资金需求很大，单纯依靠内部积累通常无法满足，多数需要依靠外源性融资。由于企业的经营情况具有很大的不确定性，经营风险很高，因此在此阶段企业的融资来源主要是低风险的权益资本，股利政策偏向于低股利甚至是零股利政策。对于企业管理层，应该结合企业各职能部门的具体情况制定战略，如在财务管理上，应实行集权为主、分权为辅的管理模式。

2. 成长期财务战略

在成长期，企业销售规模快速增长，资金需求仍然很大，但经营风险已比初创期大为降低，可以进行一定的负债融资。企业开始产生现金流入，可以适度提高股利分配水平以吸引新的投资者。企业融资来源主要是新进入的投资者所注入的资金和企业举债所筹集的资金，资本负债率开始升高，以利用财务杠杆效应。鉴于此，在这个时期可以采取筹资上的稳健策略、控制投资的合理速度、采取剩余股利政策。

3. 成熟期财务战略

在成熟期，企业战略重点转向关注盈利能力和获取利润，经营风险小，大量现金流产生，资金需求降低。企业开始大量利用负债进行筹资，以利用财务杠杆效应，进行合理避税，资产负债率变高。企业会提高股利支付率，把富余的资金分配给股东，以实现股东利益。因此，企业在此阶段，应该采取激进型筹资战略、多样性投资战略、高股利、现金性股利分配政策。

4. 衰退期财务战略

在衰退期，企业销售业绩下滑，很快陷入亏损，财务战略转向使用短期资金。企业主要资金来源是借款，以进行合理避税，最大限度提高企业利润，所产生的利润基本都会通过股利的形式分配给股东。高负债筹资、集权型投资的战略着眼并购、重组再造完善公司治理结构,是这个阶段的企业应该采取的战略。

2.6 不同企业竞争战略的财务战略选择

2.6.1 进攻性战略

1. 正面进攻

正面进攻,就是集中兵力向对手的主要市场发动攻击,打击的目标是敌人的强项而不是弱点,这样胜负便取决于谁的实力更强,谁的耐力更持久,进攻者必须在产品、广告、价格等主要方面大大领先对手,方有可能成功。

进攻者,如果不采取完全正面的进攻策略,也可采取一种变通形式,最常用的方法是针对竞争对手实行削价。通过在研究开发方面大量投资,降低生产成本,从而在低价格上向竞争对手发动进攻,这是持续实行正面进攻策略最可靠的基础之一。日本企业是实践这一策略的典范。

2. 侧翼进攻

侧翼进攻就是集中优势力量攻击对手的弱点,有时也可正面进攻,牵制其防守兵力,再向其侧翼或背面发动猛攻,采取"声东击西"的策略,侧翼进攻采取的是"集中优势兵力攻击对方的弱点"的战略原则。当市场挑战者难以采取正面进攻时,或者是使用正面进攻风险太大时,往往会考虑采用侧翼进攻。

侧翼进攻可以分为两种:一种是地理性侧翼进攻,即在全国全世界寻找对手相对薄弱的地区发动攻击。例如,IBN公司的挑战者就是选择一些被IBM公司忽略的中小城市建立的强大分支机构,获得了顺利的发展。另一种是细分性侧翼进攻,即寻找市场领导尚未很好满足的细分市场。例如,德国和日本的汽车生产商就是通过发掘一个尚未被美国汽车生产厂商重视的细分市场,即对节油的小型汽车的需要,而获得极大发展。

侧翼进攻不是指在两个或更多的公司之间浴血奋战来争夺同一市场,而是要在整个市场上更广泛地满足不同的需求。因此,它最能体现现代市场营销观念,即"发现需求并且满足它们"。同时,侧翼进攻也是一种最有效和最经济的策略,较正面进攻有更多的成功机会。

3. 围堵进攻

围堵进攻是一种全方位、大规模的进攻策略,它在几个战线发动全面攻击,迫使对手在正面、侧翼和后方同时全面防御。进攻者可向市场提供竞争者能供应的一切甚至比对方还多,使自己提供的产品无法被拒绝,当挑战者拥有优先于对手的资源,并确信围堵计划的完成足以打垮对手时,这种策略才能奏效。日本精工表在国际市场上就是采取这种策略,在美国它大约提供了400个流行款式,2 300种手表,占据了几乎每个重要钟表商场,通过种类繁多、不断更新的产品和各种吸引消费者的促销手段,精工表取得了很大成功。

4. 迂回进攻

迂回进攻是尽量避免正面冲突,在对方所没有防备的地方或不可能防备的地方发动进攻,是一种间接的进攻策略。具体办法有三种:一是发展无关的产品,实行产品多元化经营;二是以现有产品进入新市场,实现市场多样化;三是通过技术创新和产品开发,以替代现有产品。例如,美国高露洁公司,在面对强大的保洁公司竞争压力下,就采取了这种策略,即加强高露洁公司在海外的领先地位,在国内实行多元化经营,向宝洁没有占领的市场发展,迂回包抄保洁公司,该公司不断收购了纺织品、医药产品、化妆品及运动器材和食品公司,结果获得了极大成功。

5. 游击进攻

游击进攻是采用"骚扰对方""拖垮对方"的战略方法,目的在于通过向对方不同地区发动小规模的、间断性的攻击来骚扰对方,使之疲于奔命,最终巩固永久性据点,主要适用于规模较小、力量较弱的企业。

此做法的特点是:进攻不是在固定的地方、固定的方向上展开,而是"打一枪换一个地方",如有选择地降价、开展短促的密集促销、向对方采取相应的法律行动等。尽管游击进攻可能比正面围堵或侧翼进攻节省开支,但如果要想打倒对手,光靠游击战不可能达到目的,还需要发动更强大的攻势。

2.6.2 防御性战略

1. 阵地防御

阵地防御是在现有阵地周围建立防线。这是一种静态的防御,是防御的基本形式。但是,如果将所有力量都投入这种防御,最后很可能导致失败。单纯采用消极的静态防御,只保了自己目前的市场和产品,是一种市场营销近视症。例如,当年亨利·福特对他的 T 型车的近视症就造成了严重的后果,使得年盈利 10 亿美元的福特公司从顶峰跌到了濒临破产的边缘。

2. 侧翼防御

侧翼防御是指市场领先者除保卫自己的阵地外,还应建立某些辅助性的基地作为防御阵地,或必要时作为反攻基地。特别是注意保卫自己较弱的侧翼,防止对手乘虚而入。例如,立达和绪森公司的整合,分别控制紧密纺整机和改造的市场。而绪森改造的价格主要是打压国内紧密纺的研究和生产。在国内市场上出现竞争对手时,调整价格,采取以打击竞争对手为主要目的的价格策略。

3. 先发防御

先发防御是一种先发制人式的防御,即在竞争者尚未进攻之前,先主动攻击它,这种战略主张,预防胜于治疗,事半功倍。具体做法是,当竞争者的市场占有率达到某一危险的高度时,就对它发动攻击,或者是对市场上的所有竞争者全面攻击,使人人自危。

4. 反击防御

反击防御是当市场领先者遭到对手发动降价或促销攻势,或改进产品、占领市场阵地等进攻时,不能只是被动应战,应主动反攻入侵者的主要市场阵地。可实行正面反攻、侧翼反攻,或发动钳形攻势,以切断进攻者的后路。当市场领先者在它的本土上遭到攻击时,一种很有效的方法是也进攻攻击者的主要领地,以迫使其撤回部分力量守卫其本土。

5. 运动防御

运动防御不仅防御目前的阵地,而且还要扩展到新的市场阵地,作为未来防御和进攻的中心。市场扩展可通过两种方法实现:一是市场扩大化。就是企业将其注意力从目前的产品上转到有关该产品的基本需要上,并全面研究与开发有关该项需要的科学技术。二是市场多元化。就是向彼此不相关联的其他行业扩展,实行多元化经营。

6. 收缩防御

在所有市场阵地上全面防御有时会得不偿失,在这种情况下,最好是实行战略收缩,即放弃某些疲软的市场阵地,把力量集中到主要的市场阵地上去。

2.6.3 不同竞争战略的财务战略选择

财务战略具有自身相对的独立性和适应性,但必须适应相对的竞争战略,一般扩张型财务战略对应进攻性竞争战略,稳健型财务战略、防御型财务战略、收缩型财务战略在防御性竞争战略时采用。

2.7 安邦财务战略分析

2020 年 2 月 22 日晚间,银保监会发布公告称,银保监会依法结束对安邦集团的接管,安邦事件告一段落。对安邦集团的财务战略分析对企业经营者制定合适的财务战略有十分重要的借鉴意义。

2.7.1 安邦集团保险"野蛮人"式的激进扩张、末路及结局

安邦保险集团的前身是成立于 2004 年的安邦财产保险股份有限公司,初始注册资本只有 5 亿元,经过短短 10 多年发展,2016 年末总资产达到 2 万亿元左右。2017 年,安邦集团入选《财富》世界 500 强企业,排名 139 位。安邦集团规模已经成为手握财险、寿险、健康险、养老险、银行、金融租赁、资管牌照的金控帝国。

2018 年 5 月 10 日,安邦集团原董事长吴小晖集资诈骗、职务侵占一案,被法院判决有期徒刑 18 年,剥夺政治权利 4 年,处没收财产人民币 105 亿元,并追缴违法所得及其孳息。

2018 年 2 月 23 日起,中国保监会决定对安邦集团实施接管,接管期限一年。2019 年 2 月 22 日银保监会决定将安邦集团接管期限延长一年。2020 年 2 月 22 日晚间,银保监会发布公告称,从安邦集团拆分新设的大家保险集团有限责任公司已基本具备正常经营能力,银保监会依法结束对安邦集团的接管。

2.7.2 安邦集团财务战略分析及思考

1. 安邦集团始终如一的财务战略——激进扩张型

从安邦集团资产负债规模的增长来看,安邦集团采用的是激进扩张型财务战略。安邦集团股东资本从 2004 年成立时的 5 亿元,经多次增资,到 2014 年 9 月增资到 619 亿元,10 年间增长了 100 多倍。安邦集团债务资本主要是储金业务和万能险。保险企业在办理保险业务时,不直接向投保人收取保费,向投保人收取一定数额的到期应返还的资金(称为储金),以储金产生的收益作为保费收入。2014 年后安邦集团保险增加的负债主要

就是这种投资型保险产品带来的巨额保户储金和投资款。截至 2016 年年底,其寿险资产为 14 525 亿元,财险资产 7 954 亿元,合计超过 2 万亿元。

从负债与投资期限匹配来看,安邦集团采用的是激进扩张型财务战略。安邦集团的投资理财型产品大都具有期限短、收益高的特点,而其投资的类型却普遍属于长期投资,难以在短期内变现。公司以销售短期保单筹集资金,其中部分承诺 6 个月提供 8% 的回报率。而销售所得却常常用来对难以变现的资产实施长线投资,如投资海外酒店、地产和保险公司股权等长期项目。

从原主要股东增资的手法看,安邦集团采用的是激进扩张型财务战略。郭婷冰(2017)以工商资料、公司年报等公开资料进行穿透式研究,还原了 2014 年安邦集团两次巨额增资的真相和手法:通过相互投资放大资本和多层有限合伙公司的形式,实现用安邦集团的资金来注资安邦集团。安邦集团"幼蛇吞巨象"式的控股,安邦集团原董事长吴小晖及直接和间接与其相关联的 86 名个人投资者,用 5.6 亿元的资金通过层层类似"幼蛇吞巨象"的控股方式,撬动对安邦集团 98% 股权、600 多亿元的注册资金(111 倍资金杠杆)和超过 19 000 亿元的资产(超过 3 400 倍的资产杠杆)的最终控制。这种资金杠杆已不是神奇而是荒谬,大大超出任何正常商业或金融规律可以解释的程度。

很明显,安邦集团财务战略从成立之日起就一直是扩张型财务战略,无论是投资战略,还是融资战略和营运资本管理战略,都将扩张型战略应用到极致。

2. 坚持激进扩张型财务战略:无视经济周期和企业发展阶段

GDP 增长率 2004—2007 年为 10% 以上,2007—2014 年为 7%～10%,经济景气程度2015 年开始有明显的变化,2015 年开始降到 7% 以下,经济增长从高速增长变为中高速增长。根据 M2 增长走势图(见图 5-1)可以看出,由 2000 年 13.2 万亿元增长到 2020 年6 月余额为 213.49 万亿元。从 2004 年到 2016 年我国的货币政策实际是稳健偏积极的,在 2009 年因国际金融危机完全是积极的货币政策。2017—2018 年是稳健中性的货币政策。货币政策也从 2016 年进行了相当程度的调整,采取结构化去杠杆措施。2020 年由于疫情原因,半年 M2 增长为 7.47%,全年大概率会超过 15%。

假设不考虑扩张过程中可能的其他违法手段,从企业财务战略要和经济周期、国家宏观经济政策特别是货币政策相适应的角度,还可以说在 2014 年未注资前采用扩张型的财务战略是适当的。如果扩张型财务战略到此为止,则安邦集团财务战略是极为精湛,显示了高超甚至是神奇的财技,取得了巨大的成功。但经济景气和国家货币及外汇政策的变化后,安邦集团并没有及时将自身的财务战略调整到稳健型或防御型。

安邦集团发展如果以经营业务划分可以大致分为 2004 年—2010 年 5 月单一财险经营阶段;2010 年 6 月—2014 年 9 月综合金融控股国内经营阶段;2014 年 10 月—2018 年2 月综合金融控股跨国经营阶段。在第 1 个阶段扩张型财务战略并不显得很明显,2013年年底安邦寿险资产还只有 169 亿元。2014 年起凭借投资性保险产品带来的大量资金,在国内、国外开启疯狂的投资。2016 年年底持仓股票(十大流通股)总市值超过 1 500 亿元,其海外投资规模也接近 1 000 亿元。2017 年继续在国外买买买,主要集中在房地产、酒店、保险、银行股权等长期资产。无论在哪一个发展阶段,安邦集团均是激进扩张型的财务战略。

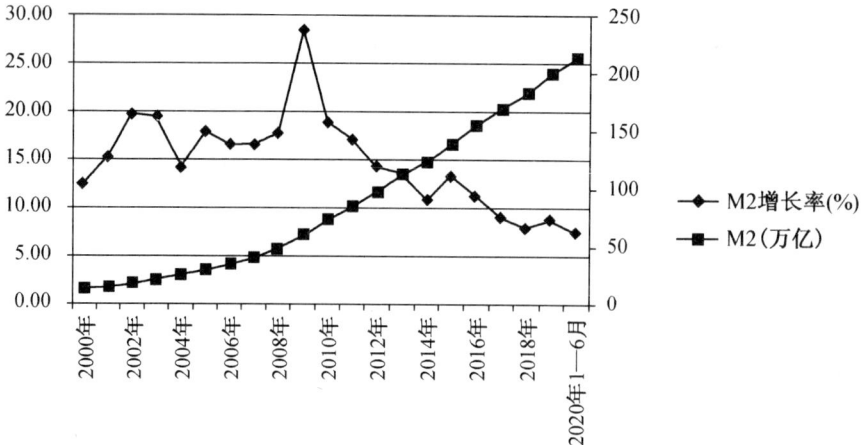

图 5-1 M2 增长走势图

（资料来源：根据中国人民银行官方网站统计数据整理）

3. 坚持激进扩张型财务战略：从忽视风险、违法到犯罪

上述内容已提到安邦集团收支期限（融资和投资期限）的不匹配会导致到期偿付投资性保险产品本金和收益的违约风险，随着投融资金额迅速不断扩大，风险也迅速聚集，如果继续举债向全球大举收购的话，可能严重危及公司偿付能力，导致无法偿债风险。由于安邦集团规模巨大，一旦发生大规模债务违约，很可能诱发系统性金融风险。

从 2016 年开始，国家发改委、商务部、人民银行、外汇管理局等部门陆续发布了外汇监管、对外投资、非理性对外投资、跨境资本流动等方面的政策，防止因国际和国内的因素发生系统性金融风险。从 2014 年开始，安邦集团开始大规模地跨境并购和投资，在国家高度关注并发文采取各种措施明确要求防范对外投资风险，遏制房地产、酒店、影城、娱乐业、体育俱乐部等五大领域的非理性对外投资倾向时，还准备进行多项对外投资计划。国内举债、国外并购、高杠杆经营，令行禁不止，有转移资产之嫌，甚至有看空中国，配合国外资本攻击中国经济之嫌。

安邦集团原董事长吴小晖采用违法利用资产杠杆注资、违法经营等非法手段进行集资诈骗、职务侵占，公司管理层已经失去合法经营、控制金融风险的资格和能力，最终走到犯罪获刑的末路。

2.7.3 安邦集团事件中财务战略制定和实施的经验和教训

1. 坚持财务战略的目标

财务战略为公司战略的核心内容，财务战略目标是通过资本的配置与使用，防范公司风险，为企业创造价值并实现价值。要从整体上、全局性、长期性进行创造性设计和实施，严防短期利益导致财务战略的不当执行。在适应的经济周期采用符合企业战略的激进扩张型财务战略能给企业带来快速的价值创造和实现，但同时对企业财务战略制订和实施者的战略设计和执行能力要求非常高，要对经济周期和政策变化极其敏感，要具备复杂风险预测、防范、应对的技术和能力。否则，风险一旦变为现实，损失也是极其巨大。

如果在 2014 年安邦集团在资产债务巨额增大时，采用合规的增资；如果在投资性保险产品(债务)巨额增加时,稳健地选择投资产品,特别是选择期限配比的投资,不对外大规模地投资,那么安邦集团将成为财务战略正面的经典案例,而现在正恰恰相反。

公司要规划并选择合适的财务战略,财务战略与经济周期相匹配,及时洞察经济景气的变化,根据国家财政政策、货币政策、外汇政策、产业政策的变化迅速及时调整公司的竞争战略和财务战略。更不能为个人贪欲采用非法财务手段进行企业经营。纵观安邦集团被保监会接管前的发展,可以说扩张型的财务战略在技术上形成一个很高度的标杆。极致的扩张型财务战略成就了安邦集团,从5亿资本发展到拥有2万亿的金融控股集团。但不顺应经济周期和企业生命周期快速调整和转换财务战略最终导致了安邦集团的困局和被接管。

2. 实施财务战略时要依法守法,巨型公司更应该保护国家利益和承担社会责任

无论什么公司在生产经营过程中,在实施财务战略过程中都要合法经营,这是天经地义的事情。巨型公司,一般指大而不能倒的,如果倒闭或影响国计民生,或发生系统性风险,安邦集团被接管重整了。当今处于世界百年未有之大变局与中国大发展之间的历史性交汇期,这样的巨型公司在财务战略的制定和实施中要把保护国家利益和承担社会责任放在更突出的位置,以助于在世界大变局之下更好地维护和延长中国发展的重要战略机遇期,更好应对世界大发展大变化大调整背景下中国面临的外部风险和挑战。绝对不能利用财务战略手段把风险留在国内,损害国家和其他国内主体和公民的利益,否则只能是下一个安邦结局。

顺应经济周期和企业生命周期快速调整和转换财务战略能迅速实现公司价值和防范风险,适当的财务战略要注意融资和投资资金流的期限和风险匹配。制定和实施公司财务战略要坚持财务战略的本来目标,并依法守法,不能违背国家经济政策特别是货币政策。巨型公司在制定和实施财务战略时更应该保护国家利益,承担更大的社会责任。

项目三　勘破虚妄:识别财务骗术

e租宝一年半内非法吸收资金500多亿元,受害投资人遍布全国31个省市区……1月14日,备受关注的"e租宝"平台的21名涉案人员被北京检察机关批准逮捕。其中,"e租宝"平台实际控制人、钰诚集团董事会执行局主席丁宁,涉嫌集资诈骗、非法吸收公众存款、非法持有枪支罪及其他犯罪。此外,与此案相关的一批犯罪嫌疑人也被各地检察机关批准逮捕。

"'e租宝'就是一个彻头彻尾的庞氏骗局。"在看守所,昔日的钰诚国际控股集团总裁张敏说,对于"e租宝"占用投资人的资金的事,公司高管都很清楚,她现在对此非常忏悔。

"e租宝"对外宣称,其经营模式是由集团下属的融资租赁公司与项目公司签订协议,然后在"e租宝"平台上以债权转让的形式发标融资;融到资金后,项目公司向租赁公司支付租金,租赁公司则向投资人支付收益和本金。

办案民警介绍,在正常情况下,融资租赁公司赚取项目利差,而平台赚取中介费;然而,"e租宝"从一开始就是一场"空手套白狼"的骗局,其所谓的融资租赁项目根本名不副实。

【案例思考】

你对高收益的项目是否会心动? 你知道如何识别财务骗局吗?

目前社会上存在着大量的媒体网络虚假广告,误导性宣传,欺骗性投资咨询和理财顾问。通常假借迎合国家政策,打着"金融创新""经济新业态""资本运作"等幌子,从种植养殖、资源开发到投资理财、网络借贷、众筹、期货、股权、虚拟货币、ICO等到迷惑性更强的"金融互助"、消费返利、养老投资等新型犯罪,行非法集资、欺诈投资者之实。其中"互联网+传销+非法集资"案件多发,据非法集资部级联席会公布的数据显示,全国新发涉嫌非法集资案件:2016年5 198件,涉案金额2 511.2亿元;2017年5 052起,涉案金额1 795.5亿元。据公安部统计,2018年全国公安机关共立非法集资案件1万余起,涉案金额约3 000亿元。2018年,平均案值达2 800余万元。

3.1　庞氏骗局

庞氏骗局在中国又称"拆东墙补西墙","空手套白狼",用后面投资者的本金来回报早期投资者。在我国法律中,相关的罪名主要是集资诈骗。

集资诈骗,是指利用公众缺乏投资知识、盲目进行投资、渴望通过投机行为获得收益的心理,谎称虚构事实、隐瞒真相等方式,谎称存在投资项目或编造不真实的投资及收益渠道,让受害者上当,对其进行所谓的投资,然后用新受骗者的投资款来支付老投资人的收益,直到没有新的受骗者上当,导致无法支付全部投资人的收益之后,面临崩盘之危。

一般来说,初期投资者确实能够拿到高收益,但那是因为还有新人不断进来补充资金支付收益,为典型的庞氏骗局。

3.2　投资理财骗局

3.2.1　四类骗局

骗局一:中介代办信用卡

看到街头大大小小的信用卡办理或是上门到单位推销办理的,一定要小心,有可能是假冒的。有媒体报道,一些不正规的机构谎称能办高额度卡,并收取客户所有个人信息,领卡后称办卡未通过,但却私自开通卡片,更改信息,从而刷卡套现。对此,办信用卡应走银行的正规渠道,以免被骗。另外重要的个人信息、物品,勿轻易交给别人,以免别人利用其做违法的事情。

骗局二:用高科技项目来忽悠

有些行骗形式,经常就是加了科技的外衣。比如以前的一些号称水变油的项目,说是拿到资料、买了相关核心设备后就可以自己动手生产,实现水变油。行骗者通常编造了一大堆的文字、视频资料等,让人信以为真,然后花钱买所谓的专利技术。对于此种骗局,破解之道就在于用科学的眼光审视它们,并结合经验,识别其中的不合理、不合逻辑之处。比如发明者自己为什么会找不到愿意给他投资的人,而需要向公众宣传这个项目,寻求公众的投资?

骗局三:轻易许诺高额收益

有些人宣传有极高收益的项目,给出的收益远远超出了市场水平,这些也需要当心。比如近几年比较红火的 P2P 投资出现的情况,很多就是用高收益来引诱投资者,投资后,老板就一走了之,或者是出现风险后,跑路消失。一般 100 万元以下的 P2P 投资年收益率,行业平均给到的在 8%～18% 左右,而大大超出此范围的,建议投资者需要警惕。

骗局四:充值类骗局

现在互联网已经遍布我们生活的各个方面,网络上的诈骗信息也很多,他们通过木马盗取别人的账号,然后以他人的名义发布这些消息,比如某某发言"通过×××充值后,成功获得×××元。我刚刚已经试过了,是真的。"这些信息,故意搞成跟平时说话的语境相似,如"是真的","我已经试过了",用来迷惑人去试,而一旦去尝试,去充值,则钱就立刻到了骗子那里,再也取不回。对于充值类的骗局,小编认为破解之道在于,请勿相信某些简单即可赚钱的"商业"模式,并分辨好信息来源的真实性,争取多个渠道验证这些信息的可靠性。

3.2.2　10 种要注意的投资理财项目

(1) 以"看广告、赚外快""消费返利"等为幌子。

一些返利网站在提现时设置诸多限制,参与人不可能将投入的资金全部取出,有的将返利金额与参与人邀请参加的人数挂钩,成为发展下线会员式的类传销平台。消费返利,必须要到正规的平台,不要被某些小平台所诱惑。

(2)以投资境外股权、期权、外汇等为幌子。

投资金额不限且许诺固定回报,多为噱头吸引投资。

(3)以投资养老产业可获高额回报或者"免费"养老为幌子。

以投资养老公寓或其他养老项目为名,承诺给予高额回报,或以养老服务为诱饵,引诱老年群众"加盟投资"。

(4)以私募入股、合伙办企业为幌子,但不办企业工商注册登记的。

(5)以投资"虚拟货币""区块链"等为幌子。

看似高大上的"互联网金融创新",实际是非法集资行为,噱头更为新颖、隐蔽性更强。如果投资人不是对新兴金融投资领域有多年的专业知识,很容易被引诱落入非法投资的圈套。

(6)以"扶贫""慈善""互动""共享"等为幌子。

有的以未登记的非法社会组织的名义直接开展非法集资活动,有的利用合法登记的社会组织,通过在这些组织下设立分支机构等方式合作开展活动,欺骗性很强。

(7)在街头商场发放广告的投资理财。

不法分子在宣传上往往一掷千金,采取聘请明星代言、进行社会捐赠等方式,加大宣传力度,制造虚假声势。

(8)以组织旅游、讲座等方式招揽老年群众的。

不法分子往往通过举办所谓的养生讲座、免费体验、免费旅游、发放小礼品、亲情关爱方式骗取老年人信任,吸引老年人投资。

(9)"投资""理财"公司、网站及服务器在境外的项目。

一些非法集资人员租用境外服务器搭建网络集资平台,将涉案资金非法转移至境外等方式躲避国内监督打击。所以要求以现金方式或向个人账户、境外账户缴纳投资款的,转账需谨慎。

(10)要求以现金方式向个人账户、境外账户缴纳投资款。

最让人操心的还是老年人。许多低收入人群、农民群众、退休人员参与其中,有的案件中超过半数参与者为老年人,不少群众把"养老钱""救命钱"投入集资,几乎血本无归。

3.3 传销

◆引导案例

2016年5月,"五化联盟"网站开始运行,康某制作了各种宣传资料,召集肖某君、陈某等骨干成员在深圳、珠海等地当面授课,大肆宣传云数贸"五化联盟"传销模式。2016年5月至2016年12月,该组织通过 QQ、微信等渠道先后发展注册会员 20 余万人,层级达 130级,涉案金额 5.2亿元,涉及全国 34个省份,以及马来西亚、新加坡、韩国、美国、英国、加拿大、意大利、澳大利亚等8个国家。2016年12月，宋某在泰国出狱后，认为"五化联盟"的传销组织特征过于明显，极易受到查处打击，于是指使康某、司某关闭了"五化联盟"网站。2017年4月，专案组经过一个多月侦查，掌握了该网络传销组织的犯罪证据，基本查明了犯罪事实。2016年4月，张宏斌通过微信转账500元入会。500块钱的投资，拉两个人入会就能回本，还能享受分红和股权激励，这让他深感"投资小、回报快"。仅半年时间，张宏斌就在四川眉山市丹棱县发展了200余名会员，获利5 000余元，仅仅为了5 000元卷入传销。云数贸"五化联盟"注册会员所交纳的钱和获得的奖金，在网站后台系统中全部以电子币形式显示，1元人民币对应1个电子币，会员注册入会必须先交钱后注册。会员注册需交纳500元入会费。而之后推荐其他人入会，就会获得相应的奖励，入会后买的股票也会升值，给人以诱惑。

【案例思考】

你能识别传销吗？

传销是指组织者发展人员，通过对被发展人员以其直接或者间接发展的人员数量或者业绩为依据计算和给付报酬，或者要求被发展人员以交纳一定费用为条件取得加入资格等方式获得财富的违法行为。传销的本质是"庞氏骗局"，即以后来者的钱发前面人的收益。

新型传销：不限制人身自由，不收身份证手机，不集体上大课，而是以资本运作为旗号拉人骗钱，利用开豪车、穿金戴银等，用金钱吸引，让你的亲朋好友加入，最后让你血本无归。

尽管各种变相传销的名字表述不同，但其行为却如出一辙。

因此，识别传销，需要看三个特征：

（1）入门费。

是否需要认购商品或交纳费用取得加入资格或发展他人加入的资格，牟取非法利益。

（2）拉人头。

是否需要发展他人成为自己的下线，并对发展的人员以其直接或间接滚动发展的人员数量为依据给付报酬，牟取非法利益。

（3）计酬方式。

是否以直接或间接发展人员的销售业绩为依据计算报酬，牟取非法利益。

如果符合以上特征，就有可能涉嫌传销。

以下这些都是传销活动惯用的名词：

（1）"北部湾建设""资本运作""1040工程"自愿连锁民间互助理财；

（2）"消费返利""连锁销售""特许经营""点击广告获利""爱心互助""消费养老""境外基金原始股投资"电子币买卖；

（3）静态收益、动态收益、直推奖、层推奖、对碰奖、见点奖、领导奖、培育奖、报单奖、管理奖、小区业绩奖。

对于种种骗术要有"天下没有免费的午餐"的理念,在具体识别中一个重要的指标就是看各类项目收益率的大小(收益率的计算请参见本单元复利内容)。

银保监会主席郭树清说:"在打击非法集资过程中,努力通过多种方式让人民群众认识到,高收益意味着高风险,收益率超过 6% 的就要打问号,超过 8% 的就很危险,10% 以上就要准备损失全部本金。一旦发现承诺高回报的理财产品和投资公司,就要相互提醒、积极举报,让各种金融诈骗和不断变异的庞氏骗局无所遁形。"

参考该标准进行简单的判断时,还要考虑该标准提出的时间 2017 年所对应的经济周期,不同的经济周期社会平均收益率差距比较大,一般应进行通货膨胀率等因素调整后比较。当然,对所有的项目都要有风险意识,具体项目具体分析,力求认清各种财务骗术,抵制诱惑,远离集资,避免上当受骗,保护好自己的"钱袋子"。

更复杂的投资项目的识别和判断要用到投资决策、项目评估、风险识别与测量等专门技术。

项目四 财富评估——发现投资机会和识别投资陷阱

发现投资机会开始创业后第一件事就是要融资,企业正常盈利后扩大生产经营规模等也涉及融资。如何进行融资及找谁融资,特别是融资轮次及每次融资额的大小及占股权比例都涉及企业估值。

4.1 互联网行业企业估值

引导案例

互联网行业公司在融资不同阶段是如何估值的

(来源:陕西树众律师事务所)

一个虚拟的社交类企业的融资历程:

天使轮:公司由一个连续创业者创办,创办之初获得了天使投资。

A 轮:1 年后公司获得 A 轮,此时公司 MAU(月活)达到 50 万人,ARPU(单用户贡献)为 0 元,收入为 0。

A+轮:A 轮后公司用户数发展迅猛,半年后公司获得 A+轮,此时公司 MAU 达到 500 万人,ARPU 为 1 元。公司开始有一定的收入(500 万元),是因为开始通过广告手段获得少量的流量变现。

B 轮:1 年后公司再次获得 B 轮,此时公司 MAU 已经达到 1 500 万人,ARPU 为 5 元,公司收入已经达到 7 500 万元。ARPU 不断提高,是因为公司已经以广告、游戏等方式找到了有效的变现方法。

C 轮:1 年后公司获得 C 轮融资,此时公司 MAU 为 3 000 万人,ARPU 为 10 元,公司以广告、游戏、电商、会员等各种变现方式多点开花。公司此时收入达到 3 亿元,另外公司已经开始盈利,假设有 20% 的净利率,为 6 000 万元。

IPO:以后公司每年保持收入和利润 30%～50% 的稳定增长,并在 C 轮 1 年后上市。

这是一个典型的优秀互联网企业的融资历程,由连续创业者创办,每一轮都获得著名 VC 投资,成立五年左右上市。我们从这个公司身上,可以看到陌陌等互联网公司的影子。公司每一轮的估值是怎么计算的呢?

我们再做一些假设,按时间顺序倒着来讲:

IPO 上市后,公众资本市场给了公司 50 倍市盈率。细心而专业的读者会立即反应过来,这个公司的股票投资价值不大了,PEG>1(市盈率/增长),看来最好的投资时点还是在私募阶段,钱都被 VC 和 PE 们挣了。

C轮的时候,不同的投资机构给了公司不同的估值,有的是50倍P/E,有的是10倍P/S,有的是单个月活估100元人民币,但最终估值都是30亿元。不信大家可以算算。每种估值方法都很有逻辑的:一个拟上创业板的公司给50倍市盈率,没问题吧;一个典型的互联网公司给10倍市销率,在美国很流行吧?或者一个用户给15~20美元的估值,看看Facebook、Twitter等几个公司的估值,再打点折扣。

B轮的时候,不同的投资机构给了不同的估值方法,分歧开始出来了:某个机构只会按P/E估值,他给了公司50倍市盈率,但公司没有利润,所以公司估值为0;某个机构按P/S估值,他给了公司10倍市销率,所以公司估值10×0.75亿元=7.5亿元;某个机构按P/MAU估值,他给每个MAU100元人民币,所以公司估值达100元/人×1 500万人=15亿元。

不同的估值方法,差异居然这么大! 看来,此时P/E估值方法已经失效了,但P/S、P/MAU继续适用,但估出来的价格整整差了一倍! 假设公司最终是在7.5~15亿元之间选了一个中间值10亿元,接受了VC的投资。

A轮的时候,P/E、P/S都失效了,但如果继续按每个用户100元估值,公司还能有100元/人×500万人=5亿元估值。此时能看懂公司的VC比较少,大多数VC顾虑都很多,但公司选择了一个水平很高的、敢按P/MAU估值,也坚信公司未来会产生收入的VC,按5亿元估值接受了投资。

在天使轮的时候,公司用户、收入、利润啥都没有,P/E、P/S、P/MAU都失效了,是怎么估值的呢? 公司需要几百万元启动,由于创始人是著名创业者,所以VC都多投了一点,那就给2 000万元吧,再谈个不能太少不能太多的比例,20%,最后按1亿元估值成交。

我们总结一下,这个互联网公司天使轮的估值方法是拍脑袋;A轮的估值方法是P/MAU;B轮的估值方法是P/MAU、P/S;C轮的估值方法是P/MAU、P/S、P/E;也许上市若干年后,互联网公司变成传统公司,大家还会按P/B(市净率)估值! 大家回想一下,是不是大多数的融资都是类似的情况?

对互联网公司来说,P/MAU估值体系的覆盖范围是最广的,P/E估值体系的覆盖范围是最窄的。在此,我姑且把这种覆盖体系叫作估值体系的阶数。P/MAU是低阶估值体系,容忍度最高;P/E是高阶估值体系,对公司的要求最高。

【案例思考】

创业企业都需要融资来维持企业的运营,你知道互联网行业企业融资怎么估值吗?

分析:

不同的估值方法殊途同归:我们来看一个公式:

净利润 E(Earning)=收入 S(Sales)-成本费用

=用户数(MAU)×单用户贡献(ARPU)-成本费用

一般来说,如果企业没有E,还可以投S;如果没有S,还可以投MAU,但最终还是期待流量能转换为收入,收入能转换成利润。不同的创业企业,都处于不同的阶段,有的属于拼命扩大用户量的阶段,有的属于绞尽脑汁让流量变现的阶段,有的属于每天琢磨怎么实现盈利的阶段。然而,最终大家是要按盈利来考察一个公司的,那时候不同阶数的估值方法是殊途同归的。

为什么发展好好的公司会"B轮死""C轮死"：有的公司用户基数很大，但总是转换不成收入，如果在融下一轮的时候（假设是B轮），投资人坚决要按高阶估值体系P/S估值，那么公司的估值算下来是0，融不到资，所以会出现B轮死；有的公司收入规模也不错，但老是看不到盈利的希望，如果在融下一轮的时候（假设是C轮），面对的是只按净利润估值的PE机构，他们觉得公司P/E估值为0，公司融不到资，也会出现C轮死。

不同的经济周期，估值体系的使用范围会平移：在牛市，估值体系会往后移，这能解释为什么过去两年很多一直没有净利润的公司都获得了C轮、D轮，甚至E轮，而且是传统的PE机构投资的，因为他们降阶了，开始使用P/S这个低阶工具了。在熊市，估值体系会往前移，这能解释为什么今年下半年以来，一些收入和用户数发展良好的公司都融不到资，甚至只能合并来抱团取暖，因为连很多VC也要求利润了，大家把低阶的估值体系雪藏了。

二级市场的政策有明显的引导作用：中国为什么一直缺少VC？部分原因是，中国的公众资本市场只认P/E这个高阶估值体系。我们看看创业板发行规则："连续两年盈利，累计净利润不少于1 000万元……或最近一年净利润不少于500万元，营业收入不少于5 000万元……"必须要有这么多的利润，才能上市，才能在二级市场具有价值，这个估值体系要求实在太高了。当企业只有用户数，只有收入规模，哪怕你的用户数是10亿人，你的收入规模有100亿，只要没有利润，估值统统为0。所以人民币VC很少，PE很多，因为他们响应了政府的号召，只用市盈率这个工具，不然没有退出渠道但美股、港股都有P/S的测试指标，只要达到一定规模就可以成为公众公司上市。如果公司能在上市后相当一段时间内都可以只按P/S估值（最终可能还是要按P/E），将打通大多数公司的发展阶段，让每一轮的估值都变得顺畅起来。

互联网企业估值一般用下面的公式，到底在什么时候应该用什么估值方法，一直是业界争论不休的问题。

净利润＝销售收入－成本费用＝用户数×单用户贡献－成本费用

还有P/E（市盈率）、P/E（市销率）、P/GMV（市值/交易流水）、P/订单量、P/用户数……

投资人常用的相对估值法：在市场上选择一个或几个跟你类似的企业分析比较的基础上调整你公司的市场价值。

创业企业早期融资，种子、天使轮的投资占比，一般在10%～15%之间，最好不要超过20%，绝对不要超过30%。融资金额决定估值，这一轮融资金额越大，下一轮融资更难。

融资额÷出让股份比例＝融资后估值

创投行业一般对天使轮投资初创企业融资后估值以500万元为上限，限于200万元～500万元。

融资金额估算：

（1）融资金额应能够维持企业未来15个月的运营。

（2）每轮融资规模较上一轮融资倾向于5倍左右增长。

对于投资者,应该倒推这个初创企业的价值:做到什么程度能上市或出售,做到这个程度需要怎样的团队技能和资源整合能力,而这一切是否能被有限的运营业绩所体现出来。

另外还有一些加分项,如其现有股东构成。一般来说,上下游企业的持股、明星投资机构的参与,都能表现出行业内部人士对项目发展的信心。注意,之所以称之为加分项,是其并不能作为评判项目好坏的先决标准。

||| 拓展资料 ➡

7个关键因素,决定了一家初创公司的估值

每个创业公司的创始人都梦想着自己创办的公司能够成为下一个 Airbnb、SpaceX、优步等独角兽公司,但是,很少有人关注什么决定了一家初创公司的估值。

很多时候,创业公司都不盈利,对其市值的估算并不容易,没有普遍接受的公式可以使用。需要考虑创业公司的所有资源,比如智力资本、技术、品牌价值和金融资产等,有一点是肯定的,估值远远超过实际资产的数额。

下面是投资机构总结的决定一家初创公司估值的7个关键点:

(1)实际付费使用该产品的客户有多少。

无论是搜索引擎,还是社交应用程序,基本上都是以免费用户为主,但投资者比较关心的是有无付费增值服务,有多少付费客户。

事实上,无论一家公司有多大,多么能改变世界,投资者关心的第一件事就是有没有稳定的收入模式,以及是否拥有一定规模的付费群体客户。

(2)公司的目标是什么? 实现目标需要多长时间?

投资者在评估初创公司时,总是会问一堆问题:公司的目标是什么? 相对于竞争对手的成长速度有多快? 未来12到24个月内走向何方?

这实际上很难估计,比如踏板车创业公司 Bird 在成立1年多时间后,其估值就突破了10亿美元大关,它的估值令人难以置信。今年3月份,估值还是4亿美元,仅过去三个月后,估值就翻了三倍!

(3)盈利能力。

对于投资人而言,初创公司暂时不赚钱不重要,只要利润率和盈利能力强,融资不是问题,比如非洲第一家独角兽创业公司 Jumia,其广告支出回报率超过了50%。换句话说,广告支出越多,赚的钱就越多。

(4)品牌价值。

品牌对任何创业公司的成功至关重要,然而,并非所有品牌价值都靠花费大量营销费用来塑造,还有一部分来自口碑传播、公关等。

比如 SpaceX 目前的估值在200亿至250亿美元之间,但该公司享有的超大估值,很大程度上归功于 SpaceX 品牌从其创始人马斯克身上获得的光环效应。

(5)融资的频率。

当投资者看到过去曾多次获得融资的初创公司时,他们的兴趣就会激发。显然,创业

公司过去的融资频率是新资金进入的主要动力。另一方面,这说明初创公司的早期投资者相信它会做得很好,如果投资人不投资的话,可能会错失良机。

一旦公司开始并证明了自己,后续融资将变得更加容易,而且随着时间推移,公司的估值会越来越高。

(6)市场的竞争度和成熟度。

当公司通过新颖的商业理念进入新市场或开拓市场时,创始人有两项任务:首先是说服投资者,然后让消费者相信他们的商业理念很棒。

而进入一个拥有老牌企业的成熟市场时,这意味着创业公司没有市场先发优势,其增长潜力将是有限的,投资者也往往不看好这类企业。

(7)了解商业模式。

最后,初创公司筹集的资金数额和估值的多少取决于业务类型以及业务市场有多大。以 Facebook 为例,创始人马克·扎克伯格最初花了大量时间和精力来为他们的网站吸引广告商。后来,Facebook 最终意识到,广告营收并不是该网站的商业模式,真正价值在于其丰富的用户数据和巨大的用户群,他们可以将其货币化。

(资料来源:百家号/3分钟学经营)

【创投融资小贴士】

种子轮、天使轮、A轮、B轮、C轮、D轮、Pre-IPO、IPO 融资是什么意思? AI、VC、PE 又是什么意思呢?

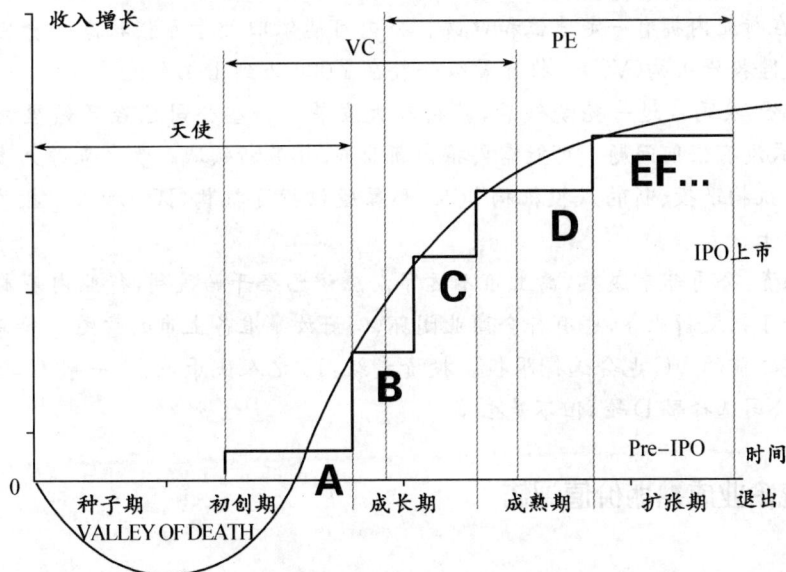

天使投资(AI):天使投资所投的是一些非常早期的项目,有些甚至没有一个完整的产品和商业计划,或者仅仅只有一个概念。天使投资一般在 A 轮后退出,天使投资是风险投资的一种,投入资金额一般较小。天使投资人通常是 3F,即家人、朋友和傻瓜(Family、Friend、Fool)

风险投资(VC):VC 所投的通常是一些中早期项目,经营模式相对成熟,一般有用户数据支持,获得了市场的认可,且盈利能力强,在获得资金后进一步开拓市场可以继续爆发式增长。投资点一般为在死亡之谷(Valley of Death)的谷底。VC可以帮助创业公司迅速提升价值,获得资本市场的认可,为后续融资奠定基础。

私募基金(PE):PE所投的通常是一些是Pre-IPO阶段的公司,公司已经有了上市的基础,PE进入之后,通常会帮助公司梳理治理结构、盈利模式、募集项目,以便能使得公司至少在1～3年内上市。

实际上融资轮次并没有太严格的定义。突出重点,一句话来解释:

种子轮:仅有一个想法,靠刷脸融资。

天使轮:已经起步但尚未完成产品,模式未被验证。

A轮:有团队,有以产品和数据支撑的商业模式,业内拥有领先地位。

B轮:商业模式已经充分被验证,公司业务快速扩张。

C轮:商业模式成熟,拥有大量用户,在行业内有主导或领导地位,为上市做准备。

D轮、E轮、F轮融资:C轮的升级版。

IPO:首次公开发行股票。

一般是这样划分的:

天使投资人(AI):发生在公司初创期,是指公司有了产品初步的模样(原型),可以拿去见人了;有了初步的商业模式;积累了一些核心用户(天使用户)。这个时候一般就是要找天使投资人、天使投资机构了。投资量级一般在100万到1 000万人民币。最初的天使投资人简称3F(Family、Friends、Fools)。

A轮融资:公司产品有了成熟模样,开始正常运作一段时间并有完整详细的商业及盈利模式,在行业内拥有一定地位和口碑。公司可能依旧处于亏损状态。资金来源一般是专业的风险投资机构(VC)。投资量级一般在1 000万到1亿人民币。

B轮融资:公司经过一轮烧钱后,获得较大发展。一些公司已经开始盈利。商业模式、盈利模式没有任何问题。可能需要推出新业务、拓展新领域。资金来源大多是上一轮的风险投资机构跟投、新的风投机构加入、私募股权投资机构(PE)加入。投资量级在2亿人民币以上。

C轮融资:公司非常成熟,离上市不远了。应该已经开始盈利,行业内基本前三把交椅。这轮除了拓展新业务,也有补全商业闭环、写好故事准备上市的意图。资金来源主要是PE,有些之前的VC也会选择跟投。投资量级:10亿人民币以上,一般C轮后就是上市了,也有公司选择融D轮,但不是很多。

4.2 传统企业成熟期价值评估

◆ 引导案例

"我知道有个旁氏骗局坚持了15年,还是个上市公司"
——Eva Zhuang 庄熠澳财网金融分析师

作为投资分析师,对于所有收到的项目,都要推理一遍"目标回报率"从何而来。

对于已有运营现金流的企业,要知道其产品面向什么市场,有何特别竞争力,与同行企业相比它的财务状况是否合理。

在 2017 年 3 月 29 日,Glaucus Research Group 公司发布报告称看空澳洲上市檀香木公司 Quintis(QIN.ax,此前公司名为 TFS Corporation Limited),称其为庞氏骗局,并表示该公司没有分毫价值。

研报发布不到一年的时间,该股股价从 1.41 澳元一路跌到 0.295 澳元,并已进入了自愿托管的进程;6.3 亿澳元市值的参与者也丧失了"世界最大檀香木公司的投资人"的骄傲,陷入了全听债权人发落的被动局面。

接下来,从研报提出的几个主要问题出发,看看 Glaucus 是怎样从市场公开信息中,寻找到了"庞氏骗局"的蛛丝马迹。

识别骗局 3 提问

(1) 核心问题:商业模式是否可以支持承诺分红?

QIN 自称为世界最大的檀香木公司。

种植业的商业模式很容易理解:檀香木需要 15～20 年的生长周期,假设公司没有外部融资,20 年之后,公司将从檀香木材的销售中获得现金流。

估值方式同样简单直接,将未来现金流折现即可。如果我们看该公司的利润纪录便知,其汇报的盈利能力来源于生物资产的非现金收益驱动。在过去 5 年中,其种植园价值的重估占到公司净利润的 30%～238% 不等。

在现金流遥遥无期的条件下,估值实则摇摇欲坠。

暂且不质疑估值方法的正确性。更大的疑点是公司实际上是通过一轮轮的融资来重组债务,使得每一轮债务投资者能够快速获得高于市场平均的投资回报。换句话说,每一轮的融资都是为了偿还上一轮的债务;公司前前后后已经融到了 14 亿澳元资金,但还在利滚利的循环里无穷匮矣。

而公司未来的销售收入是否可以一次性偿清所有债务?公司预测在丰收之年,檀香木价格将在每千克 2 800 美元,但当时檀香木的销售价格仅为每千克 511 美元,二者相差了 80% 之多。

(2)"魔鬼隐藏在细节中"。

① 不存在的业绩。根据学术研究数据,每棵檀香树每年的产出为 4～6.8 千克,但 QIN 在 2011 年给出的预测为每年 30 千克。2016 年,公司表示实际能够达到的产能为每树 3.1 千克,远远低于学术标准,更低于此前大胆的宣称和预测。

② 不存在的买家。上文中提到,公司对于未来利润的预测与市场价格大相背离,这必将受到投资者的质疑。2016 年 9 月,公司发布公告称已有中国买家承诺购买未来 50% 收成,即每年 2 500 万美元,因此未来现金流可控。但经查实,该"出手阔绰"的神秘买家每年净利润仅 2.5 万澳元,几乎毫无承购能力。

③ 不存在的市场。和原油、铁矿石等不一样,檀香木的市场较小,没有全球统一的平台可以监测价格的变化。因此,价格操纵就会相对容易并且成本低廉。自 2014 年来,QIN 就在拍卖平台上"竞标",或者准确一些,是推高自己管理的那些还未成熟的檀香木"期货"价格。

由于公司没有运营现金流,竞拍的资金只能来自下一轮投资者——基于虚高的价格预期,公司在 2016 年从股市募集 6 050 万澳元,称资金将用于收购另一块 221 公顷的檀香木资源。

④ 不存在的独立研究机构。收获季太远,那么独立市场研究机构对于檀香木的供需关系乃至定价预测,就会在一定程度上左右市场对公司未来前景的预期。QIN 引用的"独立市场研究机构"报告出自 Incipient Capital 之手。不说这个机构是一家小型迪拜商业银行,无研究准确度的历史记录参考;更恶劣的是,该银行正是 2009—2012 年为 QIN 提供融资服务并筹得 1.94 亿澳元的牵头券商,同时创始人还与 QIN 有合资企业合作。

(3) 甄别管理层变化动因。

这样奇怪的公告在 QIN 的运营历史上出现频率并不低。自 2011 年以来,已有 8 名高管或董事宣布辞职,而这些人的任职时间大多不超过 2 年时间。其中令人咋舌的是 2013—2014 年间任职的董事长 Patrick O'Connor。

在任职一年后,O'Connor 表示辞去董事长职务但仍在董事会任职;该消息公布一个月后,他再次辞职并与公司脱离干系。高管和董事的频繁变动是一个非常强烈的危险信号,我们在下面归纳出高层变动的 4 类主要动因:

类型 1:优化管理层——正面信号。

公司可能会因优化管理层、提升管理效率,而做出高管人员调整。这种情况一般出现于发展瓶颈期,由更适合的人员替代现有人员;或在行业不景气时,出于成本节省考量。

类型 2:正常人事变动——中性。

如果公司高管或董事另有任用,或者退休年龄已到,此时的离职属于正常人事变动,通常情况下不会对公司产生多大影响。当然,如果此人掌握着公司的重要资源,但市场担忧继任者能力不足时,股市中将会呈现负面信号。

类型 3:大股东的战略安排——喜忧参半。

当控股股东对上市公司发展的考虑与当前管理层运营方针相左时,更换高管和董事便于大股东实施新的发展战略。这类变动一般都伴随公司经营上的重大改变,如资产重组置换、定向增发、大举拓展主业等。因此,如高层变动是出于此种原因,往往意味着上市公司已经发生或即将发生重大改变。

类型 4:减持需要——负面。

高管和董事团队大多会持有公司一定份额的股票,这些成本就很低的原始股经过高价发行和二级市场炒作后,持股高管们不得不重新考虑财富暴增带来的巨大诱惑——套现。

当然,套现不是"重罪",问题是这样的动作给了二级市场一个"公司不值当前股价"的负面信号——或者更糟,管理层发现了公司的运营存在漏洞,在离职套现的同时,与公司摆脱干系并逃离监管者的质询。

鉴于此前二问暴露的问题,QIN 的高层变动的原因极有可能是类型 4。连高管都急于摆脱干系了,那投资人还需要继续支持一场弥天大谎吗?

最可怕的不是骗局本身,是贪婪而又执迷不悟的人心。

【案例思考】

案例中如何利用价值评估和投资分析方法发现了投资陷阱? 你能用价值评估和投资

分析方法分析一个投资项目或一个公司,判断能否投资吗?

4.2.1 企业价值评估方法

企业价值评估方法有市场法、成本法、收益法。

(1)市场法。利用市场上同样或类似资产的近期交易价格,经过直接比较或类比分析以估测资产价值的各种评估技术方法的总称。

(2)收益法。通过估测被评估资产未来预期收益的现值来判断资产价值的各种评估方法的总称。

(3)成本法。首先估测被评估资产的重置成本,然后估测被评估资产业已存在的各种贬损因素,并将其从重置成本中予以扣除而得到被评估资产价值的各种评估方法的总称。

成本法、市场法、收益法是国际公认的三大价值评估方法,也是我国价值评估理论和实践中普遍认可、采用的评估方法。就方法本身而言,并无哪种方法有绝对的优势,就具体的评估项目而言,由于评估目的、评估对象、资料收集情况等相关条件不同,要恰当地选择一种或多种评估方法。因为企业价值评估的目的是为了给市场交易或管理决策提供标准或参考。评估价值的公允性、客观性都是非常重要的。

4.2.2 应用收益法进行企业价值评估

运用收益法评估企业价值关键在于解决以下三个核心问题:

(1)要对企业的收益予以界定。

企业的收益能以多种形式出现,包括净利润、净现金流量(股权自由现金流量)、息前净现金流量(企业自由现金流量)等。

(2)要对企业的收益进行合理的预测。

在企业价值评估实务中,企业收益通常采用期望收益额。

(3)要选择合适的折现率。

收益法的具体评估技术思路。企业持续经营假设前提下的收益法应用最广的就是现金流量贴现法(DCF)。现金流量贴现法是把企业未来特定期间内的预期现金流量折算为当前现值。

DCF 法基本公式:

$$P = \sum_{t=1}^{n} \frac{CF_t}{(1+r)^t}$$

式中,p——企业评估价值;

CF_t——项目 t 年的现金流;

r——资本化率;

t——现金流年限。

[例 5-6] 待估企业预计未来 4 年的预期现金净流量为 110 万元、100 万元、105 万元、120 万元,第 5 年开始为永续每年获得 130 万元现金净流量。假定本金化率为 10%,试用 DCF 法估测待估企业的价值。

解：$P = \sum_{t=1}^{n} \dfrac{CF_t}{(1+r)^t}$

$P = 110 \times 0.9091 + 100 \times 0.8264 + 105 \times 0.7513 + 120 \times 0.6830 + 130 \div 10\% \times (1 + 10\%)^{-5} = 1\,150.69$（万元）

用DCF法对企业进行估值的核心在于净现金流量，关键是要从商业模式、产品、顾客、市场分析企业的竞争力和净现金流量可获得的实现可能，并与同行企业相比它的财务状况是否合理。同时还要分析非业绩指标，目的也是为了确定预测的现金流量的实现可能。

项目五　关键业绩指标

从 ROE 的角度看茅台

1979 年，巴菲特在致股东的信中他说道"我们判断一家公司经营好坏的主要依据，取决于其净资产收益率 ROE（排除不当的财务杠杆或会计做账）。""公司能够创造并维持高水平的净资产收益率 ROE 是可遇而不可求的，因为这样的事情实在太少了！因为当公司的规模扩大时，维持高水平的净资产收益率 ROE 是极其困难的事。"曾经有记者问巴菲特，如果只能用一种指标去投资，会选什么，巴菲特毫不犹豫地说出了净资产收益率 ROE。他曾说"我所选择的公司，都是净资产收益率 ROE 超过 20% 的好公司"。

在我国 A 股市场，最引人关注的上市公司非"股王"贵州茅台莫属。贵州茅台想必大家都不陌生，是我国白酒行业的标志性企业，主要生产销售世界三大名酒之一的茅台酒，而极具代表性的"飞天茅台"背后也蕴藏了丰富的文化内涵。

贵州茅台 2019 年营业收入达 888.5 亿元，净利润高达 439.7 亿元，毛利率和净利率分别为 91.3% 和 51.47%，净资产收益率高达 30.3%。贵州茅台股价于 2019 年 8 月 12 日突破 1 000 元大关，2020 年 7 月 1 日突破 1 500 元大关，目前（2020 年 7 月 13 日）已逼近 1 800 元，市值突破 2.2 万亿。如果从贵州茅台上市之日（2001 年 8 月 27 日）起便持有该股票，到目前为止收益率高达 35 145.73%，年化收益率高达 36%。

贵州茅台上市以来的平均净资产收益率 ROE 高达 32.4%，而 2019 年 A 股全部上市公司的 ROE 中位数仅为 7.4%，那么贵州茅台相比于 A 股其他上市公司，其超高的投资回报率背后的原因究竟是什么呢？我们是否可以从上市公司的财务报表之中捕捉 ROE 这一个关键业绩指标，从而更深刻地理解贵州茅台的生意模式呢？

【案例思考】

净资产收益率 ROE 究竟是一个怎样的指标，从而能够成为"股神"巴菲特心中最为重要的衡量上市公司业绩的关键性指标呢？ROE 与投资者的投资回报率之间是否呈正相关关系呢？

5.1　ROE 的含义

净资产收益率（Return On Equity，ROE），是上市公司净利润与平均股东权益的百分比，用以衡量上市公司相对于股东权益的投资回报率，也可以衡量上市公司运用自有资本的效率。ROE 指标值越高，说明投资带来的收益越高，比如一家净资产 1 亿的上市公司，一年的净利润为 2 000 万,那么该公司的 ROE 就是 2 000 万÷1 亿＝20％,换个角度说,假设投资者持有该上市公司 100％的股权,那么该投资者可以享有公司全年 2 000 万的利润,则相应的投资回报率就是 20％。

在实际应用中,ROE 的计算往往更为复杂,由于影响净利润的因素众多,简单地将上市公司净利润与股东权益做除法难以反映净利润变化背后的驱动因素。所以投资者往往采用杜邦分析(Dupont Analysis)的方法,将 ROE 进行拆分,即净资产收益率＝销售净利率×资产周转率×权益系数,从而找到驱动上市公司 ROE 变化的核心因素。

5.2 从 ROE 数据中你要读懂什么

根据杜邦分析法,ROE 受三个因素影响,分别是销售净利率、总资产周转率和权益系数。通俗一点讲,销售净利率代表更强的获利能力,资产周转率代表更快的周转效率,权益系数则代表更高的财务杠杆。

通过这三个指标,我们能分析出影响企业投资回报率的三种模式,即销售净利率驱动 ROE、资产周转率驱动 ROE 以及权益系数驱动 ROE;而贵州茅台则是销售净利率驱动 ROE 的典型企业。分析清楚驱动上市公司 ROE 增长的模式,有利于更深刻地理解上市公司的商业模式及其核心竞争力。

5.2.1 销售净利率驱动 ROE 模式

用企业的净利润除以企业的营业收入可以得到上市公司的销售净利率,简单来说,销售净利率越高,说明企业的主营业务、主要产品越赚钱。销售净利率用于衡量你每卖出去一块钱的产品,属于自己的净利润有多少。

以贵州茅台为例,茅台酒产品背后蕴含了深厚的社会含义,消费者有意愿为茅台酒支付相应的品牌溢价,同质化的产品下,拥有定价权和品牌溢价的品牌有能力把售价 100 元的产品卖到 200 元,那么多出来的 100 元则都转化为公司利润。贵州茅台正式凭借其强大的品牌力使公司拥有无可匹敌的毛利率和销售净利率,2019 年毛利率高达 91.3％,净利率高达 51.47％,均远高于行业平均水平,在消费品行业之中几乎没有品牌可以与之比肩,所以这种具有很高定价权的模式也叫作"茅台模式"。

比如巴菲特长期重仓股之一就是可口可乐,可口可乐具有很高的定价权,各饮料产品线销售价格比百事可乐略贵,但很多消费者依然喜欢可口可乐的口味,愿意为它付出更昂贵的价格,可口可乐 2019 年毛利率和净利率分别为 60.77％和 24.11％。再比如苹果公司,苹果的产品也具有很高的定价权。再比如卡夫亨氏,在美国食品界的知名度非常高,类似伊利蒙牛一样,都属于深入民心的品牌。

这三家公司的共性是消费股,知名品牌公司具有很高的定价权,在行业中具有无可取代的市场地位,从而获得品牌溢价,实现较高的投资回报。

5.2.2 资产周转率驱动 ROE 模式

总资产周转率是上市公司营业收入与总资产的比值,是反映企业资产运营能力最重要的指标,也是 ROE 最大化的基础。总资产由流动资产和非流动资产组成,前文已经介绍过资产负债表之中的相关科目,在此不再赘述。各类资产的收益性有较大区别,如现金、银行理财和应收账款等资产项目几乎不产生收益,所以资产结构是否合理,资产运营效率的高低关乎企业的经营效率,并最终影响企业的经营业绩。

企业的资产周转率高,代表企业赚钱的次数多,具有明显的"滚雪球"效应,比如超市卖香烟薄利多销,表面上利润很低,假设卖 1 包 50 元香烟,利润是 5 毛,表面上看利润是 5 毛÷50 元＝1%,但是一天进货一次卖一次的话,50 元本钱一个月 30 天可以周转 30 次,(为了好计算,都取简单的数字),总利润是 1%×30＝30%。这种模式靠的是周转率,这种模式也可以叫作"沃尔玛"模式。

前文所提到的贵州茅台的资产周转率为 0.52,主要是由白酒行业的商业模式所决定的。依靠高周转驱动 ROE 的典型公司是三只松鼠,资产周转率高达 2.56,良品铺子资产周转率也有 2.2,均位于行业内较高水平。休闲零食行业的生产模式主要是代工生产,三只松鼠、良品铺子走"轻资产"运营的模式,把主要精力放在营销、拉新、品牌塑造上面,重资产环节则交给上游代工厂,所以其资产周转率远高于同行业其他厂商。

5.2.3　权益系数驱动 ROE 模式

权益系数类似于上市公司的财务杠杆,公司的资产由股东自己出资金的叫作股东净资产;还有一部分是别人的钱,或者说是借来的钱,叫作负债。举个简单的例子,股东净资产的比例越小,负债越高,就代表着股东赚钱所用的本钱越少,用别人的钱越多,类似配资炒股一样,如果赚钱了收益更高,如果亏钱了损失也更多。

最典型的依靠权益系数驱动 ROE 的行业是银行业,工商银行 2019 年权益系数高达 11.55,银行业用老百姓较低利率存在银行的钱,以更高的利率借给企业,赚取中间的利息差额,这种模式也叫银行模式。

5.3　从 ROE 的角度看公司

ROE 数值的大小固然重要,在应用中我们还应该重点考虑 ROE 增长的核心驱动因素是什么,从而更好地理解上市公司的商业模式以及管理经营层面的变化。

如果 ROE 是由净利率驱动,则表明企业产品具有竞争力,很多消费类、医药类企业都属于此模式;如果 ROE 是由资产周转率驱动,则可能体现企业采用成本领先模式,薄利多销,很多商贸类企业属于此模式;而如果 ROE 是由权益乘数驱动,银行和地产类公司的权益乘数普遍较高,权益系数驱动 ROE 属于正常现象,但是其他行业高杠杆率带来的高 ROE,就需要重点警惕了。

此外,基于 ROE 来加深对公司的理解除了要考虑核心驱动因素外,还要在时间维度上结合其成长性和波动性来综合判断,公司只有 1 年的高 ROE 并不能代表其具有优秀的商业模式和核心竞争力,要看过去几年甚至更长时间的 ROE 水平,其成长性越好,波动性越小,企业价值往往也就越大,公司"护城河"也就越深。

ROE 的局限性主要体现在 ROE 采用的是资产负债表和利润表的数据,而没有涉及更能体现企业生命力的现金流量表的相关信息,尤其是经营活动现金流量信息。此外,ROE只是针对企业的盈利能力、营运能力、偿债能力做相关分析,而并没有体现出对企业成长能力的分析。

总而言之,ROE不是一个万能指标,但却是综合性最强的指标,就像一把尺子,帮助我们将研究的范畴缩小到一个相对较小的范围之内,也让我们可以在不同企业之间进行比较,从而判断企业优劣,理解其商业模式。ROE的重要性也正在于此。

◆ 讨论材料

KPI 已死? 看看海底捞和胖东来

KPI(Key Performance Indication)即关键业绩指标,来自美国哈佛商学院教授罗伯·柯普朗(Robert S. Kaplan)和管理大师戴维·诺顿(David P. Norton)的"平衡计分卡"(Balanced Scorecard)体系,这两位管理大师自1990年研究并推动这套管理方法与工具以来,协助许多企业度过危机,扭转乾坤反败为胜,并持续茁壮。

KPI法符合一个重要的管理原理——"二八原理"。在一个企业的价值创造过程中,存在着"80/20"的规律,即20%的骨干人员创造企业80%的价值;而且在每一位员工身上"八二原理"同样适用,即80%的工作任务是由20%的关键行为完成的。因此,必须抓住20%的关键行为,对之进行分析和衡量,这样就能抓住业绩评价的重心。

KPI 的特点
(1)容易误用,容易极端。
(2)人性化的工作量化了。
(3)机械考核,只看关键点。
(4)不是所有岗位都适用。

KPI 的应用胖东来
胖东来,零售业出了名的细节管理和顾客体验型企业。再说胖东来前我们先看看一般零售企业的KPI考核。
案例:
某大型零售企业考核指标:
营运部:销售60%,毛利40%。
采购部:销售40%,毛利60%。
其他部门,不参与销售和毛利考核。
结果:
平时:最忙的是采购部和营运部,最闲和最不关心企业的是财务部、行政部、人事部,财务部不结算压款,人事行政部联合举办各类形式主义的会,人员缺编也没有紧迫感,工程拓展部也是给回扣就签个店。
年中和年末:再聚年终和年末考核的时候,营运部和采购部忙起来了,找供应商假过机冲业绩,向供应商突击收费,承诺后半年或者来年少收费,一切都为了"考核业绩"。营运和采购部门抱怨其他部门不配合导致业绩差。

发现：

（1）公司的 KPI 考核只考核了关键部门，然而看似遵循了 KPI 的关键指标考核要求。

（2）重点考核项为销售、毛利、业绩，忽略了细节管理、顾客体验。

胖东来怎么做？

- ☑ 服装部免费熨烫修；
- ☑ 500 元投诉服务奖励；
- ☑ 不满意就退货，无理由，无期限；
- ☑ 免费存车、捆绑、提供修车工具；
- ☑ 配备婴儿哺乳室，儿童、残疾人卫生间；
- ☑ 免费玉石鉴定，免费公共电话，免费医疗急救箱；
- ☑ 配备爱心轮椅、儿童推车，免费充电宝，免费雨伞，免费报刊，免费煎中药；
- ☑ 货架旁边配备放大镜。

（资料来源：商仲永，微信公众号：零售圈）

海底捞

近日，2017（第十届）中国绿公司年会在河南郑州举行。会上让人关注的不是马云、刘永好等企业家，而是海底捞掌门人张勇——此次站上讲台的国内餐饮业的唯一企业家代表。在"创变者论坛"上，他做了《让成本中心创造价值》的主题演讲。他说在 KPI 上，海底捞走过弯路。

海底捞掌门人张勇在"创变者论坛"演讲现场

案例一

当有了管理和被管理，有了 KPI 之后，人的行为会失常。

在 KPI 这件事上，我们是走过弯路的。

比如我们曾经尝试把 KPI 细化。

案例：

有人说你们火锅店服务真好，我有个眼镜，他就给我个眼镜布；我杯子里的水还没喝完，他就又给我加满了。

所以我们就写了一条：杯子里的水不能低于多少，客人戴眼镜一定要给眼镜布，否则扣 0.05 分。

结果：

这下完蛋了，来一个人都送眼镜布。

客户说豆浆我不喝了，不用加了，不行，必须给你加上。

最好笑的是手机套。有的客人说不用，服务员说我给你套上吧。客人说真不用，结果他趁你不注意的时候，把手机抓过去给你套上。

这是干吗呢？因为不这么干要扣分啊！

发现：

后来我就发现，老师早就讲过了，每一个KPI指标背后，都有一个复仇的女神在某个地方等着你。

案例二

案例：

后来我自作聪明地认为，那我就不考核这些具体的事情了，我考核一些间接指标。

我不考核你赚多少钱，我就考核你的翻台率是多少。因为翻台率高就证明你的服务满意度高啊，翻台率高就意味着赚钱不就多了嘛。

结果：

结果有一天，我在北京一家店，电梯间里，听到一个四川人跟另外几个四川人讲："我要让你们见识一下在北京的四川火锅有多牛，你不订是绝对没位置的！你订了座晚去几分钟，也是没位置的！"

我就纳闷了，怎么晚几分钟就没位置了？这不是侵犯客户利益了吗？客户已经不满意了，这还怎么做生意啊？

发现：

后来内部一问才知道，原来问题出在考核指标上。因为预定客人不一定准点来，但现场还有客人在排队，空台等你的话，翻台率就少了一轮。

这下我就崩溃了，我找不到考核的指标了。

海底捞细节管理：

☑ 一网友说一次在海底捞吃完饭，要赶火车却打不到的士。门童看到他带着行李箱，问了情况转身就走。结果紧接着海底捞的店长把自己的SUV开出来，说"赶紧上车吧，时间不多了"。海底捞要冲出宇宙了。

☑ 周六去海底捞吃火锅，朋友不小心把丝袜给刮了，她饭后还有第二轮，正郁闷得不得了，居然结账时服务员递上了全新的丝袜！还是3双！我一下就怔住了……此时那位服务员小妹妹微笑着对我们说，所有海底捞都常年订有袜管家丝袜和棉袜，随时给袜子刮坏或者弄脏的客人更换。

☑ 点名表扬海底捞送餐员冯波同志，顶着寒风为十人送来丰盛晚餐，并且餐布、插线板、垃圾筒、电磁炉一应俱全。来后发现餐点不够，主动要去超市买菜，回来后洗菜，切菜。做到这个地步了！怎么我们家就没有海底捞呢？

☑ 一小时前我发了微博说自己肚子很痛，不确定和昨晚的海底捞火锅有没有关系。没过几分钟就收到海底捞在微博上的邀请，询问我的情况。很快店员就联系了我，说如果很难受就先去看病，他们给报销医药费。还问我在什么地址，他们可以过来看看我。我的天哪，人类已经不能再阻止海底捞了……

☑ 海底捞服务员听到我嘶哑的嗓音默默端来姜汁可乐，对我说：小姐！这个对感冒挺好的，我特意为你准备的。

……

KPI 已死吗?

☑ KPI 应该活学活用,死搬硬套毫无用处。

☑ KPI 应该在一个企业的某个部门使用,或者在特定的行业使用。

☑ 不是所有行业,也不是所有企业都适合使用 KPI。

【讨论问题】

(1) KPI 已死吗?

(2) 如何在你创业的企业里有效使用 KPI?

项目六 管理报表:设计和应用

引导案例

蔚来汽车未来如何?

2014年,北大校友李斌和秦力洪两人一拍即合,决定打造一个中国自主高端电动汽车品牌,于是蔚来汽车品牌诞生。短短几年内,李斌争取到了互联网巨头腾讯、汽车之家创始人理想、京东创始人刘强东以及知名投资机构高瓴资本等重磅股东加盟。

公司自2014年以来发展迅速,首款量产车ES8已于2017年12月发布并于2018年6月实现交付,第二款量产车ES6(5座纯电SUV)于2018年12月发布并于2019年6月开始交付。截至2020年6月底,蔚来ES8累计交付22 938辆,ES6累计交付23 144辆。按照管理层指引披露,第三款量产车型将运用NP1的ES8/ES6技术平台,或于2020下半年交付。

作为国内造车新势力的优秀代表,蔚来已于2018年9月12日在美国纽交所挂牌上市,募资约10亿美元,股票代码NIO.NYSE。近五十多年来,在美股成功上市的汽车整车企业仅有蔚来和特斯拉(特斯拉成立于2003年,2010年登陆纳斯达克)。在这两家公司之前,上一家成功在美股上市的汽车公司则是1956年的福特(福特的成立时间则要追溯到1903年)。五十多年来仅两家车企成功在美股上市,充分说明了造车企业要想获得成功是一件非常困难的事;也正因此,蔚来与特斯拉一样,未来也必将受到资本市场的高度关注。而公司创始人兼董事长李斌被誉为“国内出行教父”,在汽车行业及资本市场具有巨大的号召力。

蔚来汽车诞生之时新能源汽车行业刚刚起步,传统车企格局基本定型。特斯拉2012年发布Model S,产销量开始稳步提升,作为纯电动汽车领域的新秀给全球传统的汽车行业带来巨大挑战,促使世界各大传统车企逐步向新能源及智能化领域转型,同时也刺激了更多的新玩家涌入新能源车市场。

以特斯拉为师,与特斯拉在产品定位、销售模式、盈利状况等均有诸多相似之处,其发展战略及给公众传播的形象皆表明,它将先成为“中国的特斯拉”,而后成为“世界的蔚来”。

【案例思考】

作为新能源汽车行业的蔚来汽车如何设计和应用管理报表?

尽管公司发展的目标是追求持续给客户创造价值,但是最终目标都要给股东和投资者带来投资回报,但不同的行业的公司在不同发展阶段管理层追求的关键业绩指标重点并不相同。

分析和设计公司在不同发展阶段的关键业绩指标报表是创业者必须掌握的技术之一,有助于创业者实现战略目标的落地及执行实施,最终实现为股东和客户创造价值的目的。

6.1　成长型科技企业管理报表的设计和应用

成长型科技企业管理报表的核心指标是成长性、运营能力和盈利质量指标。

6.1.1　评价企业的成长性

对于科技型初创企业,企业的创新能力是其核心竞争力,因此往往前期在研发、资本开支等方面投入较大,导致公司在产品商业化落地拉动营收增长的同时利润提升较慢,甚至会出现长时期亏损。

因此,对于成长型科技公司而言,短期利润能否兑付并不是关键因素,公司管理者和投资人看重的是企业可拓展的市场空间、产品商业化的能力和长期成长性。正如特斯拉2006 年成立以来营业利润一直为负,直到 2019 年年报披露才扭亏为盈,但是这并不影响创始人马克斯对于特斯拉汽车的长期投入以及股票市场投资人的热情。

评价蔚来汽车产品商业化能力和企业增长性,可以从营业收入及增长率指标进行分析,如表 5-1 所示。

表 5-1　蔚来汽车核心财务数据

	17Q1	17Q2	17Q3	17Q4	18Q1	18Q2	18Q3
销量						100	4 706
营业收入	0	0	0	0	0	0.07	2.14
同比增速							
营业成本						0.30	2.31
营业开支	1.38	1.54	1.94	2.56	2.33	2.60	3.92
营业利润	−1.38	−1.54	−1.94	−2.56	−2.33	−2.83	−4.08
营业利润率						−4 042.86%	−190.65%
	18Q4	19Q1	19Q2	19Q3	19Q4	20Q1	
销量	8 101	3 813	3 668	6 776	5 882	4 185	
营业收入	5.01	2.42	2.19	2.60	4.08	1.94	
同比增速			3 028.57%	21.50%	−18.56%	−19.83%	
营业成本	4.99	2.75	2.93	2.91	4.45	2.17	
营业开支	5.04	3.56	3.96	3.09	3.69	1.98	
营业利润	−5.02	−3.89	−4.69	−3.41	−4.05	−2.22	
营业利润率	−100.20%	−160.74%	−214.16%	−131.15%	−99.26%	−114.43%	

从出货量增长和营业收入来看,蔚来汽车 2018 年 6 月份首次交付汽车产品,并在当月达到了 100 辆销售量,打破了公司从 2014 年成立以来零收入的局面。蔚来汽车产品一上市便受到消费者热捧,在 2018 年三季度和四季度分别卖出 4 706 辆和 8 101 辆,对应营业收入分别为 2.14 亿美元和 5.01 亿美元。2019 年前两季度出货量环比有所下滑,分别达到 3 813 辆和 3 668 辆,对应营业收入分别为 2.42 亿美元和 2.19 亿美元;受到 6 月份新发布 SE6 的刺激,蔚来汽车三、四季度销量回暖,分别达到 6 776 辆和 5 882 辆,相应销售额为 2.6 亿美元和 4.08 亿美元。因此从出货量可以分析出公司仍然处于发展初期,表现在产品出货量波动较大、稳定性较低,且容易受到季节性影响,消费者市场拓展并不稳定。

消除季节因素来看同比销量,由于 2018 年 6 月份刚出货导致基数低,2019 年第二季度出货量增长 35 倍以上,销售额增速达到 3 028%。但是,这一数据并不具备参考价值,原因之一在于 2018 年 6 月份才开始交付产品,本身少两个月的对比数据;另一方面在于新品 SE6 的刺激并不具备可持续性:背负国内纯电新能源车的领军品牌的荣耀,SE6 发布前期的宣传和口号早已吸引了一批尝鲜者。因此从整体营收的趋势来看,公司的营业收入在新品发布后会迎来短期上涨,但是随后便逐步降低,这说明公司产品的实用性、口碑并没有得到消费者的认可。这是管理层需要关注的问题。

营业成本指公司在销售商品、提供劳务时应结转的成本,由于 2018 年 6 月产品交付前公司并没有营收,因此 2018Q1 及之前公司均不确认营业成本。但是,公司在制造出第一辆电动车之前已经投入大量的设备、厂房建设、人力、研发投入、期间费用等。固定资产建设完成后,公司应遵循的具体原则以及企业所采用的具体会计处理方法计提折旧和减值准备,以及在日常经营过程中所产生的销售、行政及一般费用、研发费用和其他营业费用合计等均会计入营业开支。因此,蔚来汽车在未创造营业收入时已有营业开支,导致营业利润为负。

营业利润是评价公司生产产品创造价值多少的指标,一般用营业利润与营业收入的比值衡量公司盈利能力,称为营业利润率。蔚来汽车从交付第一辆汽车产品起,营业利润一直为负,因此从表面来看短期公司并没有为投资人创造价值。营业利润率变动较大,并没有逐渐回升的迹象,这表明公司目前的盈利情况仍然较差,短期来看前景并不乐观。

6.1.2 如何评价企业的盈利质量

根据公司披露的现金流量情况可以分析出公司创造的价值(利润)质量高低。如果企业营业利润较高,但是取得的营业收入多为应收账款,未形成实际的现金流入账,那么未来有收不回来形成坏账的风险,公司创造的营收也就没有价值。因此从净现金流的变化情况可以评价公司创造价值的质量,蔚来汽车现金流量表数据如表 5-2 所示。

表 5-2　蔚来汽车现金流量表

单位:亿美元

	17Q1	17Q2	17Q3	17Q4	18Q1	18Q2	18Q3	18Q4
经营活动现金净流量	−1.52	−1.60	−1.88	−1.83	−2.48	−3.14	−2.47	−3.76
投资活动现金净流量	−0.48	−2.05	1.49	−0.70	−0.82	−0.96	−4.65	−5.23
筹资活动现金净流量	1.78	5.12	1.13	11.36	0.51	2.38	10.40	3.72

从上表可以看出,蔚来企业经营活动现金净流量为负,一般来讲经营活动现金净流量为负有多种原因:① 公司当期采购原材料成本高于当期销售额,公司处于早期投入阶段或者为下一阶段大量备货;② 可能是公司应收账款过多,实际入账的资金不到位;③ 公司产品商业化早期,前期投入较大,本身亏损,因此经营活动净现金流量为负。

第三种情形常见于如蔚来这一类的科技企业中,前期投入大、产品规模效应低,往往"入不敷出",这一类企业往往具备较强的融资能力,通过投资人"输血"得以持续经营,因此可以看到公司筹资活动净现金流相对较高。

前期充足的筹资活动现金流是公司能够扩大投资规模、抢占市场的关键。但是,如果筹资活动现金流不足,初创公司往往难以进行下一步有效布局。作为公司的管理者,需要考虑投资人撤资造成公司净现金流断裂的风险。

6.1.3　如何评价企业的运营能力

进一步,在基于外部市场约束时,评价公司对内部人力资源和生产资料的配置组合以赚取利润的能力成为营运能力,一般来看有营业周期、总资产周转率、应收账款周转率、存货周转率等相关指标,蔚来汽车相关数据如表 5-3 所示。

表 5-3　蔚来汽车营运能力

	18Q2	18Q3	18Q4	19Q1	19Q2	19Q3	19Q4	20Q1
营业周期	366.60	109.73	53.74	112.42	124.14	129.76	94.96	137.19
应收账款周转率				1.83	3.12	4.91	7.50	1.08
存货周转率	0.49	2.46	6.70	1.42	2.71	3.61	7.66	1.67
总资产周转率	0.00	0.11	0.34	0.08	0.17	0.28	0.47	0.09

营业周期是指从外购承担付款义务,到收回因销售商品或提供劳务而产生的应收账款的这段时间。营业周期＝存货周转天数＋应收账款周转天数。营业周期的长短是决定公司流动资产需要量的重要因素。较短的营业周期表明对应收账款和存货的有效管理。

从营业周期来分析,蔚来在每一次发布新车产品后营业周期均会显著提升,如2018Q2 和 2019Q3,后一季度迅速回落。拆分来看,存货周转率在 2018Q2 较低,Q3 立刻增长至 2.46,表现出 SE8 新车销售增长强劲,去库存迅速。2019Q4 存货周转率和应收账款周转率均有提升,表明 SE6 新车拉动整体营运能力提升。但是从表中也可以看出,营业周期数值仍然不稳定,营运能力上下偏差较大,这表明公司业务和经营仍然处于较为早期的阶段。

同时,评价公司经营是否健康要看偿债能力,一般有流动比率、速动比率、现金比率、现金流量比率和资产负债率等相关指标。蔚来汽车相关数据如表5-4所示。

表5-4 蔚来汽车偿债能力

	17Q4	18Q1	18Q2	18Q3	18Q4	19Q1	19Q2	19Q3	19Q4	20Q1
资产负债率	22.95	31.13	43.14	38.55	56.74	82.42	97.49	112.51	133.07	142.77
流动比率	5.13	3.39	1.96	2.56	1.42	1.49	0.97	0.78	0.52	0.53
速动比率	5.08	3.30	1.74	2.28	1.25	1.34	0.80	0.58	0.43	0.45
现金比率	4.64	2.84	1.34	1.40	0.36	0.64	0.29	0.11	0.09	0.16
现金流量比率	−2.83	−0.80	−1.10	−1.11	−0.92				−0.92	

流动比率、速动比率和现金比率越高,资产负债率越低,说明公司偿债能力越强。从表格中可以看出资产负债率逐渐提升,流动比率、速动比率和现金比率呈现出逐渐降低的趋势。这表明公司在前期扩张时往往以提高负债率获得扩张资本,追求快速提升规模而非短期的偿债能力,这在科技类企业中很常见。

适当的负债率能够为公司创始人的战略布局提供资金支持,负债率过低一方面可能是公司以出让股权融资方式为主,另一方面也可能是公司资金使用效率不高,管理者缺乏扩张的布局。然而负债率过高造成还本付息压力也会对公司的经营情况埋下隐患。因此,对于公司管理层而言,在选择举债融资时一定要考虑举债的成本(利息)和投资产生的回报率,分析企业举债后获利水平是否高于借款利息水平,才能为企业未来健康经营保障。

当然,值得一提的是蔚来汽车创始人和投资人并非看中短期的盈利情况。作为声称打造"中国的特斯拉"的蔚来团队,公司致力于在3～5年后新能源汽车快速普及时能够作为行业先行者占据更多的市场份额。

因此短期盈利能力不足、经营性净现金流为负、营运能力不稳定等问题都有望随着公司产品商业化落地、出货量的增多、规模效应体现而解决。蔚来汽车出货量的边际变化、营业收入的增速、应收账款的增长等情况更牵动着每一位管理者和投资者的心。

6.2 成长型互联网企业管理报表的设计和应用

除了以"BAT"为代表的头部互联网公司逆势增长持续盈利外,爱奇艺、拼多多等公司依旧亏损(见表5-5),高市值低盈利或净利润负值成常态仍是大多数互联网公司的生存状态,如何生存与扩张成为众公司未来面对的难题。

表5-5 互联网公司融资及亏损情况

公司名称	IPO前累计融资（轮/亿美元）	创业至首次盈利年度	亏损年限	赢利前累计亏损(亿元)	2019年净利润(亿元)	市 值(2020.11.30)
爱奇艺	3/18.35	2010.4—?	10+	100+	−103	＄164亿元
滴滴出行	18/210	2012.7—?	8+	500+	−77（预估）	￥3 700亿元（胡润2020估值）
京东商城	5/26.32	2004.1—2017.3	13	240.4	118.9	＄1 329亿元
拼多多	4/33.3	2015.4—?	5+	183	−69.68	＄1 702亿元
美团网	6/50.62	2010.3—2019.6	10+	1 591.8	29.22	HK＄17 000亿元

亏损持续，互联网公司为何还好好活着？当烧钱成为互联网公司走向成功的必经之路，亏损也如影随形。一直亏损一直有钱烧。

能否盈利，对于所有长期亏损的公司都是一道终极大考。大部分长期亏损的公司，会渐渐退出历史的舞台。但那些能持续获得投资人买单的公司，就可以在亏损状况下继续生存，因其增长和想象空间依旧能够让投资人相信，公司会迎来盈利空间大到难以想象的一天。世界性巨头代表亚马逊就是个很好的例子。

互联网行业就是这样，典型的规模经济，企业拼命做大，成为头部公司，就是希望证明用户的需求和市场的认可，从而掌握市场定价权。资本的入局，加速了互联网公司IPO的速度，但这只是企业寻求盈亏平衡点的第一步，是否能缩短企业真正扭亏为盈所需的时间，还需看企业自身的盈利能力。

对于大部分互联网公司而言，持续而稳健的盈利，依然是一条漫漫长路。尤其是平台趋于成熟之后，想暂停烧钱减少开支费用，却发现不烧钱、不补贴，流量将损失严重，好比爱奇艺的粉丝、拼多多的用户、滴滴的司机、美团的外卖小哥，让他们放弃原来免费的福利和补贴已是不可能，因此钱只能继续烧下去。

面对成本增加、流量争夺、市场竞争等各种问题的围攻，互联网行业默认已久的"先做规模，再谈赚钱"的逻辑是否依旧受用，有待考究。对于尚未盈利的互联网公司而言，上市是起点，扭亏将是上市后的第一道大关，对于已经扭亏的公司而言，如何保持长期而稳定的盈利，则是一个长期的话题。

成长型互联网企业管理报表指标应以用户成长性、用户数、活跃用户数、流量、融资额等为核心指标进行设计。上市后要逐步转变为毛利率、净资产收益率、净利润为核心指标进行管理报表的设计和考核应用。

单元五习题

一、选择题

1. 最为合理的财务管理目标是( )。
   A. 利润最大化 B. 每股盈余最大化
   C. 企业价值最大化 D. 企业生存

2. 天使轮融资主要使用什么估值方法( )。
   A. P/MAU B. P/S C. P/E D. 拍脑袋

3. 创业期互联网(式)企业管理报表一般设计的核心指标有( )。
   A. 净利润 B. 净资产收益率 C. 毛利率 D. 融资额

4. ROE 的局限性主要体现( )。
   A. ROE 体现了经营活动现金流量信息
   B. ROE 针对企业的盈利能力、营运能力、偿债能力做相关分析
   C. ROE 没有体现出对企业成长能力的分析

5. 有关 KPI 的特点说法错误的是( )。
   A. 容易误用,容易极端
   B. 人性化的工作量化了
   C. 机械考核,只看关键点
   D. 所有岗位都适用

二、计算题

1. 安盛公司职员小张准备购买一套公寓住房,总计价款为 800 000 元,如果首付 20%,余款按年平均支付,年利率为 8%,每年复利一次,银行提供 15 年按揭贷款。

(1) 计算该职工每年应还的住房贷款。

(2) 计算每月应还的住房贷款。

2. 根据下列对话,分别计算 3 期和 36 期的年化利率。

"你好,我是建设银行的客户经理,你是我行的优质客户,现有一笔优惠贷款给你 30 万元额度,月手续费只要 5‰,请问你现在办理吗?"

"本金月等额还款吗?"

"是的。"

"每月手续费用按最初本金计算吗?"

"是的。"

"费用太贵了,不想要!"

"短期用下还是很优惠的,我帮你现在办吧?"

"期限有多长?"

"可以 3～36 个月。"

"暂时不需要,谢谢。"

三、案例分析题

案例 1

从"吸烟"的经济账看复利的影响

一个吸烟人的事:一个人从 25 岁开始吸烟,一直吸到 65 岁,由于身体原因不得不停止吸烟。

(1) 先算一笔吸烟经济账。

假设每天抽 1 包烟 20 元,每月消费 600 元,年消费 7 200 元,从 25 岁吸烟到 65 岁有 40 年的烟龄,如果把这些吸烟的钱放到 5% 的投资工具上,年复利计算就是 869 758 元。这些钱积攒下来用来解决养老问题的话,就解决了很大的后顾之忧。

(2) 由于抽烟引发的看病付出昂贵的医疗费用。

(3) 国家卫生计生委《吸烟危害健康报告》中数据显示,吸烟者寿命比不吸烟者少十年。

一粒米的故事,看似起点很低,到达一定阶段数量惊人;

一张纸的对折,每一次都是把之前的结果翻倍;

一万元的投资,假设我现在 30 岁,每年拿出 1 万元,放在投资回报率为 20% 的投资工具上(当然需要学习并拥有投资工具),等我 60 岁时,就拥有过千万的资产。即使暂时还掌握不了这样的投资工具,哪怕很低的回报率 5%,不断重复,利滚利,长时间下来,也会是一笔很大的资金。

一个吸烟人的事,对自己对家人都损失巨大。

思考题:从数学、经济和财务的角度讨论复利。

案例 2

银行买的理财产品也能亏本? 这是真的! 别再这样投资了

马上又到年底发年终奖的时候了,手里有一笔钱,不少人就开始酝酿着去做个投资。理财产品收益越高,风险也会越大,而在很多投资者的印象中,都存着购买银行理财"肯定不亏本,一定能赚钱"的惯性思维,事实果真如此吗?

(1) 交行 3 亿理财产品退出,投资人质疑未做充分信披。

最近,交通银行一款理财产品陷违约风波,引发争议的这款私人银行理财产品名叫"得利宝至尊 16 - 1"。

该产品发行于 2010 年,规模为 3 亿,100 万元起投,销售对象是该行私人银行客户,投资方向则是预备上市的企业,也就是 IPO 前投资,属于高风险高回报型产品。

然而,2017 年 12 月,产品到期后,交行给出的兑付方案是按照年单利 4% 分配收益。这个收益显然没有达到投资人预期,部分投资人认为银行没能及时全面披露信息,提出查看账目明细和审计报告,而交行则以已经按规定披露信息为由,拒绝了投资人的要求。

南京大学 EMBA 联合会金融协会会长罗强：

大家银行理财买习惯了，都觉得会是刚性兑付的，而且这种组合型的投资，确实会给银行的管理和信息披露造成很大的麻烦，加大它的工作量，增加它的成本。我们现在的银行还限于通道业务，它往往会把自己聚集起来的资金，给到其他的管理人去操作。

（2）银行理财不再保本，高资产人群未必高净值。

银行和投资人之间之所以出现分歧，在业内人士看来，一方面是因为银行把资金托管出去，却缺乏对所委托机构的风险监控。

比如，交行这款理财产品委托给了九鼎投资公司来操作，而投资人对九鼎却颇有微词。

另一方面，购买理财产品的投资人，存在只能赚不能赔的思维，但去年 11 月，随着《关于规范金融机构资产管理业务的指导意见》正式出台，要求银行不能承诺保本保息，理财产品刚性兑付的时代已经一去不复返了。

苏宁金融研究院互联网金融中心主任薛洪言：

过去其实一直是刚性兑付的大环境，所以大家其实是更多地关注可投资的资产有多少。比如一些私募产品，只要在 100 万元以上的门槛，基本上就认定你为高净值用户，有一定的风险承受能力。但其实随着刚性兑付的打破，大家应该更关注自身的风险承受意识。

这次事件告诉我们，即便是资产多的人群，也未必就是高净值人群。去年出台的指导意见提出，所有资产管理类银行理财都要"净值化"。所谓净值化是什么意思呢？

融贝网理财分析师小司：

5 万块钱买进去可能净值是 1，过了两三个月不但收益没有增值，净值可能还会变成 0.98、0.95、0.9，就是有可能买了银行理财，出现本金都保证不了的情况。

过去，银行理财往往是预期收益管理，也就是有一个预期收益率，但从现在开始，银行理财将是净值管理，这就意味着，在购买理财之前，一定要看清楚产品标注的风险值！

普通的银行理财，风险偏低；

组合类、信托类，风险中等偏高；

如果是私人银行推出的股权投资类产品，风险就更大了！

简单而言，收益越高风险越高，银行不承诺保本的后刚性兑付时代，理财千万别再只看收益了！

思考题：

（1）风险产品和储蓄存款的区别是什么？

（2）投资者如何在投资中识别和避免银行滥用信用？